PAUL B. PRECIADO

# TESTO JUNKIE

## sexe, drogue et biopolitique

# 睪固酮藥癮

當避孕藥、威而鋼、性與高潮成為治理技術的一環，

一位睪固酮成癮者的性實踐與生命政治

保羅・B・普雷西亞多——著

詹育杰——譯

# 導讀　理論家的肉身抵抗——讀《睪固酮藥癮》

《睪固酮藥癮》是西班牙哲學家、作家、策展人保羅・B・普雷西亞多的代表作。普雷西亞多是公開的跨性別男性，而《睪固酮藥癮》在形式上也呈現了「跨」在歸類之間的游移與探索——此書大致分為兩部分，一部分為哲學理論，其中探討西方藥理與科學如何物質地建構並規訓性主體（本文稍後詳述）；另一部分為私人散文，其中記述普雷西亞多使用睪固酮的經驗，並交織與法國作家暨製片人維吉妮・德斯彭特（Virginie Despentes）的親密關係、以及對於法國男同志作家杜斯坦（Guillaume Dustan）因愛滋藥物過量致死的悼念。這兩部分在書中交替呈現，彷彿普雷西亞多以不同面貌、不同身分、不同位置的多聲道現身。

在哲學理論方面，普雷西亞多以「藥理色情主義」（pharmacopornisme）一詞指涉當代的主體性和性事（sexuality）[1]如何緊密交織於藥物導致的分子層次的生理機能轉變。要理

1 Sexuality在台灣有多種譯法，在此我沿用本書的翻譯。

解藥理色情霸權，至少必須先從法國哲學家傅柯（Michel Foucault）的生命政治以及主體性的概念開始。簡化而言，在傅柯的理論中，一個人的主體性（subjectivity）是由多種權力機構定義而成的。例如，一位女性之所以「身為女性」，不只是因為她擁有生物學上的女性性徵，而更是來自諸如醫療機構對於生理女性的定義、戶政機構將她的身分標誌為「女」、家庭及學校機構以社會上普遍定義為女性的方式養育及稱呼她，她才被這種種機構「發明」為女性。上述這些機構用以發明、定義女性的方式（其中涉及許多專家的研究和協商），就是所謂的生命政治（biopolitics）——我們可以簡單理解為一種生產、規訓、控制生命的權力運作模式。根據傅柯，對於規訓與控制性事，是仰賴教會、醫院、戶口管理、學校、監獄等等機構的綿密權力結構而達成。例如，經由信徒和病人的「告解」，教會和醫院得以辨識關於性的問題，並根據當時的政治體制需求，界定並規訓何為「可被允許的性」（通常為異性與身心健全的），何為「不被允許的性」（通常為不具繁衍功能的性行為，包括同性戀與自慰）。

對普雷西亞多而言，在藥理色情資本主義時代下，傅柯的理論只描述了生命政治如何具體化為監獄、政府權力體制，卻沒有觸及生命政治如何隨著藥理科技的進展，微縮為穿透至我們身體內部的分子。隨著醫療相關技術對於人體的理解抵達基因、荷爾蒙、內分泌等分子尺度，關於「性別」或「正常的性」的界定也與前行時代有所不同。普雷西亞多舉例，體毛多的生物女性，在十九世紀的性學科體系中，被定義為「畸形」；但在藥理色情系統中，她會被定義為「多毛症」。這是因為科學已經觀察到體毛多寡與性荷爾蒙之間的關係——多毛症被認為與睪固酮生產過量有關，因而只需服用安得卡錠，中和睪固酮生產，多毛症的生物女性就能在荷爾蒙的層面上回歸到「標準」。更進一步說，性別的標準化，隨著科技進展而愈來愈微觀，也愈來愈滲透到身體內部。普雷西亞多指出，指定一個人的性別，過去只能透過攝影技術和論述來達成；但在分子化的時代，一個人是否符合某種性別標準，是透過外科手術、內分泌和遺傳學從體內分子結構的判定，讓這些標準成為生命體結構的一部分（例如前述透過藥物「修正」一個人的荷爾蒙生產）。

除了將傅柯的生命政治延續到藥理的範疇，普雷西亞多也將巴特勒（Judith Butler）的性別操演擴展到藥理與生理的面向。美國哲學家巴特勒提出最著名的性別理論，就是性別如何透過日復一日的操演（performativity）而構成。如果延續前述「身為女性」的例子，傅柯的生命政治認為「女性」這個身分是透過各種權力機構界定而成，那麼巴特勒的性別操演則指出，「女性」是一個人時時刻刻按照既定的「女性腳本」表演而成。這份腳本內容可能包括但不限於：選擇服飾店中分類為「女性」的衣服、留長髮、化妝、採併腳的坐姿、使用輕柔的語調、服膺女性應該善解人意的性格等等。透過日復一日對這份腳本的服從與表演，一個個體將自己表演且被承認為女性。因而，就某種程度而言，在巴特勒的理論中，性別是抽象的符號——所有前述的「腳本內容」，本身都是不具特定意義的符號，是這個社會將這些符號和特定意義連結在一起（例如這些符號都代表程度不一的「女性化」），而我們共同身在這個承認這個「符號－意義」連結的社會中，這些符號才會對我們構成意義。

然而，如同前述，隨著科技進展，特定性別會被解釋為特定染色體組成、特定荷爾蒙量。因而，對普雷西亞多而言，「操演」不再只是符號，而是物質的：前述的性別腳本會被藥理色情霸權「推進到進入身體，直至體液，深入到細胞當中」。以避孕藥的開發與實驗為例，普雷西亞多指出，一九五一年版本的避孕藥被美國食品與藥物管理局（FDA）禁止上市，因為它會讓女性完全沒有月經，而讓FDA的科學委員會認為有違「美國女性的陰柔特質」。為了符合此「女性陰柔特質」的標準，一九五九年上市的第二代避孕藥，可以透過技術誘導出血以「模仿正常的生理週期」。就此層面而言，符合「女性」的表演，則不只是前段論及的符號表演，而更是透過藥物改變身體內部物質（如荷爾蒙）的新陳代謝，來讓自己表演出「擁有正常生理週期」的性別腳本——普雷西亞多稱此為「生物變裝」（biodrag），指涉諸如避孕藥及其他模仿生物性別特質的藥理技術。

如果說本書在論述部分展現了普雷西亞多如何以知識剖析藥理色情主義，那麼在散文部分，則呈現了普雷西亞多如何以肉身抵抗並質疑此霸權。普雷西亞多大約於二〇一〇開始使用睪固酮作為性別轉換的用藥，但是《睪固酮藥癮》出版於二〇〇八年，其中早已記載普雷西亞多使用睪固酮凝膠所經歷的身心及情動轉變。[2]這並不意味普雷西亞多早在二〇〇八年就開始轉換性別，相反地，普雷西亞多以當時為女性的肉身及自我認同，不依照變性協議使用睪固酮，此舉便彰顯了藥理色情主義內的「醫學虛構」。在閱讀過標示「女性不應使用睪固酮」的藥劑說明後，普雷西亞多便提出質疑：睪固酮顯然被預設給異性戀男性，但是這個男性是根據什麼定義的（是染色體、生殖器、或是身分證上的標示）？另外，何種狀態是需要睪固酮介入的「異常」？如果說普雷西亞多在回應傅柯與巴特勒時提出了生命政治與操演的物質性面向，那麼在普雷西亞多的親身經驗中，我們仍能看見藥理色情主義的符號性面向。意即，如同普雷西亞多自言，如果沒有事先將睪固酮導致的生理變化定義為男性化，那麼她體內的睪固酮新陳代謝就不會有效——因為當她使用睪固酮的身體改變並沒有任何附加其上的政治及社會意義，無論她長出鬍鬚或陰蒂變長，都不會被承認為「男性化」。

因而，「睪固酮藥癮」這個書名清晰點出她使用睪固酮的性別政治意圖——睪固酮本身為$O\text{-}H_3$ $C\text{-}H_3$ C-OH碳鏈的分子結構，本身並無任何性別意義；然而，隨著藥理學、性學、生理學等各式西方科學的發展，$O\text{-}H_3$ $C\text{-}H_3$ C-OH碳鏈被指涉為「雄性荷爾蒙」，並且用於治療男性的性功能問題，以及生物性別為女性而「性別不安者」。在二〇〇八年，女性身分的

2「睪固酮凝膠」和「情動」這兩個專有名詞在正文中有更詳盡的解釋，在此暫不贅述。

普雷西亞多使用睪固酮，就揭露了一種醫療身分上的兩難：要不，她必須承認自己是「性別不安者」，並且在所有醫學定義與機構面前「告解」她如何厭惡自己的女性身體；要不，她必須承認自己是藥癮者，因為她違反藥物使用說明——「女性不應使用」——讓體內有過量的睪固酮。

普雷西亞多提到，他與幾位跨性別朋友非法買賣和使用荷爾蒙，因為他們不認為自己「性別不安」，而稱自己是「性別駭客」。他們認為性荷爾蒙是一種生物編碼，應該公開給人自由使用而不該受國家監管或企業私有。因而，這本書可說是普雷西亞多作為性別駭客駭進藥理色情主義取得的程式編碼：當我們知道藥理色情主義的運作，我們才有抵抗它的可能。在使用最後一劑睪固酮時，普雷西亞多也指出，以一具睪固酮被重新編碼過的身體來書寫這本書，也是在抵抗西方哲學歷史中，以生物男性、理性、博學、普遍性為尊的姿態。這正是普雷西亞多稱此書為「身體論文」（body-essay）的原因：書中的論述文字偏離了西方哲學與學術論文式的書寫，而散文文字則充滿無限擴展的身體意象與符號。這不只是一本關於睪固酮的書，也是一本由睪固酮寫成的書；當我們的生命已經無法與醫療產業的荷爾蒙管理區分，普雷西亞多以理論與實踐拆解並展示我們「對性、血液與睪固酮的渴望」。

致我們的逝者：A.、T.、E.、J.、K.、S.、T.

致威廉（William）

致維吉妮（Virginie）、佩帕（Pepa）與斯旺（Swann）

目次

**導讀　理論家的肉身抵抗—讀《睪固酮藥癮》** 3
**第一章　你的去世** 21
錄像插入 22
**第二章　藥理色情時代** 28
手淫協作 39
高潮（潛）力 43
刺激與控制 51
**第三章　睪固酮** 54
注射 57
與T的約會 64
**第四章　技術性史** 67
**第五章　V.D.的身體成為一個實驗性語境元素的地方** 79
第一次性契約 84
母狗首領 86
上癮 90

第六章　技術性別 95
作為自然的異性戀走到了它的黃昏時期 113
第七章　成為T 117
狀態—沙—身體—分子 120
成為政治的「分子」 125
凝膠中的魔鬼 126
第八章　藥理權力 130
性麻醉的巫術 131
軀體虛構：性荷爾蒙的發明 137
流行控制：藥理色情主體化的模式 149
可食用的圓形監獄 153
從殖民妓院到藥理色情實驗室 160
家庭內部的藥理產業化 162
包裝規訓建築：Dialpak和可食用圓形監獄的發明 168
微型義肢的控制 188
荷爾蒙敵人：睪固酮與性別恐怖主義 193
未來的T超—男性 195
避孕藥與國家女性主義 201
睪—販運 202

第九章　罣癮君子……206
你的精子和我的卵子……208
最後的戰鬥……211
失血……214
令人上癮的沮喪挫折感……216
罣癮君子……218
跨性別者或癮君子？……223
雨票……225
嬰兒屍體……226
莎拉……228

第十章　色情權力……231
色情當務之急：去操你自己……231
勞動的色情化……238
性別版權：具有重大技術意義的潤滑劑……241
芭黎絲·希爾頓與馬克斯·韋伯同床共枕……243
都會性狂歡……245
藥理色情工作者……248
超-物質勞動……254
勞動的色情分工……257
快速爆發的東西，很快就會熄火……260

新的性別差異：可被插入的孔口與插入端 263
一般的性 267
性工作者的賽博格流變 271

**第十一章　吉米和我** 279
處女學 279
關懷式政治 282
義肢的幸運星 286
他媽的西蒙．波娃 289

**第十二章　藥理色情時代的性別微觀政治實驗、自願中毒、變異** 293
酷兒微觀政治 295
虐殺政治 306
自體白鼠原則 309
毒理學分析
佛洛伊德與班雅明式批判的精神藥物根源 312
變裝國王部署 321
性別編程練習：後色情訓練 334
性別生物恐怖主義 340
藥理色情自由主義的陷阱 348
性別與性的駭客 351

**第十三章　永恆的生命** 357
「拳交」上帝——多爾蒂 360
毛茸茸的手臂 363
二十七公分 368
尺寸 371
性愛圖片 373
難以啟齒的死亡 374
色情藥理工程學 376
狗的注射 378
T嗨 380
把哲學斬首 381
永恆的生命 383
**文章出處** 387
**致謝** 404

「我活在一個許多我曾認為不可能的事情都成了可能的世界裡。」

——紀堯姆·杜斯坦（Guillaume DUSTAN），
《在我房裡》（*Dans ma chambre*），一九九六年，巴黎

「你啊，讀過我的《千萬個吻》的你，你認為我不是個真正的男人嗎？
我會把它放進你的屁股和嘴裡。」

——卡圖盧斯（CATULLE）❶

---

❶ 古羅馬詩人，出生地為維洛納，生於紀元前八十七年，卒於紀元前五十四年。
【譯按】此處詩句拉丁原文：*Vos, quod milia multa basiorum Legistis, male me marem putatis ? Pedicabo ego vos et irrumabo.*

二〇一四年十二月十八日至二十二日之間的某一天，我做出了更改自己名字的（無法確定的）決定。就像奴隸在購買自由後改變了名字一樣。就像巴勒斯坦的這些村莊，它們將被流亡者的聲音給再次命名一樣。這個動作不應被視為性別轉變的最後和明確斷然的階段，而應被理解為一種新的轉移和抵抗的行為。在這裡，名字只是另一個虛構，這次是集體共享的。因為現在該是你授予我戴上這個面具的權利。這本書是在更改名字之前寫的，因此所有姓名縮寫都被保留。只有簽名，同時是痕跡，是刪除，又是承諾，被修改了。Paul B. 吸收並承擔了B. P. 過去曾經的一切。

這本書不是一部自傳，這是一個關於B. P.[2]的身體和情動[3]，基於合成睪固酮（testostérone）而自願中毒的紀錄，一個身體實驗，肯定是一部虛構之作。如果我們非得把話說到底，那它就是一部自我政治虛構（fiction autopolitique）或一個自我理論（autothéorie）。這項實驗持續之際，在實驗體周圍的環境中有兩個外部突變相繼發生，它們的影響無法事先計算，也不可能作為研究的一部分加以考慮，但它們卻構成了寫作匯總聚集的限制範圍。首先是G. D.[4]之死，他是一個消逝時代的真人化身，一種透過寫作進行性叛亂形式的崇拜偶像以及法國終極代表人物；也幾乎同時是B. P.的身體對V. D.[5]身體的趨向，完美與毀滅的必要時機。這裡記錄了睪固酮在B. P.的身體上所引起的生理與政治層面的細微轉變，也記錄了喪失、慾望、興奮、失敗或放棄對這副身體所帶來的理論與肉體的有形變化。我對於我的、只屬於我的情感並不感興趣。我在此所研究的並不是它們之中個人的東西，而是外部的、背景語境的事物。來自地球歷史的、物種進化的、經濟流動的、技術創新殘餘的、為戰爭準備的、奴隸及貨物貿易的、等級制度產生的、刑罰與執法機構的、通信及監控網路的、技術及輿論群體隨機交織的、感受性生化蛻變的、色情圖片製作及傳播的東西。有些人可能會把這本書當作分子等級的生物恐怖主義手冊來讀。其他人會把它視為滅絕地圖上一個簡單的點。讀者不會在這裡找到關於我性別真相的明確結論，也不會找到關於將臨世界的預言。我這些關於理論、分子與情動交集的書寫，為一項政治實驗留下痕跡，實驗確切地持續了兩百三十六個日夜，並持續以其他形式存續下去。如果讀者在此發現不斷匯聚的哲學思考、荷爾蒙使用過程的敘述與性行為的詳細紀錄，那僅僅是因為，這些正是構建與解構主體性的方式。

❷ 譯註：B. P. 是作者改名成保羅・B・普雷西亞多（Paul B. Preciado）前的原名碧雅特麗茲・普雷西亞多（Beatriz Preciado）之縮寫。

❸ 譯註：哲學性的用詞 affect 在本書中譯為「情動」，意指生理性先於主觀的反應，有別於情感、情緒。

❹ 譯註：G. D. 是法國同志文學作家紀堯姆・杜斯坦（Guillaume Dustan）之縮寫。

❺ 譯註：V. D. 是法國女性主義作家維吉妮・德斯彭特（Virginie Despentes）之縮寫。

問題：如果您能看到一部關於哲學家、關於海德格（Heidegger）、康德（Kant）或黑格爾（Hegel）的紀錄片，您會想在片中看到什麼？

賈克．德希達（Jacques Derrida）答道：會想看到他們談他們的性生活……你想要一個速速的答案嗎？他們的性生活。❻

❻ 賈克．德希達在柯比．迪克（Kirby Dick）與艾米．澤靈．科夫曼（Amy Ziering Kofman）合拍的紀錄片《德希達的生活》（*Derrida*, 2002）當中所言。

# 第一章　你的去世

十月五日：提姆（Tim）通知我你的死訊。他流淚。他愛你。然而在你最後幾本書中，你對他並不寬宏大量。他說：是威廉。他邊哭邊重複：是威廉，是威廉。他被發現死在他巴黎的新公寓裡。我們都不知道。兩天前發生的，也就是三號發生的。我們都不知道。直到現在都沒人注意到你的死。你在你跌倒的相同位置上腐爛了兩天。這樣比較好。沒有人來打擾你。讓你一個人待在你的身體裡度過平靜離開所有這些苦難所需要的時間。我和提姆一起哭。這不可能是真的。

掛了電話我做的第一件事就是打電話給V. D.。我不知道為什麼。我們見過兩次面。一次單獨一對一。是你逼我動手給她打電話。你在聽我們的對話。你的精神展開並形成一個電磁層，我們的話語透過它流動。你的魂魄是傳輸我們聲音的電纜。當我們談論著你的去世，她的聲音喚醒了我的生命。「我想最響亮的是她的聲音。」[1]你曾經說過。我不敢哭著和她說話。我掛斷電話然後獨自一人哭泣。因為你不想繼續活下去，也因為正如你教父所說的：

「死去的詩人不再寫作。」[2]

同一天，幾個小時後，我在皮膚上塗了五十毫克劑量的「睪固酮凝膠」（Testogel）開始寫這本書。這不是第一次了。這是我通常的劑量。O-$H_3$ C-$H_3$ C-OH碳鏈逐漸滲透我的表皮，朝著皮膚深層移動，直通血管、神經末梢、腺體。我服用睪固酮不是為了把我自己變成一個男人，也不是為了改變我身體的性別，而是為了背叛社會想對我做的事，為了寫作，為了打砲，為了感受一種後色情形式的快感，為了在我那個由假陽具、文本和運動影像所組成的低科技跨性別身分上，添加一個人工分子義肢（prothèse moléculaire），也是為了你的死報仇。

## 錄像插入（VIDÉOPÉNÉTRATION）

**「我寧願失明，也不願見你遠去。」**

**——埃塔・詹姆斯**（Etta JAMES）

晚上八點三十五分，你的靈從窗戶進到屋裡，並使房間暗下來。我打開所有的燈，放了一卷空白磁帶到腳架上的攝影機裡。我檢查景框。畫面平靜對稱，黑色真皮沙發在景框下方畫出一條水平線。白色的牆壁在這條線上稍微向前，但沒有形成起伏。**開始**（Play）。我走向沙發。在畫面外的咖啡桌上，我留了一把電動剃刀、一面小鏡子、一張白紙、一個塑膠袋、一瓶臉部用的非過敏性膠水、五十毫克劑量的睪固酮凝膠、一管潤滑劑、一管肛門擴張凝膠、一個帶著24×4逼真橡膠假陽具的腰帶、一個25×6逼真黑色矽膠假陽具，和另一個14×2符合人體工學的黑色假陽具、一把刮鬍刀、一罐刮鬍泡、一個裝滿水的塑膠盆、一條白毛巾，和一本你的書，第一本，崇高，一切的開始與結束。我進入畫面。我脫掉衣服，但沒有全部脫光。我保留我的黑色背心。如同外科手術，我只露出器械將要進行手術的器官。我把鏡子擺正，放在桌子上。我將電動剃刀插上電。尖銳刺耳的噪音，一個唾棄過去想要逃離支配的孩子所發出的聲音。我將電動剃刀調整梳的刀片設為一厘米。你的靈向我低調示意表示贊同。我坐在沙發上，半張臉映在鏡子裡，既沒有表情也沒有中心點：黑色的短髮，隱形眼鏡在虹膜周圍畫出一層薄薄的光暈，不均勻的皮膚，部分很白，部分有粉紅色的斑點。我曾經「被指定為女性」（assignée femme），但在鏡子反射的部分影像中是難以察覺的。我開始為我自己剃頭，從前面到後面，從中間到左邊再到右邊。我彎下腰，讓頭髮落在桌子上。我打開塑膠袋，把頭髮掃進去。我關掉電動剃刀並將調整梳設為零。我在桌上放了一張白紙。我重新打開剃刀，把整顆頭再剃過一次。白紙上散落著細密的短毛。當我的頭變得非常光滑時，我拔下剃刀的插頭。我將白紙對摺一半，把頭髮聚集在中間形成一條均勻的線。

一道黑色的古柯鹼。我為自己準備了一道頭髮古柯鹼。幾乎是一樣地**嗨**（*high*）。我打開膠水瓶，用沾濕的刷子在嘴唇的上方畫一條線。我用兩根手指頭抓起一道頭髮，把它放在這條線上，直到它完美地貼在我的臉皮膚上。同志的小鬍鬚。我看著鏡子裡的自己。我的眼睛是一樣的，虹膜周圍有同樣的光暈。一樣的臉，一樣的皮膚。一模一樣，認不出來。我看著攝影機，噘起嘴唇、露出牙齒，就像你一樣。這是你的動作。

裝有五十毫克劑量睪固酮凝膠的銀色小包裝與一小包糖的大小相同。我撕開鋁箔：一種薄薄的、透明的、冰冷的凝膠出現了，它立即消失在我左肩的皮膚上。只留下一股涼氣，就像冰冷呼吸的記憶，雪女的吻。

我搖一搖刮鬍泡的罐子，在我手掌中擠出一團白色泡沫，然後把它塗抹在陰毛、外陰唇和肛門周圍的皮膚上。我在水裡打濕了刀片，開始刮毛。毛髮和泡沫浮在水面上。還有一些飛濺並落在沙發或地板上。這一次，我沒有割傷自己。剃過了整個胯下之後，我把自己沖洗擦乾。我扣住臀部兩側的綁帶來繫上假陽具腰帶。假陽具壯觀地立在我面前，與脊椎的線條形成一個直角。假陽具皮帶位置足夠高，當我彎腰時兩個穴都明顯地露了出來。我雙手塗上透明潤滑油後，兩隻手都各拿了一支假陽具。我搓揉它們，給它們上油，給它們加熱，一手一隻，然後互相靠在一起，兩支巨大的雞巴像男同志色情片裡那樣擁抱在一起。我知道攝影機正在拍，因為我看到紅燈正在閃爍。我把我的塑膠陰莖掛在《在我房裡》書中深深影響我的段落上方。這是你的動作。假陽具遮住書頁的一部分，創造了一個可以讀到某些字並隱藏起其他文字的界線：「我們大笑起來。他送我到車上。我看著他。他在夜幕降臨之前向我揮手／夜幕降臨。我知道我自己應該會愛上他／我永遠不會愛上他。但他愛我的感覺真是太好了。這感覺真好。」[3]

然後我把假陽具穿過我身體下半部分的開口。先是黑色逼真的那一個，然後是符合人體工學的那個在肛門裡。對我來說，把東西放進我肛門裡總是比較容易，那是個沒有骨骼限制的多維空間。這次也是一樣。我背對著鏡頭，膝蓋、腳尖和頭靠在地板上，伸到我身後的兩隻手把兩個假陽具保持在我的穴裡。

你是唯一能讀懂這本書的人。在錄影機前，「我第一次有了為你畫自畫像的慾望。」[4] 彷彿我就是你一樣地繪出自己的影像。**變裝成你**（*Drag you*）。把自己扮裝成你。用這個形象讓你起死回生。

你們現在都死了。阿米莉亞（Amelia）、艾爾韋（Hervé）、米歇爾（Michel）、凱倫（Karen）、傑基（Jackie）、特奧（Teo）和你。我是不是更屬於你們的世界而不是活人的世界？我的政治、我的房子、我的身體不是你們的嗎？請你們在我身上重生，像外星人帶走美國人把他們變成活生生的皮囊一樣取走我的身體。請你在我身上重生，擁有我的舌頭、我的手臂、我的性器官、我的假陽具、我的血液、我的分子，擁有我的女朋友、我的狗，住在我裡面，活在我身上。來吧。*Ven*。**請不要離開**。*Vuelve a la vida.* 起死回生。**緊緊抓住我的性器。低賤，下流，骯髒。留在我身邊。**

這本書沒有其他的存在理由，在我和我的兩個性別之間存在的不確定邊緣之外，一切都是想像的，在不屬於我的三種語言之間，在活著的你和死去的你之間，在我繼承你血脈的願望和使你的精子復活的不可能性之間，在你永恆而沉默的著作和從我指間湧出的大量文句之間，在睪固酮和我的身體之間，在V和我對V的愛之間。

再次在鏡頭前：「這個睪固酮是為你準備的，這個快感是給你的。」

我不去看我剛剛拍的迷你DV。我甚至沒有把它給數位化。我把它放在透明的紅色盒子裡並在標籤上寫著：

二〇〇五年十月三日。**你去世那天。**

在那之前和之後的日子則是以我的睪固酮用藥儀式慣例作為標記。這個紀錄是居家的，而且甚至會是祕密、私人的——如果每次用藥沒有被拍攝下來，並匿名發送到一個全球數百個變性人、轉變中的身體在那裡交流他們的技術和知識的網頁上。在這個視聽網路中，我的臉無關緊要，我的名字也微不足道。只有我的身體和物質之間的嚴格關係才是崇拜與監控的對象。我把凝膠塗在肩膀上。第一時間裡：皮膚有被輕輕一擊的感覺。這種感覺變成寒氣，然後就消失了。接著什麼也沒有，持續一兩天。什麼都沒有。等待。然後，漸漸地，一種不尋常的清醒開始了，伴隨著一種慾望爆發，想打砲、想走動、想出門、想穿越整座城市。這是睪固酮與我血液混合的精神力量所表現出的最高點。所有不愉快的感覺都消失了。與安非他命（speed）不同，內在活動既不煩躁紛亂也不是噪音。簡而言之，是一種與城市節奏相協調的感覺。與古柯鹼（coke）不同，它沒有自我認知的扭曲、沒有多語症或優越感。就是一種力量的感覺，反映了我的肌肉和大腦倍增的能力。我的身體自覺地存在。不同於安非他命和古柯鹼，沒有直接的墜落退潮。幾天過去，內在活動平靜下來，但猶如被沙塵暴揭開面目的金字塔，那種力量的感覺依舊存在。

如何解釋發生在我身上的事？如何處理我對蛻變的渴望？處理這些年來我都將自己定義為女性主義者？而我今天是個什麼樣的女性主義者，是一個對睪固酮上癮的女性主義者，或者是一個對女性主義上癮的跨性別者？我別無選擇，只能重新複習修正我所知的經典，使理論接受我因為服用睪固酮而起的這種震動衝擊。承認我身上正在發生的變化是一個時代的轉變。

# 第二章　藥理色情時代

我一九七〇年生。當時處於鼎盛時期的汽車產業開始走下坡。我父親當時經營布爾戈斯（Burgos）這座哥德式的城市中第一個、也是最重要的修車廠。這座城市是神父和軍人的大本營，佛朗哥（Franco）在此建立了法西斯主義西班牙的象徵性新首都。如果希特勒當年打贏二戰，新歐洲就會圍繞布爾戈斯和柏林這兩個顯然不平等的端點建立起來。至少那是加利西亞（gallego）的小將軍夢寐以求的。中央修車廠（Garage Central）位於那條以一九三六年領導起義反對共和政權的軍人名字命名的莫拉將軍路（rue du Général-Molla）上。車廠裡停放著城裡最昂貴、屬於有錢人和佛朗哥政權達官顯貴的汽車。我家沒有書本，只有名車。克萊斯勒 Slant 6、幾輛雷諾 Gordinis、Dauphines 和 Ondines（綽號「寡婦車」，因為它們以轉彎打滑和殺死開車的丈夫而聞名），DS（西班牙人稱之為「鯊魚」），以及一些從英國帶回來並保留給醫生的 Standards。除此之外，還必須加上我父親逐漸累積的古董車收藏：一輛黑色賓士 Lola Flores、一輛三〇年代的灰色雪鐵龍前驅車、一輛福特十七匹馬力、一輛道奇 Dart

Swinger、一輛配有「青蛙屁股」的一九二八年款雪鐵龍及一輛八缸凱迪拉克。我父親那時投資了磚廠生意，但從一九七五年的石油危機開始逐漸衰落（意外地正如佛朗哥的獨裁政權一樣）。最終，他不得不出售自己的汽車蒐藏以償還工廠破產的債務。我為此哭泣了。同時，我像個男人婆一樣長大。我父親也哭了。

在這個已然逝去卻又尚未久遠、我們今日稱之為福特主義（Fordisme）的時代中，汽車工業綜合且定義了一種特定的生產及消費方式，一種泰勒主義式（tayloriste）時間化的生活，一種無生命物多色且光滑的美學，一種關於室內空間和居住於城市的思考方式，一種身體和機器的衝突裝配（agencement），一種慾望和抵抗的不連續流動（flux）。在能源危機與流水線裝配生產衰落之後的年代裡，人們試圖找到能夠帶動全球經濟轉型的新領域。因此，如生化、電子、資訊、通訊等產業，都可說是資本主義新產業的中流砥柱……但這些討論不足以解釋當今社會中附加價值的生產及生命的突變。

儘管如此，依然能將身體、性別與身分的政治與技術管理作為軸心，勾勒出上個世紀工業生產轉型的新時間表。換句話說，在今日對全球經濟進行性政治的（sexopolitique）分析，在哲學上是恰當切題的。

由經濟的角度來看，資本主義繼奴隸和工業制度之後向第三種形式的過渡轉型，一般而言發生在一九七〇年代左右，但一種新型的「生命治理」（gouvernement des vivants）[1]早已自第二次世界大戰的城市、身體、心理和生態廢墟（就西班牙而言則是內戰的廢墟）中出現。

性與性事（le sexe et la sexualité）❼如何成為政治與經濟活動的主要命題？請跟我來：

我們正目睹的資本主義的變異，它的特點不僅在於將性別轉化為生命政治管理的對象（正如傅柯在他對新社會控制系統的生命政治描述中的直覺），而且更在於這種管理是透過先進技術資本主義的新動力來進行的。冷戰期間，美國在性與性事的科學研究上投入的經費，比歷史上任何國家都要多。讓我們想想，從第一次世界大戰結束到冷戰期間，這段時期女性在公共領域的可見度，以及出現在意想不到的地方，如美國軍隊中[2]的同性戀政治化形式等，皆是前所未見的時刻。一九五〇年代的美國麥卡錫主義（maccarthysme）在對共產主義的愛國式迫害中，加入了反對同性戀的鬥爭，同性戀被認為是一種反民族主義（antinationalisme）的形式，同時，麥卡錫主義也高舉勞動男性及家務母性的傳統主義價值觀。[3]當時，作為公共衛生計畫的一部分，西方國家開設了數十個性研究中心（centres de recherche sur la sexualité）。喬治・亨利（George Henry）醫師與羅伯特・L・狄金森（Robert L. Dickinson）醫師進行了第一項「性偏差」（déviation sexuelle）的人口統計學研究，被稱為「性變異」（Sex Variant）[4]；隨後是關於性行為（sexualité）的金賽（Kinsey）報告，和關於陰柔特質（féminité）與陽剛特質（masculinité）的斯托勒（Stoller）協議。

與此同時，建築師查爾斯及雷・埃姆斯（Charles & Ray Eames）與美國軍隊合作，以膠合板（playwood）為戰爭傷殘人員製造夾板。幾年後，他們運用相同的材料製造具有輕量化設計與拋棄式建築特徵的美國家具。[5]哈里・本傑明（Harry Benjamin）發起了性荷爾蒙的臨床使用、並將其系統化，第一批黃體激素（progestérone）與雌激素（œstrogène）分子上市銷售，首先從馬血清中自然地獲得（普力馬林〔Prémarine〕），不久之後合成生產（炔諾酮〔Noréthindrone〕）。一九四六年至一九五一年間，第一種奠基於合成雌激素的避孕藥（*antibaby*）問世。雌激素成為人類歷史上使用最多、利潤最高的藥物分子。[6]一九四七年，禮來製藥（Eli Lilly Laboratories，美國印第安納州）將一種簡單的鴉片類藥物，即美沙酮（méthadone）分子，作為鎮痛劑上市銷售。在二十世紀七〇年代，它成為海洛因戒毒治療中最廣泛使用的替代療法。[7]同年，美國兒童精神病學家約翰・莫尼（John Money）發明了「性別」（genre）一詞，他將其與傳統的「性」（sex）區別開來，以闡明個人屬於在文化上被認為是「男性」或「女性」的群體。他聲稱可以「改變任何十八個月以下嬰兒的性別」。與此同時，我們正目睹超鈾元素（éléments transuraniens）（放射性實驗的人造產物）的產量

❼ 譯註：法語 sexualité 一字意義繁複，如性徵、性慾、性行為、性傾向等，或如傅柯的《性史》（*Histoire de la sexualité*）當初僅僅翻譯為「性」，本書中當 sexualité 一字強調社會面向時，皆譯為「性事」。

呈指數級增長，其中鈽（plutonium）是二戰期間用於軍事用途的核燃料，現已成為民間使用的材料。超鈾元素的毒性超過地球上任何其他元素，從而產生一種新形式的生命脆弱性（vulnérabilité de la vie）。第二次世界大戰後，為了應對納粹主義和種族主義言論聲稱透過身體特徵檢測種族或宗教差異所引發的威脅，人工重建包皮「去割禮」（dé-circoncision）成為美國最常見的整形手術之一。[8]臉部拉皮以及各種整容手術成為大眾消費的技術。安迪・沃荷（Andy Warhol）攝影拍下自己的拉皮手術，將自己的身體變成了普普藝術品。與此同時，塑膠愈來愈普遍用於製造日常用品。具黏性、半堅硬、防水、絕緣與隔熱的塑膠，是透過人工聚合技術，將石油中提煉的有機化合物之碳原子轉為長分子鏈而成，它在燃燒時更會造成大量污染。它的大規模生產決定了生態巨變的物質條件：地球自然資源的破壞、快速消耗及高度污染。一九五三年，美國大兵喬治・W・約根森（George W. Jorgensen）變身為克里斯汀（Christine），成為媒體報導的第一位變性女性。同一年，休・赫夫納（Hugh Hefner）創辦了《花花公子》（*Playboy*）雜誌，這是第一本在報攤上發行的美國色情雜誌，瑪麗蓮・夢露（Marilyn Monroe）的裸照登上了第一期雜誌封面。在佛朗哥主義的西班牙，一九五四年的《流浪和犯罪法》（*Ley de Vagos y Maleantes*）首次將同性戀與性別偏差納入其中。軍事醫療部門負責人安東尼奧・瓦萊霍・奈杰拉（Antonio Vallejo-Näjera）少校與胡安・何塞・洛佩斯・伊博爾（Juan José Lopez Ibor）博士針對馬克思主義、同性戀與中間性

（intersexualité）的心理—生理根源進行研究（發現著名的「紅色基因」〔gène rouge〕）。工業化的醫療機構（無論是在佛朗哥主義的西班牙亦或在民主的西方）都主張腦葉切除術、行為矯正治療、電擊治療和以優生學為目標的治療性閹割。[9] 一九五八年，第一次陰莖成形手術（phalloplastie）（以自體移植〔auto-greffe〕構建陰莖）在俄羅斯成功進行，這是從女性變性為男性過程的一部分。一九六〇年，禮來製藥將「西康樂」（Secobarbital）上市銷售，這是一種具有麻醉、鎮靜和催眠效果的巴比妥酸鹽類（barbiturique）藥物，用於治療癲癇、失眠或在小手術中作為麻醉劑使用。一般被稱為「紅色藥丸」（pilule rouge）或「洋娃娃」（doll）的「西康樂」成為一九六〇年代地下搖滾文化的藥物之一。同一時期，曼弗雷德・E・克萊恩（Manfred E. Clynes）和內森・S・克萊恩（Nathan S. Kline）創造了「賽博格」（cyborg）一詞，意指一種經過技術補充強化的有機體，它可以在地球以外的環境中生存，並作為「無意識集成的恆定系統」（système homéostatique intégré inconscient）運作。它實際上是一隻植入了滲透性義肢（prothèse osmotique）的實驗室小白鼠，將義肢如同賽博尾巴（queue cybernétique）一樣拖在身後。一九六六年，第一批抗憂鬱藥被發明出來，它們直接干預神經傳導物質血清素（neurotransmetteur sérotonine）的合成，並且進一步催生一九八七年氟西汀（Fluoxétine）分子的構思設計，隨後以不同藥廠的各種名稱上市銷售，其中最著名的是由禮來藥廠製造的「百憂解」（Prozac）。一九六九年，作為美國軍事研究計畫的一部分，阿帕網（arpanet）上線運行，這是第一個將電腦連接在一起並且能夠傳輸訊息的「網絡的網路」，從而催生了網際網路。一九七〇年九月十八日，吉米・亨德里克斯（Jimi Hendrix）在攝入含有至少九顆「西康樂」藥丸的藥物雞尾酒後死亡。一九七一年，英國頒布了《藥物濫用法》（*Loi sur l'abus des drogues*），規範精神藥物的消費及販運。對使用和販運的處罰從A類（古柯鹼、美沙酮、嗎啡等）到C類（大麻、K他命等）不等。酒精與菸草依然不在此一分類之列。一九七二年，傑拉德・達米亞諾（Gerard Damiano）用來自加州黑手黨的資金製作了電影《深喉嚨》（*Deep Throat*），這是美國首批公開發行的色情影片之一。《深喉嚨》後來成為有史以來觀影次數最多的電影之一，票房收入超過六億美元。色情電影產業從一九五〇年出品的三十部地下非法電影呈爆炸式增長到一九七〇年的兩千五百部。一九七三年，同性戀從「精神疾病診斷與統計手冊」（DSM, Manuel diagnostic et statistique des troubles mentaux）登記普查的疾病清單中被移除。一九七四年，作為勃起功能障礙（défaut d'érection）的治療方法，蘇聯的維克多・康斯坦丁諾維奇・卡爾恩貝茲（Victor Konstantinovich Kalnberz）取得了第一個陰莖植入物的專利，它圍繞聚乙烯骨架（baleines en polyéthylène）製成的結構設計，創造了一個持續勃起的自然陰莖。這些植入物之後被它們的化學修改版本取而代之，因為它們被視為「身體上的不便和情感上的令人不安」。一九七七年，奧克拉荷馬州在一次死刑處決中，首次使用成分類似「紅色藥丸」

的巴比妥酸鹽類藥物執行了致命注射。類似的方法曾在納粹德國的「T4行動」（Action T4）種族衛生計畫中使用過，當時有七萬五千至十萬名身體或心理殘疾的人被安樂死。隨後，這一程序因其高昂的醫藥成本而被放棄，取而代之的是毒氣室或餓死的方式。一九八三年，變性症（transsexualisme）作為一種「性別不安」（dysphorie de genre）精神障礙被納入DSM「精神疾病診斷與統計手冊」。一九八四年，湯姆．盧（Tom F. Lue）、埃米爾．A．塔納霍伊（Emil A. Tanaghoy）和理查德．施密特（Richard A. Schmidt）首次在患者的陰莖中置入了一個「性調節器」（pacemaker sexuel）：在前列腺附近植入一個電極系統，透過遙控觸發勃起。在一九八〇年代，新的荷爾蒙被發明並且商業化上市，例如DHEA和生長激素（hormone de croissance），以及許多在體育運動中合法及非法使用的合成代謝物質（substances anabolisantes）。一九八八年，西地那非（Sildenafil）（由輝瑞〔Pfizer〕實驗室以威而鋼〔Viagra〕為名銷售上市）的藥物用途被批准用於治療陰莖的「勃起功能障礙」。它是一種血管擴張劑（vasodilatateur），沒有催情作用，但可誘導陰莖海綿體產生一氧化氮（oxyde nitrique）並使肌肉放鬆。從一九九六年開始，美國實驗室投入生產合成調酸催素（oxyntomoduline），這是一種與飽腹感有關的荷爾蒙，它可以影響控制調節成癮的心身機制（mécanismes psychophysiologiques），並可當成減肥藥上市。在千禧年之初，有四百萬兒童因為過動（hyperactivité）與被稱為「注意力缺陷」（déficit d'attention）的綜合症而服用「利他能」（Ritaline）治療，以及有超過兩百萬兒童服用控制兒童憂鬱症的精神藥物。

我們正面臨一種全新的、動盪不安的、精神（藥物與物質）的，以及龐克的資本主義。這些近期的轉變強加了新的微型義肢部署（dispositifs microprosthétiques）的裝配，以透過生物分子和媒體技術平臺進行主體性的控制。這個「經濟－世界」[10]依賴數百噸合成類固醇的生產與流通、色情圖片流（flux）的全球傳播、合法及非法合成精神藥物（Lexomil、K他命〔Special K〕、威而鋼、安非他命〔speed, crystal〕、百憂解、搖頭丸〔ecstasy〕、Rush〔Poppers〕❽、海洛因、奧美拉唑〔Oméprazole〕）新種類的開發散播、符號流和訊息的數位傳輸迴路、向全球擴散的一種分散式都會建築形式，其中的超大城市貧民窟[11]與性資本（sexe-capital）高度集中的節點並存。

這些只是一個後工業、全球與媒體制度出現的一些跡象，而避孕藥和《花花公子》正是當中的典型，我將在下文中稱之為「藥理色情」（pharmacopornographique），並以分子（藥理－）與符號技術（－色情）模式中的性主體性（subjectivité sexuelle）的治理過程作為參考。如果說它的主要力量奠基於十九世紀的科學與殖民社會，它的經濟載體則要到二戰結束後才顯現出來。起初隱藏在福特主義經濟的表象之下，一九七〇年代隨著後者逐漸崩潰而顯露。

二十世紀之際，心理學、性學及內分泌學確立了它們的物質性權威，將心理、性慾、意識、陰柔特質及陽剛特質、異性戀及同性戀的概念轉化為有形的現實、化學物質、可上市銷售的分子、身體、人類生物型（biotypes humains）、可由藥理色情跨國企業進行管理的市場價值。科學霸權，作為一種論述和技術實踐，源自於伊恩・哈金（Ian Hacking）[12]、史蒂夫・伍爾加（Steve Woolgar）及布魯諾・拉圖（Bruno Latour）[13]所謂的「物質性權威」（autorité matérielle），也就是發明和生產人造生命體（artefacts vivants）的能力。如果科學是現代性的新宗教，那是出於它的表演性力量（puissance performative）：它有創造的能力，而不僅僅是描述現實。❾當代技術科學（technoscience）的巨大成功是將我們的憂鬱症轉變為百憂解，將我們的男子氣概轉變為睪固酮，將我們的勃起轉變成威而鋼，將我們的生育／不生育轉變為避孕藥，將我們的愛滋病轉變為雞尾酒療法（trithérapie）。憂鬱症或百憂解、威而鋼或勃起、睪固酮或男子氣概、避孕藥或母性、雞尾酒療法或愛滋病，

❽ 譯註：同志圈流行的助性藥劑Rush poppers，簡稱Rush或poppers，一般在臺俗稱「Rush」。

❾ 科學並不唯一擁有這種表演力量，藝術和行動主義類似於實驗室科學，也有能力創造（而不僅僅是描述、發現或再現）人工產物。稍後我們將看到藝術、哲學和文學皆可充當現實生產的虛擬反實驗室（contre-laboratoires）。

不可能區分哪個先出現。這種自我反饋（autofeed-back）的生產是藥理色情權力（pouvoir pharmacopornographique）的本質。

當代社會充斥著毒物色情（toxico-pornographique）的主體性：主體性由支配其新陳代謝的物質、使它們得以行動的賽博義肢、引導它們行動的藥理色情慾望類型所定義。我們將不再談論主權和異化的主體，而是百憂解主體、大麻主體、古柯鹼主體、酒精主體、利他能主體、可體松（cortisone）主體、矽膠主體、異陰道（hétérovaginaux）主體、雙重插入（double-pénétration）主體、威而鋼主體。

自然界中沒有什麼可以揭示的，沒有隱藏的祕密。在龐克超現代主義（hypermodernité punk）中，這不再是揭示自然隱藏真相的問題，而是闡明作為人工產物的身體獲得自然地位的這些文化、政治與技術過程的問題。腫瘤鼠（oncomouse），一種專為攜帶一類致癌基因而以生物技術設計的實驗室小白鼠[14]，牠啃噬著海德格（Heidegger）的「此在」（*Dasein*）。變異的吸血鬼獵人巴菲（Buffy）[10]剁碎了西蒙波娃（Simone de Beauvoir）的「正在成為女人的女人」（femme en devenir）。假陽具，任何遠端生產快感的義肢（prothèse de téléproduction du plaisir）之範式，它吞下了羅科．西弗雷迪（Rocco Siffredi）[11]的陰莖。關於性或性身分認同，沒有什麼可揭示的。性的真相不是揭開祕密，而是**性設計**（*sexdesign*）。

## 手淫協作（COOPÉRATION MASTURBATOIRE）

後福特主義的理論家們（維爾諾〔Virno〕、哈特〔Hardt〕、奈格里〔Negri〕、科薩尼〔Corsani〕、馬拉齊〔Marazzi〕、穆里爾・布唐〔Moulier-Boutang〕等）已經確定當前資本主義的生產過程是以知識、信息、文化、社會關係為原始材料。[15]對於更近期的經濟理論而言，生產的動力不再侷限於企業，而是在於「社會整體、人口素質、協作、慣例、學習，以及將市場、企業與社會結合在一起的組織形式。」[16]奈格里與哈特談到「生命政治生產」（production biopolitique），運用傅柯的崇拜（culte）概念來命名當前資本主義生產的複雜形式，除了「符號、語言、信息的生產」，更包括「情動的生產」（production d'affects）。[17]他們將涉及照顧身體、保護他人和建立人際關係、「女性」的生殖再生產（reproduction）勞動，[18]以及與溝通、交流知識和情動關係的生產形式，稱為「生命政治勞動」（travail biopolitique）。但是，對這種新生產形式的分析及描述，往往在生命政治上就止步不前。[19]

如果現實上是諸眾貪得無厭的身體，是他們的陰莖、陰蒂、肛門、荷爾蒙、性神經突

---

⑩ 譯註：《魔法奇兵》（*Buffy the Vampire Slayer*）是一齣九〇年代極具文化影響力的美劇，特別是當中身分多樣性和複雜性的命題，受到學術界大量的關注研究。

⑪ 譯註：知名的義大利A片男星，除了成立自己的製作公司，更以正面形象在媒體上推廣色情電影。

觸，如果諸眾的慾望、亢奮、性行為（sexualité）、誘惑和快感才是創造當代經濟附加價值的動力呢？如果這種協作是「手淫協作」（coopération masturbatoire），而不是簡單的大腦協作呢？

色情產業是當今資訊經濟的強大動力：從地球上的任何地方都可以探訪超過一百萬個成人網站。在性產業每年產生的十六億美元利潤中，很大一部分來自網路上的色情入口網站。每天都有三百五十個新的色情網站向數量呈指數級增長的使用者提供虛擬探訪。雖然這些網站大多確實屬於跨國公司（如花花公子、Hotvideo、Dorcel、Hustler 等），但業餘網站才是網路色情真正的新興市場。一九九六年，詹妮弗．凱．林格利（Jennifer Kaye Ringley）首創，在她的居家空間中安裝了數個網路攝影機（webcam），並在她的網站上直播她的日常生活，取代了單一廣播的模式。JenniCams 以紀錄片的形式製作性生活的視聽專欄，並收取類似電視頻道的訂閱費。今天，任何擁有一個身體、一部電腦、一臺攝影機或網路攝影機、一個網路連結與一個銀行賬戶的網路用戶，皆可創建自己的色情網頁、進入色情行業的網路市場。氾濫的自我情色（autopornographique）身體成為全球經濟的一股新力量。地球上相對貧困的人口近年來獲得了製作網路色情的技術手段，首度打破了迄今為止由大型跨國色情企業所把持的資源壟斷。柏林圍牆倒塌後，最先進入這個市場的是來自前蘇聯集團的性工作者，然後是來自中國、非洲與印度的性工作者。面對性工作者的這種獨立化，跨國色情企業於是逐漸與廣告公司結盟，希望透過免費探訪他們的頁面來吸引線上訪客。

性產業不僅是網路上最賺錢的市場，也是全球網路市場上利潤最大化的模式（只有金融投資可與之相提並論）：最低投資，以獨特的方式實時直銷產品，生產即時的消費者滿意度。網路上的任何入口網站都是根據這種色情消費的自慰邏輯來建構與組織的。如果經營谷歌或eBay的金融分析師會密切關注網路色情市場的波動，那是因為性產業為整個網路市場的發展演變提供了一座經濟模型。

假使我們將製藥產業（美容和醫療科學機構的合法延伸，或者是宣稱為非法的毒品販運）、色情產業及軍工業視為後福特資本主義的主要重點領域，我們就需要給這種「原始材料」一個更直接的名稱。讓我們大膽地提出這條假設：當前生產過程的原料是亢奮、勃起、射精、快感、自我滿足感、無所不能的控制感及徹底破壞的感覺。當前資本主義的真正命題是對主體性的藥理色情控制，它的產品是：血清素、睪固酮、抗酸劑（anti-acides）、可體松（cortisone）、抗生素、雌二醇（œstradiol）、酒精及菸草、嗎啡、胰島素、古柯鹼、西地那非檸檬酸鹽（citrate de sildenafil）（威而鋼），以及所有參與生產亢奮、放鬆、舒壓、無所不能和完全控制等心理及身心狀態的，虛擬和物質性的複合體（complexe）。金錢本身在此成為一種精神藥性的抽象符徵（signifiant abstrait psychotrope）。性是資本的對應關聯物，戰爭則是生產的鏡子。性和性慾成癮的身體、性和所有它的符號技術衍生物（dérivés sémiotechniques）現在都是後福特資本主義的主要資源。

雖然汽車經濟主導的時代被稱為「福特主義」，但我們將這種以藥丸產業、手淫邏輯和亢奮－沮喪迴圈為主導的新經濟稱為「藥理色情主義」（pharmacopornisme）。藥理色情產業是黏稠的白金，是生命政治資本主義的結晶粉末。奈格里與哈特重讀馬克思，表明「在十九世紀及二十世紀，全球經濟的特點是工業勞動的霸權主導，即使從數量上而言，與其他生產形式（如農業）相比，它依舊是少數」。[20]工業勞動藉由它對所有其他生產形式所施展的變革力量而成為主導。今日的藥理色情生產是全球政經新時代的特徵，不是因為它在數量上形成的優勢，而是因為性－麻藥情動（affects narcotico-sexuels）的控制、生產與強化，已然成為所有其他生產形式的典範。因此，藥理色情控制、滲透並支配從農業生物技術到高科技通信行業的所有資本流動。

在藥理色情時代，身體的性政治治理產業（industrie du gouvernement sexopolitique）合成且定義了一種特定的生產及消費模式，一種生命的自慰性時間化（temporalisation masturbatoire），一種對生命體的虛擬與致幻美學，一種透過自我監控及超高速資訊傳播的部署，將室內空間轉變為室外，將城市轉變為內在性（intériorité）及「垃圾空間」（junkspace）[21]的建築形式，一種慾望和抵抗、消費和破壞、進化和自我毀滅的持續模式。

## 高潮（潛）力（*POTENTIA GAUDENDI*）

要了解自十九世紀末開始，性事與身體、可亢奮的身體是如何以及為何突然進入政治行動的核心，直到成為一種治理性的、工業化的細緻管理的目標，則有必要在藥理色情領域發展一個相當於古典經濟學領域中的勞動力概念的新哲學概念。我將身體（總體）亢奮（實際或虛擬）的力量，稱之為「高潮（潛）力」（*potentia gaudendi*）或「（性）高潮的力量」（force orgasmique）。這種力量是一種不明確的能力，它沒有性別，既非男性、也非女性，既非人類、也非動物，既非有生命的、亦非無生命的，既不是主要趨向女性、也不是趨向男性，它並不將異性戀與同性戀區分開來，它在客體及主體之間，它也不知道「被亢奮」、「亢奮」，或是「與之一同亢奮」之間的區別（différence entre être excité, exciter ou s’exciter-avec）。[12]它不偏愛任何一個器官：陰莖的（性）高潮力量並不比陰道、眼球或腳趾頭更強烈。（性）高潮力量是任何活體分子內在固有的亢奮潛力之總和。（性）高潮力量並不尋求立刻解決，它只渴望在空間及時間中展開，在所有地點及所有時刻，向一切事物和每個人展開。它是一種將世界轉變為「同樂共爽」（plaisir-avec）的力量。高潮（潛）力匯集了所有

[12] 譯註：「共，與之，一同」（-avec）的實踐是主客體跨越的後人類觀點，如唐娜・哈洛威（Donna Haraway）所說的共生、一同編花繩等「共同」的實踐。

軀體的、精神的力量，召喚所有生化的精力資源和靈魂的結構。

在藥理色情資本主義中，勞動力揭示了它的真正基礎：（性）高潮的力量，高潮（潛）力。當前的資本主義使快感的力量本身投入勞動，無論是以藥理學的形式（將在消費者體內起作用的可消化分子），還是色情的再現（可轉換為數位數據，可在電腦、電視或電話載體上傳輸的符號技術性符碼〔signe sémiotechnique〕）或性服務（根據或多或少正式的性服務銷售合約，在給定的時間內，以其高潮力和情動量〔volume affectif〕為消費者服務的藥理色情生命實體）。

高潮（潛）力不僅具有短暫性（impermanence）和高度可塑性（malléabilité），而且最重要的是我們無法擁有或保存它。高潮（潛）力作為藥理色情主義的能量基礎，不能夠被具體物化或轉化為私有財產。我們既不能擁有、也不能保存另一個人的高潮（潛）力，但同樣地，我既不能擁有、也不能保存看起來像是我的那個高潮（潛）力。高潮（潛）力僅作為事件、關係、實踐、生成流變（devenir）而存在。

（性）高潮的力量是所有勞動力中最為抽象和最物質性的，不可分割，同時是肉身的和數位的，黏稠的和可數位化的。可以轉化為資本的幻想或分子榮耀。

活生生的、泛性的（pansexuel）身體是（性）高潮力量的基礎：不能化約歸納為一個前論述（pré-discursif）有機體，它的極限與包裹它的肉體外殼並不相符。這種生命不能被理解為一種生物學數據：它僅存在於技術科學特有的生產和文化的錯綜交織當中。這個身體是一個融合了技術的多重連接技術生命實體（entité technovivante）[22]，既不是有機體，也不是機器：技術身體（technocorps）。麥克魯漢（McLuhan）、巴克敏斯特・富勒（Buckminster Fuller）與維納（Wiener）在五〇年代就對此有所直覺：通訊技術作為身體的延伸而產生作用。今日，情況似乎要複雜得多：個人身體作為全球通訊技術的延伸而發揮作用。以美國女性主義者唐娜・哈洛威（Donna Haraway）的話來說，二十一世紀的身體是一個技術生命（technovivante）平臺，是主體與客體、自然與人造的概念不可逆轉地內爆的結果。「生命」（vie）一詞已經變得過時，無以識別這項新技術的要角。哈洛威將傅柯的「生命權力」（biopouvoir）概念替換為「技術生命權力」（technobiopouvoir）。這不再是如傅柯所說的關於一個凌駕於生命的權力、權力管理和最大化生命的問題，而是對一個連結的技術生命（technovivant connecté）整體行使一種權力和一種控制的問題。[23]

在亢奮的技術生產（technoproduction d'excitation）迴路中，既沒有活的身體也沒有死的身體，只有存在或不存在、真實或虛擬的連接器（connecteurs）。影像、病毒、電腦程式、網路用戶、接聽色情電話的聲音、藥物、試驗用的實驗室動物、冷凍胚胎、母細胞、活性生物鹼分子……它們的價值在當今的全球經濟中不在於「活」或「死」，而是在於它們可不可能被整合到一個全球性亢奮的生物電子（bioélectronique）當中。哈洛威提醒我們：「賽博格的形象，以及種子、電子晶片、基因、數據資料庫、炸彈、胎兒、種族、大腦及生態系統，都來自主體與客體、自然與人造的內爆（implosions）。」[24]任何技術身體，包括「死」的技術身體，皆可觸發（性）高潮的力量，從而成為生產性資本力量的載體。這種允許自身轉化為資本的力量，既不存在於「生命」（*bios*）之中，也不存在於「軀體」（*soma*）當中，正如從亞里斯多德到達爾文所設想的那樣；而是存在於「技術愛慾」（*technoeros*）、迷人的技術生命體（corps techno-vivant）及其控制論賽博愛（cybernétique amoureuse）當中。因此得出這個結論：生命政治（biopolitique）（控制和生產生命的政治）以及死亡政治（thanatopolitique）（控制和管理死亡的政治）的運作類似於藥理色情政治（pharmacopornopolitiques），高潮（潛）力的全球管理。

一旦從（性）高潮力量中獲利的可能性開始發揮作用，性、性器官、快感和無力感、喜悅和恐懼就會轉移到技術政治管理的中心。如果後福特主義的理論家對非物質勞動、「非異化勞動」（travail non-objectivité）[25]和「情動勞動」（travail affectif）[26]感興趣，那麼我們這些藥理色情資本主義的理論家則對作為主體化過程的性勞動感興趣，對把主體變成可被轉化為抽象、數位數據和資本的、取之不盡用之不竭的全球射精儲備的可能性感興趣。

這種「（性）高潮力量」理論不應透過偏執的黑格爾或烏托邦／反烏托邦盧梭主義的稜鏡來解讀：市場不是一種用來沒收剝奪、抑制或控制個人性本能的外部力量。相反地，我們面臨著最惡毒的政治局勢：身體不了解自己的（性）高潮力量，直到將其投入勞動。

作為一種勞動力的（性）高潮力量已經逐漸受到嚴格的技術生命政治控制（contrôle technobiopolitique）。性身體是一種肉體的性劃分的產物，每個器官都由其功能所定義。性行為（sexualité）總是意味著對嘴、手、肛門、陰道的精確管理。直到最近，將資本家與工人聯合起來的買賣和依賴關係也支配著性別之間的關係，被視為射精者與促進射精者之間的關係。因而可下此定義：女性遠非自然天生，而是當（性）高潮的力量可以轉化為商品、經濟交換物，也就是說可轉化為勞動時所具有的品質。一個男性的身體顯然可以（事實上已經）在性勞動市場中占據一個女性的性別位置，因而見到他的（性）高潮力量被化約為一種勞動能力。

（性）高潮力量的控制不僅定義了性別差異，女性／男性二分法。更為一般的說法，它還支配著異性戀與同性戀之間的技術生物政治差異。手淫的技術性限制以及將同性戀視為一種病理學的發明，是與一種規訓制度的構成齊頭並進的，在這種制度下，集體性高潮的力量被投入物種異性生殖再生產的勞動之中。但在一九四七年之後，分子化的性身體進入資本運作當中，並導致其生產方式發生變異。當有可能（透過色情部署）從手淫中獲益，並（透過避孕和人工授精）在技術上控制有性生殖時，生命政治狀況就會發生巨大變化。

如果我們與馬克思一同思考「勞動力不是實際完成的工作，而僅僅是勞動的力量」[27]，那麼就有必要說任何身體，人或動物，真實的或虛擬的，女性的或男性的，都擁有這種自慰性的力量，使人射精的能力，高潮（潛）力，因此也是固定資本的生產力量，參與生產過程卻不會在此過程中被消耗殆盡的力量。到目前為止，我們已經知道身體被色情化和壓迫程度之間的直接關係。縱觀歷史，過去曾經最被色情化的身體是女性的身體、兒童的身體、奴隸的種族化身體、年輕勞動者的身體、同性戀的身體。但是解剖學和高潮（潛）力之間沒有本體論的關係。這要歸功於法國作家米榭・韋勒貝克（Michel Houellebecq）早就知道為這種全球資本主義新力量發展出一個反烏托邦寓言，創造了超級蕩婦和超級妓女：新的霸權主體是一個身體（通常被編碼為男性、白人與異性戀）被藥理色情地（以威而鋼、古柯鹼、色情等）補充強化，貧困化性服務（通常由被編碼為女性、幼稚、種族化的身體所從事）的消費者：

「當西方人可以的時候，他就會工作；雖然他的工作常常使他感到厭煩或惱怒，但他假裝感興趣：我們觀察到這一點。五十歲那年，厭倦了教書、數學和所有一切，我決定去探索這個世界。當時我剛剛離完第三次婚；在性這一方面，我沒有特別的期望。我第一次旅行是去泰國；緊接著，我去了馬達加斯加。從那以後，我再也沒有和白人女人上過床；我甚至再也沒有那麼做的慾望。相信我，他補充道，然後將一隻堅定的手放在萊昂內爾（Lionel）的前臂上，那隻善良、柔軟、溫順、靈活、肌肉發達的貓，你再也不會在白人女孩身上找到她了；所有這些都完全消失了。」[28]

力量不僅存在於（「女性化」、「幼稚」或「非白人」）身體中，作為傳統上被想像為前論述的、自然的空間，而且存在於使其變得性感和引人企求（sexuel et désirable）的一系列再現當中。在任何情況下，一個總是藥理色情的身體，一個再現和生產的大型文化部署（dispositif culturel）作用產生的技術生命體組織（organisme technovivant）。

當代批判理論的目標是闡明我們作為藥理色情工作者／消費者的狀況。如果當前的勞動女性化（féminisation du travail）理論省略了射精（*cum-shot*），掩飾隱藏了合作交流螢幕背後的射精錄像，那是因為，與韋勒貝克不同，生命政治哲學家不願透露他們在全球藥理色情市場上的客戶身分。

在《牲人》（*Homo Sacer*）第一卷中，喬吉歐．阿岡本（Giorgio Agamben）採用華特．班雅明（Walter Benjamin）的「裸命」（vie nue）概念來定義奧斯威辛（Auschwitz）集中營之後主體的生命政治地位，其範例是集中營囚犯或被關押在臨時拘留所的非法移民：被化約為肉體的存在，被剝奪任何法律地位或公民身分。[29]之於「裸命」的概念，我們可以加上藥理色情生命或「脫光的生命」（vie à poil）的概念：被剝奪任何合法或政治地位的身體的特性，是被作為高潮（潛）力的生產資源。無論是在民主社會中還是在法西斯政權下，身體的特性被化約為「裸命」，恰恰使它能夠成為一個藥理色情剝削最大化的客體。在阿布格萊布（Abou Ghraib）監獄的囚犯影像、泰國青少年的色情化再現、歐萊雅（L'Oréal）與麥當勞的廣告，以及《熱雜誌》（*Hot Magazine*）當中，都是同樣的色情再現符碼（codes de représentation）在運作。所有這些身體都已經、並且是取之不盡地，作為射精性資本、數位的和肉體的來源在運作。亞里斯多德所說的在*zoe*和*bios*之間的區分，在沒有任何意向性的動物性生命，和被賦予意義、自決、生命政治底層、有尊嚴的生命之間的區別，今日應該以原始（*raw*）和生物技術（*biotech*）之間、在未經加工處理和生物技術文化地產生（biotechno-culturellement produit）兩者之間的區別來代替，後者指出了藥理色情時代的生活條件。被剝奪了所有公民身分（移民、被放逐者、被殖民者、色情女演員或演員、性工作者、實驗室動物等）的生物技術現實是色情（*pornographicus*）的肉體（*corpus*）（不再是**人**〔*homo*〕），沒有公民權、作者版權和工作權的生命（一種技術條件，而非純粹的生物學條件），被自我監控和全球媒體化的設備所構建並且暴露其中。沒有必要點名集中營或滅絕營的反烏托邦模式（很容易被譴責為控制的部署）來尋找「裸命」，它正處於我們後工業民主國家的中心，構成了全球集成多媒體妓院－實驗室（*bordel-laboratoire global intégré* *multimédia*）的一部分，流動和情動的控制在此以亢奮－沮喪的流行形式發生。

## 刺激與控制

如果沒有對生殖再生產的技術控制，性協作（coopération sexuelle）是不可能逐步轉為主要生產力的。以至於沒有避孕藥、沒有威而鋼就沒有色情。或者相反，沒有色情就沒有威而鋼或避孕藥。新型性生產（production sexuelle）意味著對物種生殖再生產的力量詳細而嚴格的控制。沒有同時的監視和藥理政治控制（contrôle pharmacopolitique）就沒有色情電影。在這個藥理色情身體上運行的生殖工業力量控制著卵子生產、程序化的性交技術、胚胎移植、冷凍精子、體外受精、人工受孕、妊娠監測、分娩技術編程等。從此，傳統的男女分工逐漸瓦解。藥理色情資本主義開啟了一個新時代，在這個時代中，最有趣的生意是生產作為一個物種的物種、它的靈魂和身體、它的慾望和它的情動。當代生命資本主義（biocapitalisme）「什麼都不」生產：除了物種之外什麼也不生產。儘管我們習慣於談論消費社會，但消費的客體只不過是一種心理毒性虛擬生產（production virtuelle psychotoxique）的五彩紙屑。我們消費空氣、夢想、身分、關係、靈魂。這種藥理色情資本主義實際上全靠著主體性的生命媒體式管理（gestion biomédiatique），透過其分子控制和視聽虛擬連結的生產而得以運作。

製藥產業和視聽性產業是當代生命資本主義賴以為生的兩大支柱，是巨大而黏稠的積體電路的兩個觸角。這是二十世紀下半葉的藥理色情計畫：控制被編碼為女性的身體的性行為（sexualité），並使編碼為男性的身體射精。藥丸、百憂解與威而鋼之於製藥產業，就像色情電影及其口交、插入與射精的語法之於文化產業：後工業生命資本主義的滿堂彩大獎。

在生命資本主義當中，疾病是醫學和製藥模式的結果，是技術和機構載體的成果，這個載體能夠對其進行論述性解釋、將其具體化，並以一種或多或少可操作的方式進行治療。從藥理色情的角度來看，受愛滋病毒影響的非洲人口中有三分之一並未真正患病。每天在非洲大陸死去的數千名ＨＩＶ陽性者是不穩定的生命體（biocorps précaires），它們的生存尚未被西方製藥業資本化。對藥理色情體系來說，這些身體既不是死的也不是活的。他們存在於前藥理色情（pré-pharmacopornographique）的狀態，或者大致相同的狀態：他們的生命不太可能產生一種射精性的利潤。他們是被排除在技術生命政治體制（régime technobiopolitique）之外的身體。印度、巴西或泰國的新興製藥業正在努力爭取他們抗逆轉錄病毒療法（thérapies antirétrovirales）的經銷權利。同樣地，如果必須等到二〇一〇年才能銷售抗瘧疾疫苗（非洲大陸每年有五百萬人死亡），那是因為需要疫苗的國家無力支付費用。與此同時，西方跨國企業正著手進行成本高昂的計畫，要生產威而鋼或研發前列腺癌的新療法。如果我們拋開藥理色情盈利的計算，勃起功能障礙和前列腺癌在那些受結核病、瘧疾與愛滋病侵襲的、人均壽命不超過五十五歲的國家，絕對算不上優先事項。[30]

在藥理色情資本主義中，性慾和疾病是在同一個平臺上生產與培養的：如果沒有能夠使它們物質化的技術、藥物和媒體的載體，它們就不會存在。

我們生活在一個毒物色情的時代（ère toxico-porno）。透過藥理管理和視聽推廣，後現代身體成為集體所想望企求的。美國在這兩個領域擁有世界霸權（也許只是暫時而不會長久）。資本的這兩股創造力量並不依賴一種生產的經濟，而是依賴一種發明的經濟。正如菲利普．皮尼亞爾（Philippe Pignare）指出，「製藥業是研發成本極高而製造成本極低的經濟領域之一。與汽車工業不同，沒有什麼比複製藥物、確保其大規模化學合成更為容易，然而沒有什麼比研發藥物更為困難、昂貴」。[31]同樣地，就物質層面而言，沒有什麼比用攝影機拍攝口交、陰道或肛門插入更便宜的了。藥物，一如性高潮與書籍，製造起來相對容易且便宜。難處在於它的構思設計和政治流通。[32]藥理色情生物資本主義並不生產東西。它產生流動的思想、活的器官、符號、慾望、化學反應和情動。在生物技術與色情傳播中，沒有需要生產的物體，這是發明一種主體，並在全球範圍內生產它的問題。

# 第三章　睪固酮

「一如既往，在寫作中，我既是科學家，
同時又是他剖開研究的小白鼠。」

——埃爾維・吉貝爾（Hervé GUIBERT）

在你去世前幾個月，我的性別駭客導師戴爾（Del）給了我一盒三十包裝的五十毫克睪固酮凝膠。我把它們放在一個玻璃盒裡，放了很久，就好像它們是被解剖的甲蟲、從屍體中取出的有毒子彈、未知物種的胎兒、吸血鬼的牙齒，光是看一眼，它們就要朝你的喉嚨撲來。那時我總是被一群跨性別朋友包圍。有些人按照變性協議服用荷爾蒙，而另一些人則是非法買賣它們，不尋求合法改變性別或接受精神治療就自行服用。他們不認為自己是「性別不安」（dysphoriques de genre），而是稱自己為「性別駭客」。我屬於這群睪固酮的使用者。我們是「公共版權」（copyleft）的使用者：我們認為性荷爾蒙是免費和開放的生物編碼（biocodes），它的使用不應受到國家監管，也不應被製藥公司據為己有。當我決定服用第一劑睪固酮時，我並沒有告訴任何人。就好像它是一種硬性藥物（drogue dure），我得等到我一個人在家的時候才去試。等待夜幕降臨，我從玻璃盒中取出一個小袋後立即闔上，以確保今天第一次服用，我只服用一劑。我才剛剛開始，就已經表現得像是對一種非法物質上癮了。我隱藏自己，監視自己，查禁自己，克制自己。第二天晚上，幾乎是在同一時間，我用了第二劑五十毫克的藥。第三天，第三劑。在這些日日夜夜之中，我一邊正在撰寫即將搭配戴爾的最新攝影書出版的文字。我不與任何人交談，我只是寫作。似乎只有寫作才能成為這個過程的可靠見證。其他人都會背叛我。我知道他們會因為我服用睪固酮而評判我。有的人，會因為我要成為男人當中的一個男人，就像因為當我是個小女孩時很乖而評判我。其他人，則會因為我是在醫療協議之外服用睪固酮，不想成為一個男人，因為我把睪固酮像其他任何藥物一樣當成硬性藥物，因為我在法律開始歸併變性人、以確保社會健保局報銷用藥和手術的此時，給睪固酮一個負面媒體報導的名聲而評判我。

寫作是我的癮頭祕密所在之處，同時也是我的癮與諸眾達成協議的舞臺。第四個晚上，我沒有睡。我很清醒，精力充沛，頭腦機警，就像我小女孩時和一個女孩上床的第一個晚上一樣。凌晨四點，我還在寫，絲毫沒有疲倦的跡象。坐在電腦前，我感到背部的肌肉被一根賽博電纜所支配，它從城市地底伸出，穿過我的腦門，直到連接上距離地球最遙遠的星球。早上六點，在十個小時沒有離開椅子、只光喝水之後，我起身和我的母狗莒斯汀（Justine）一同去散步。這是我第一次在秋天漫無目的地一早六點離開家。鬥牛犬茫然不知所措，牠不喜歡這麼早出門，但牠還是跟著我。我需要呼吸城市的空氣，走出居家空間，到外面走走，在那裡我有家的感覺。我沿著美麗城大街（rue de Belleville）走到中國菜市場，非洲裔的垃圾收集員正在用舊地毯築堤以從下水道引水。我等待「瘋子們」（Les Folies）酒吧開門，喝杯咖啡，吞下兩個牛角麵包，然後上路回家。我滿頭大汗地回到家。我注意到我的汗水變了。我癱在沙發上，看i-TV，只看新聞，三天來我第一次沉沉睡去，渾身流著這睪固酮的汗水，在莒斯汀身邊。

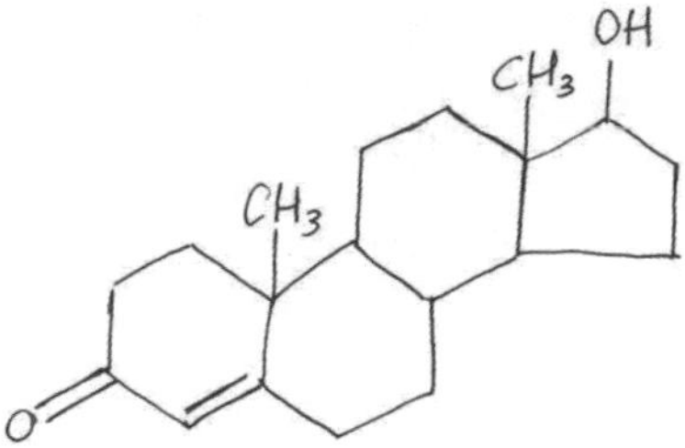


睪固酮的化學結構

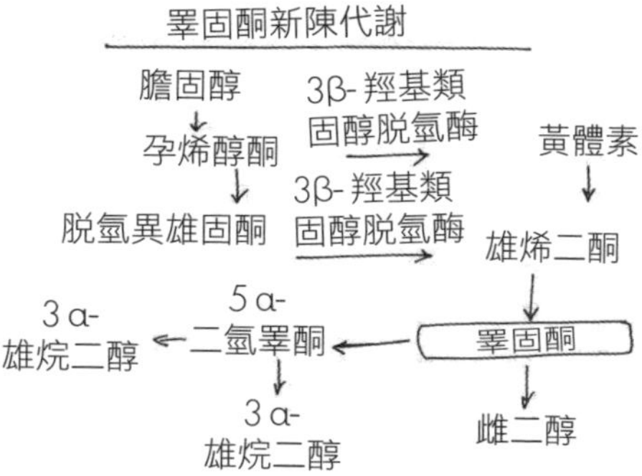

## 注射

我自行服用的睪固酮藥名是Testogel。它是由蒙魯日（Montrouge）的博賞藥廠（laboratoires Besins）生產的。以下是藥物的技術說明：

「TESTOGEL 50 mg是一種透明或略帶乳白色的無色凝膠，每袋五克。它含有睪固酮，一種由人體自然分泌的雄性荷爾蒙。這類藥物適用於睪固酮缺乏相關的病症。在開始使用TESTOGEL治療之前，必須透過一系列臨床症狀（第二性徵退化、體質改變、虛弱、性慾減退、勃起功能障礙等）來確定睪固酮缺乏。該開立藥品僅供個人使用，不應提供給其他人使用。

警告：女性不應使用TESTOGEL。

小袋裝TESTOGEL 50 mg凝膠使用者注意事項：

睪固酮可能會轉移。

若不採取必要的防範措施，在與凝膠塗抹部位的皮膚長時間親密接觸時，睪固酮可能會轉移至另一個人身上。這種轉移可以透過用衣物覆蓋塗抹部位，或在任何肢體接觸之前淋浴來避免。

建議採取以下預防措施：

塗抹凝膠後，用肥皂和水洗手。

凝膠乾燥後，用衣物蓋住塗抹部位。

在任何親密接觸之前請先淋浴。

對於並非接受 TESTOGEL 50 mg 治療的人：

如果接觸到未清洗且未被衣物覆蓋的塗抹部位，請立即用水和肥皂清洗可能發生睪固酮轉移的皮膚表面。

倘若出現以下跡象，請諮詢醫生：痤瘡、毛髮生長發生變化。

在塗抹凝膠和淋浴（或沐浴）之間最好間隔大約六小時。然而，在塗抹凝膠後一到六小時偶而盥洗對治療過程應該不會有顯著影響。

為確保其女性伴侶的安全，建議患者延長塗抹藥物和親密接觸之間的時間間隔，在接觸期間穿著覆蓋住塗抹部位的T恤，或在任何性交前淋浴。」

我讀了 TESTOGEL 的使用說明，意識到我手裡拿著一本微法西斯主義的手冊，同時擔心該分子可能對我的身體產生直接或間接影響。藥廠假設睪固酮的使用者是在自然方式下無法產生足夠雄性荷爾蒙的「男人」，顯然是異性戀（關於睪固酮透過皮膚轉移的警告所針對的是女性伴侶）。男人的這個概念是指染色體（XY）、生殖器（擁有陰莖和分化良好的睪丸）還是合法性（他的身分證上標示「性別：男」）的定義？如果是在睪固酮缺乏的情況下依據處方服用合成睪固酮，那麼何時、以及根據何等標準可以說一個身體有缺陷？檢查我的臨床症狀是否表示缺乏睪固酮？我的鬍鬚不是從來沒有長過，我的陰蒂也沒有超過一釐米半長嗎？什麼是陰蒂的理想尺寸以及其勃起程度？政治性的症狀呢？如何測量政治性的症狀呢？無論如何，要想合法獲得一定劑量的合成睪固酮，就必須停止將自己定義為女性。甚至在睪固酮的作用於我身體上顯現出來之前，我服用這種分子的可能性條件就是放棄我的女性身分。一個出色的政治性同義詞。像憂鬱症或思覺失調症一樣，陽剛特質和陰柔特質是被追溯性定義下的醫學虛構，並且與治療它們的分子有關。沒有合成的血清素分子就不存在「憂鬱症」這一類別，就像沒有合成的睪固酮就不存在臨床上的陽剛特質一樣。

我決定保留我作為女性的法定身分，並且不在借助變性協議的情況下服用睪固酮。這有點像咬住雞姦你的雞巴，藥理色情體制的雞巴。這顯然是種政治狂妄的立場。如果我現在能負擔得起，那是因為我不需要出去找工作，我住在一個超過八百萬人口的城市，我是白人，我不打算成為公務員。我的決定與所有那些決定與國家簽下變性合約、以同時獲得分子和法定男性身分的變性人的立場並不相衝突。⓭ 事實上，如果沒有大量保持沉默的變性人，我的行動將缺乏力量，對他們來說，分子、協議、法定身分的改變，這些都是必不可少的。他們與我透過幾公升的無形凝膠結合在一起，沒有他們，這一切都將毫無意義。

「**為成年男性保留的藥物**

建議劑量為每天一次五克凝膠（相當於五十毫克睪固酮），在固定時間使用，最好是在早上。醫生會根據患者調整劑量，每天不超過十克凝膠。將產品塗抹在乾淨、乾燥和健康的皮膚上，在肩膀、手臂或腹部薄薄地塗上一層，不需搓揉。一旦打開小袋，應立即將其全部內容物塗抹在皮膚上。穿衣服前晾乾三至五分鐘。使用後請用肥皂和水洗手。不要塗抹於生殖器部位（陰莖及睪丸）：由於其酒精含量高，凝膠可能會引起局部過敏。

**請遵照醫生指示的劑量服用**

若您不小心使用超過了TESTOGEL 50 mg的劑量，請諮詢您的醫生。」

使用說明書沒有提及變性荷爾蒙治療情況下的處方。毫無疑問，在這種情況下，劑量肯定是不同的。唯一提到可能的睪固酮成癮是這個謹慎不引人注目的說法：「如果您使用超過了Testogel的處方劑量，請諮詢您的醫生。」我在心裡默默數著我所有每天攝入超過五十毫

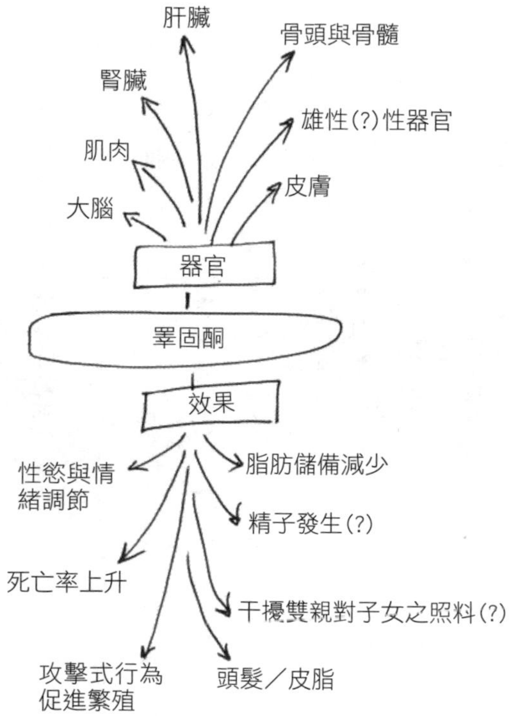
肝臟
骨頭與骨髓
腎臟
雄性(?)性器官
肌肉
皮膚
大腦
器官
睪固酮
效果
性慾與情
緒調節
脂肪儲備減少
精子發生(?)
死亡率上升
干擾雙親對子女之照料(?)
攻擊式行為
促進繁殖
頭髮／皮脂

## 關於睪固酮的科學論述

克的朋友：H.J., P.P., R.Z., F.U., K.B., B.S. ……我不能說我不知道。

「如果忘記使用 TESTOGEL 50毫克小袋裝凝膠：

請不要用雙倍劑量來彌補這份疏忽。

**TESTOGEL 50 毫克小袋裝凝膠的可能副作用：**

與任何活性產品一樣，TESTOGEL 50毫克小袋裝凝膠可能會引起副作用。

在塗抹部位有時會發生皮膚反應，例如輕度發炎、痤瘡、皮膚乾燥。TESTOGEL 可引起頭痛、毛髮脫落、乳房腫脹（可能伴隨疼痛）、前列腺病變、血液細胞數量改變（血液中紅血球和血脂增加）、皮膚過敏及瘙癢。在口服或注射睪固酮治療中曾觀察到的其他副作用包括：前列腺肥大（良性前列腺增生）、未被發現的前列腺癌進展、全身瘙癢、面部和頸部潮紅、噁心、黃疸（皮膚及黏膜發黃）、利比多（libido，性慾）的增加、憂鬱、焦躁不安、肌肉痠痛、電解質平衡改變（血鹽含量）、少精症（精子數量減少）、頻繁或長時間勃起。

某些臨床症狀，如煩躁易怒、緊張神經質、體重增加、勃起過於頻繁或持續，可能表明該產品的作用太強。請諮詢您的醫生，他將調整 TESTOGEL 的每日劑量。

運動員和女性請注意：

應警告運動員和女性，本產品含有一種活性成分（睪固酮），在禁藥檢測中可能會產生陽性反應。」

運動員和女性？我們是否應該在這裡發現一個隱藏的三段論證，也就是所有運動員都是男性，或者我們應該理解到：女性，即使她們從事一項運動，比起身為一位運動員，她們永遠更是一位女性？這是一種在睪固酮的使用上劃定政治性臨界線的方法。事實上：警告運動員和女性，睪固酮可被視為一種刺激興奮和非法的物質。被禁止取締。對於女性來說，無論是否是運動員，服用睪固酮都是一種形式的興奮劑（dopage）。

「請保留這張說明。您未來可能需要將它重讀一遍。」

副作用和不良反應的清單可能很長，但我對文化性偏執進行了限制，並且把使用說明書放在專門用於此目的之文件夾中：「T研究」。我肯定需要再重讀一遍。醫療說明上說，

⓭ 二〇〇七年三月一日，西班牙政府收到變性人遊說團體的請求，要求無須進行外科手術即可獲得合法變性（更改身分證上的姓名）。然而，該法律要求荷爾蒙和社會轉變至少要有兩年的期間，作為合法變性（changement de sexe）的條件（實際上，更名或改變性別的說法更為準確）。這項措施目前在西班牙受到各種變性（transsexuels）與跨性別（transgenres）運動的批評。

在任何情況下都不應該將Testogel給予未獲開處方的任何人（例如，戴爾把它給了我，我再把它給了E.國王，E.國王又再把它給了國王V.等之類），這是大多數抗生素、抗病毒藥、皮質類固醇等藥物的通用條款。就睪固酮而言，控制「物質的流通」似乎更為複雜，不僅因為它可以在沒有醫師處方的情況下被販運和消費，而且最重要的是因為施用於一個身體的Testogel只要透過皮膚接觸就可以不知不覺地「傳遞轉移」（passer）到另一個身體上。睪固酮是一種能憑藉汗液在兩人皮膚間擴散，在兩個身體間傳遞的稀有藥物。

如何控制流通販運，監管微小汗滴的微擴散，蒸氣煙霧的進出口，呼出物的違禁走私，如何防止透明水氣結晶的接觸，如何控制這個從對方皮膚朝我而來的、滑溜透明的惡魔？

## 與T的約會

巴黎，二〇〇五年十一月二十五日。我在等晚上十點再服用一劑Testogel。我洗了個澡，這樣我就不必在用藥後再洗了。我準備了一件藍色的工人襯衫、一條領帶和一條黑色長褲，然後和莒斯汀出去散步。自昨天開始，我沒有感覺到任何變化。我等待著這種藥物的效果，但不知道它們究竟會是什麼、將如何出現，或者何時出現。我在Skype上度過了最後兩個小時，和戴爾討論，我們挑選了將在他的新書中出現的照片。我比較喜歡的是在公共場所拍的那幾張，比如九〇年代末卡薩諾瓦俱樂部（Club Casanova）的SM派對系列。三個身體約好在一間鑲木板牆的廁所內碰面：兩個穿著衣服的女同性戀者照顧第三個半裸身體。她們用一根黑色皮藤條抽打著一個赤裸的後背，靠在一扇門上，格子襯衫纏在脖子上，Levis 501 牛仔褲半褪到大腿膝蓋上。在這個系列作品中，鏡頭改變視角，它時而接近或遠離皮膚、物體，尋找或躲避視線凝視，顯示或隱藏情感。其中一張照片無視於主要場景，將注意力集中在瓷磚的幾何圖形上。卡薩諾瓦俱樂部是一座女同性戀大教堂，這些祕密標誌的布局描繪出一個沙特爾歌德女同性戀（Chartres saphique）迷宮的輪廓，展現出通往前所未有快感的道路。然後鏡頭回到身體上。在背景中，一個T和一名裸體女人在臨時衣櫥裡吊掛的襯衫中翻雲覆雨。在前景中的比爾（Bill），T至高無上的化身：短髮，搖滾，五〇年代風格，光滑的臉，香菸微微向左傾斜，脖子上掛著小勳章，黑白照片的顆粒讓人看不清細節，黑色的Perfecto皮外套和裸露的胸膛，下面什麼都沒穿，只有一條白色的、用一個填充（packing）呈現凸起的護襠，還有一條鑲有鉚釘的黑色腰帶，上頭掛著一串閃亮的鑰匙。在他的左邊，一個嬌小的T將光頭靠在一具滅火器上。我們只是討論照片。雖說是戴爾給了我Testogel藥包，但我沒有告訴他我要掛電話去服藥。我只是說我必須掛電話。他一邊說我好話一邊又成功拖延了幾分鐘，然後我十點鐘與T的約會就遲到了。一分鐘後，我到了：我打開了銀色包裝，冰冷、透明的凝膠消溶於我手臂的皮膚之下。剩下的唯有薄荷般的清新，將我的兩個肩膀吸向天空。

沒有其他藥物像Testogel一樣純淨。它沒有味道。然而，用過以後的第二天，我的汗水變得更酸、更略帶甜味。諸如在陽光下加熱的塑膠洋娃娃的氣味，以及被遺忘在玻璃杯底部的蘋果酒的氣味，都從我身上散發出來。這是我的身體對分子做出的反應。睪固酮沒有味道，也沒有顏色。它沒有留下任何痕跡。睪固酮分子像穿過牆壁的幽靈一樣溶解到皮膚中。它毫無徵兆、不留痕跡地就穿透進來了。毋須吸食、注射，甚至吞嚥。只待將它靠近皮膚，透過與身體簡單的接觸，它便消失並稀釋在我的血液當中。

# 第四章　技術性史（Histoire de la technosexualité）[14]

歷史、身體和權力的不連續性：傅柯將十八世紀末從「主權社會」（société souveraine）到「規訓社會」（société disciplinaire）的過渡描述為一種權力形式，它根據人口、健康和國家利益來技術性地考慮、估量生命。他將這種生產性的、擴散的和蔓延的新權力形式命名為「生命權力」（*Biopouvoir*）：它從法律領域和懲罰性管理框架當中溢出，成為一種滲透並且建構現代個人身體的力量。這種權力不再像強制性的法律、消極性的命令一般運作，而是更加靈活多變、令人感到舒適，採取一種普遍政治技術的形式，變形為規訓建築（監獄、軍營、學校、醫院等……）、科學文本、統計列表、人口計算、使用說明、慣例建議、調控生命的時間表和公共衛生計畫。按照傅柯的說法，一種治理生命的現代化藝術就這樣建構起

[14] 譯註：作者在此明顯參照了傅柯《性史》（*Histoire de la sexualité*）的書名，而即使國內許多論者指出當年譯為「性史」有所缺失，但我們在此繼續沿用以保留它已然形成的文化慣例。此外，Sexualité在本書不同處會出現不同譯法，如「性事」、「性向」、「性行為」等。

來，性和性事（le sexe et la sexualité）占據了一個核心位置：女性身體的歇斯底里化過程、兒童的性教育、生殖行為的調控以及變態快感的精神病學化，構成了這個計畫的軸心，他不無諷刺地將其描述為性事（sexualité）現代化的過程。[1]

在傅柯、莫妮克・維蒂格（Monique Wittig）和朱迪斯・巴特勒（Judith Butler）敏銳的洞察力之後，我將這種隨著規訓資本主義出現的生命政治行動主要形式之一稱為「性政治」（*sexopolitique*）。[2]「性」（*sexe*），它的真實性，它的可見性，它外化表露的形式；性事（*sexualité*），正常和病態的快感途徑；以及「種族」（*race*），它的純潔或退化墮落，這三個強大的軀體性虛構（fictions somatiques）自十九世紀以來就一直糾纏西方世界，直到構成所有當代理論、科學及政治行動的地平線。它們是軀體性虛構，不是因為它們缺乏物質性的現實，而是因為它們的存在取決於巴特勒所謂政治性建構過程的「操演性重複」（répétition performative）。[3]

此後，性是權力計畫的一部分，因此陽剛特質和陰柔特質的論述，以及使性別身分認同標準化的技術，都被轉化為控制與模造生命的介質（agents）：在經驗空間（espace d'empiricité）之內，在生物分類學和精神病理學的範疇內，性別身分認同在一八六八年被發明了出來。克拉菲特－埃賓（Krafit-Ebing）制定了性變態和正常的百科全書，然後這些身分首度成為司法監控和壓迫的目標。[4]十九世紀末，將雞姦定為刑事犯罪的法律在歐洲蔓延開來。「性別差異」（différence sexuelle）⓯在視覺上被系統化成為一種解剖學的真理。輸卵管、前庭大腺和陰蒂被當成身體構造的實體。西方的一個基本政治性差異（男性或女性）可概括為以下這個平庸的公式：出生時有或沒有一個一・五公分的陰莖。首批人工授精實驗是在動物身上進行的。我們藉助機械儀器干預女性快感的產生，一方面，手淫被禁止和控制；另一方面，女性高潮被醫學化，被視為歇斯底里的發作。透過早期色情產業的一種系統化，男性高潮被機械自動化和奴役馴化……機器正在路上。身體，無論是溫順的還是憤怒的身體，都已經準備好了。

我們可以將這個生命政治建構系統稱之為「性帝國」（empire sexuel）（將哈特與奈格里的純潔表達給「性化」了）[5]，它將現代個人的「性」（sexe）作為其發明和控制主體性的軀體中心。十九世紀末及二十世紀西方的規訓性政治學（sexopolitique disciplinaire）不能化約為對生命繁殖再生產條件的監管調控，或是「涉及人口」（concerner la population）的生物學過程。異性戀身體成為在十九世紀的性政治中取得最多治理性成功的人工產物（artefact）。「異性戀思維」（pensée straight）（再以維蒂格於一九八〇年代所提出的說法來指出異性戀不是作為一種性實踐，而是作為一種政治制度）[6]確保了性別身分認同的生產，與某些器官

⓯譯註：採用「性別差異」而非譯為「性差異」，這是採取國內針對大量書寫此觀念的法國女性主義哲學家伊瑞葛來（Luce Irigaray）的翻譯方式。

（同時犧牲其他器官）作為性和生殖器官的生產，兩者之間的結構性關係。這項規訓工作的一項重要任務是將肛門排除在快感生產迴路之外。德勒茲與瓜塔里：肛門是第一個被私有化的器官，從社會領域被驅逐出境，它作為所有後續私有化的範式，與此同時，貨幣表達了流動的新抽象狀態。[7] 肛門，作為產生快感的中心（因此，靠近嘴或手的器官，它們在十九世紀也受到反手淫和反同性戀的性政治監管的強烈控制），沒有性別。既非男性、也非女性，它在性別劃分（division sexuelle）中發生短路。原始被動的中心，最卑微的地方，接近垃圾與糞便，它是一個通用的黑洞，性別、性、身分、資本都被吞沒其中。西方勾畫出一條有兩個孔的管道：一個發出公共信號的嘴，和一個不可逾越、無法穿透的肛門，周圍包裹著一種男性和異性戀的主體性，獲得了社會特權身體的地位。

兩大直觀軀體虛構

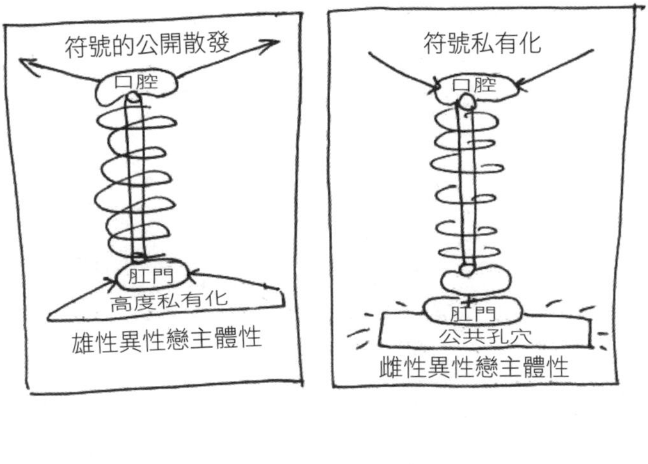

直到十七世紀，主權政權的性認識論（épistémologie sexuelle）一直由歷史學家托馬斯．拉克爾（Thomas Laqueur）所謂的「相似系統」（système de ressemblances）所主導：女性的性身體構造（anatomie sexuelle）被建構為一種男性（唯一具有本體論存在的性別）的弱小、內化和退化的變體。[8]卵巢被視為內化的睪丸，陰道被視為一個倒置的陰莖，作為男性性器官的容器。墮胎和殺嬰這些常見的作法並不受國家法律機構的監管，而是由懷孕中的身體所依附的各種政經微觀權力（micropouvoirs économico-p olitiques）（部落、封建式家庭、家長……）來監管。兩個階級不同的社會和政治表現分擔了「單一性」（mono-sexuel）模型的表面：「男人」，人類的標準典範，和「女人」，生殖的容器。性別指定（assignation du sexe）不僅取決於性器官的外部形態，而且最重要的是取決於生殖能力和社會角色。一個有鬍鬚的女人，無論她的外陰形狀和大小如何，只要她能懷孕、分娩和哺乳，都會被認為是女人。在這種軀體政治（somatopolitique）配置當中，性與性事（必須注意到「性事」〔sexualité〕一詞是在一八八〇年才被發明）尚未構成可能超越區隔奴隸和自由人，外國人和公民，農奴和領主的政治性分割的知識類別或主體化技術。陽剛特質與陰柔特質之間，以及性快感的幾種生產方式之間依然存在著差異，但尚未決定政治主體性的具體化。

一種新的性化身體（corps sexués）綜合科學的計畫，分析慾望的符號理論：因此，自十八世紀開始構成了一種新的性政治視覺認識論，它不再基於「相似性」（ressemblances），而是基於「對立系統」（système d'oppositions）。一種新的性解剖學隨後形成，其中，女性性器官不再是男性性器官的倒置或內化，而是成為一種完全不同的性器官，其形式與功能符合自身的邏輯。對於拉克爾來說，面對要求將公共領域視野擴大到女性與外國人的革命和解放運動的起義，性別差異美學的發明對於在性別（男性、女性）和種族（白人、非白人）之間建立解剖學上的政治等級制度（hiérarchie anatomico-politique）是絕對必要的。解剖學真理在此作為一種新的社會政治組織的合法化，而發揮作用。

引起規訓制度的突變始於性別差異的出現、手淫的技術性壓制和性主體的發明。[9] 隨著同性戀的病理化和異性戀的資產階級標準化，這些生產性身分嚴峻而沉重的技術將在一八六八年達致巔峰。墮胎和產後殺嬰行為現在將受到法律的監督和嚴厲懲處。身體及其產出屬於家長（*pater familias*），進而屬於國家和上帝。

在這個識別系統當中，任何偏差違規的身體（性器官的大小和形狀、面部毛髮、乳房的形狀和大小）都被認為是違反自然法則的怪物，或違反道德法則的變態。雖然性別差異被提升到一個不僅是自然的而且是超驗的（超越歷史和文化語境的）範疇，同性戀和異性戀之間、虐待狂、受虐狂和戀童癖之間、正常和變態之間出現了對立。在此之前簡單的性實踐，它們變成了必須研究、編目、起訴、懲罰和治癒的政治性身分及條件。傅柯告訴我們，每個身體都變成了「有待矯正的個體」[10]，自慰的兒童和性怪物因而被發明出來。在這種新的性認識論（épistémosexuel）凝視下，大鬍子女人要麼成為科學觀察研究的對象，要麼成為新城市群聚中的遊樂場景點。因為（用於查看和傳播信息的）資訊與數位技術而加劇的這種醫學司法監控，以及媒體奇觀化的雙重運動，遂成為二十世紀中葉開始擴展的藥理色情制度特徵之一。

伴隨這種性別差異和身分新美學的規訓性政治部署（dispositifs sexopolitiques disciplinaires）是用於性歸化（naturalisation du sexe）的機械性、符號性與建築性的技術。我們可以在此分組：性解剖學圖譜（atlas d'anatomie sexuelle）、根據人口增長優化自然資源的協定、懲罰易裝癖或雞姦的法律文本、綁住自慰小女孩小手的母親、撐開歇斯底里的年輕女人雙腿的鐐銬，上面印有一個被動的同性戀者擴張的肛門攝影圖像的銀鹽底片，固定著男性化的女人難以馴服身體的約束緊身衣[11]……我們所面對的是生產主體性的、僵化嚴厲的和外部性的系統。這些設備就像政治性的整形外科、規訓性的外骨骼一般運作。這些用於生產性主體性的部署採取身體外部建築的形式。根據傅柯的說法，這些主體化技術的範式可以是監獄（尤其是圓型式監獄〔panoptique〕）、收容所或軍營的建築。二十世紀初，居家建築的四處擴展和公私分化、婦科器具和性整形外科（緊身胸衣、窺陰器、醫用振動按摩器）的發明、控制和再現的媒體新技術（攝影、電影、色情產業的開端），內省和懺悔告解的心理學技術發展，最後，與異性戀家庭控制相平行的，對在大都市或殖民地妓院中的性交易的管理[12]：如此多的性政治主體化部署。

如果說到目前為止，傅柯的分析儘管時間順序不完全準確，但似乎具有很高的批判敏銳度，那麼當他的分析愈是接近當代社會時，其洞察力就愈是失去力度。傅柯忽視了自第二次世界大戰以來，身體和主體性的生產技術出現一系列的深刻改變，這迫使我們必須概念化第三種主體化的制度，第三種知識權力系統，既不是主權的也不是規訓的，既不是前現代的也不是現代的。德勒茲和瓜塔里在威廉・布洛斯（William Burroughs）[16]的啟發下，將這種源於生命政治控制的社會組織「新怪物」（nouveau monstre）稱為「控制社會」（société de contrôle）。[13]我更傾向將其命名為：藥理色情社會，讓布洛斯與布考斯基（Bukowski）[17]兩人對話。以下是這種新的「性的微資訊」控制（contrôle sexomicro-informatique）的兩個座右銘：政治編程的注射（Shoot）與射精。

氫彈爆炸後的那個年代，被一種對稱於打破十七世紀單性戀模式的不連續性所撼動。

第二次世界大戰後的軀體政治（somatopolitique）語境似乎被一系列以前所未有的速度滲透和穿透生命的身體新技術（生物技術、外科手術、內分泌學等）和再現技術（攝影、電影、電視和網路等）所支配。分子生物、數位技術和信息的高速傳輸：這是一個軟的、輕的、黏性的技術，膠狀的、可注射的、可吸入的、可體現的技術時代——比如我給自己注射的睪固酮，就屬於這種軟的技術。我們正處於一種可稱之為——如齊格蒙・鮑曼（Zygmunt

Bauman）所說的——「液態」控制的複雜形式。

如果說在規訓社會中，主體化技術從外部控制著身體，就像一個整形建築裝置（appareil ortho-architectonique），那麼在藥理色情社會中，這些技術現在是身體的一部分，它們融入身體，轉化為身體。身體－權力（corps-pouvoir）[14]的關係成為同義反覆：政治技術（technopolitique）採取身體的形式，它實質成形，將自身納入身體。在二十世紀中葉，身軀權力體制（régime de somatopouvoir）轉變的跡象之一，是用以控制和生產性別差異與身分部署的電氣化、數位化及分子化。性整形外科（orthopédico-sexuel）和建築構造學（architectonique）的規訓機制正逐漸被輕巧且快速傳輸的微資訊、製藥和視聽技術所吸收。如果說在規訓社會中，建築學和整形外科是理解身體與權力關係的模型，那麼在藥理色情社會中，作用於身體的模型就是微型義肢（microprosthétique）：權力透過分子傳遞，最終整合到我們的免疫系統當中。矽膠形塑乳房的形狀，一種神經傳導物質（neurotransmetteur）改變我們的感知和行為模式，一種對飢餓、睡眠、性衝動、攻擊性，或對我們陰柔特質或

⓰ 譯註：威廉・布洛斯（William Burroughs, 1914－1997），美國垮世代（beat generation）文學三巨匠之一，以《裸體午餐》（*Naked Lunch*）聞名於世的小說家。

⓱ 譯註：查爾斯・布考斯基（Charles Bukowski, 1920－1994），德裔美國詩人，與以書寫藥癮的威廉・布洛斯相較，他以寫實風格書寫酒癮著稱。

陽剛特質的社會性去系統化（décodification）發揮其系統性作用的一種荷爾蒙。我們逐漸目睹規訓性政治制度特有的監管和控制部署的微型化、內化（internalisation）及反身性內向化（introversion）（朝向內部、朝向被認為是親密、私人的空間的變形運動）。這些新的軟性藥理色情技術之特殊性在於，它們以所控制的身體的形態出現，將自己轉化為身體，直到與這個身體不可分離、無法區分，進而變異為主體性。身體不再存在於規訓處所（lieux disciplinaires）當中：後者反而存在於身體當中，身體的生物分子和有機結構成為它們的根本來源。身體政治權力的恐怖和興奮激昂。

## 西方的性認識論

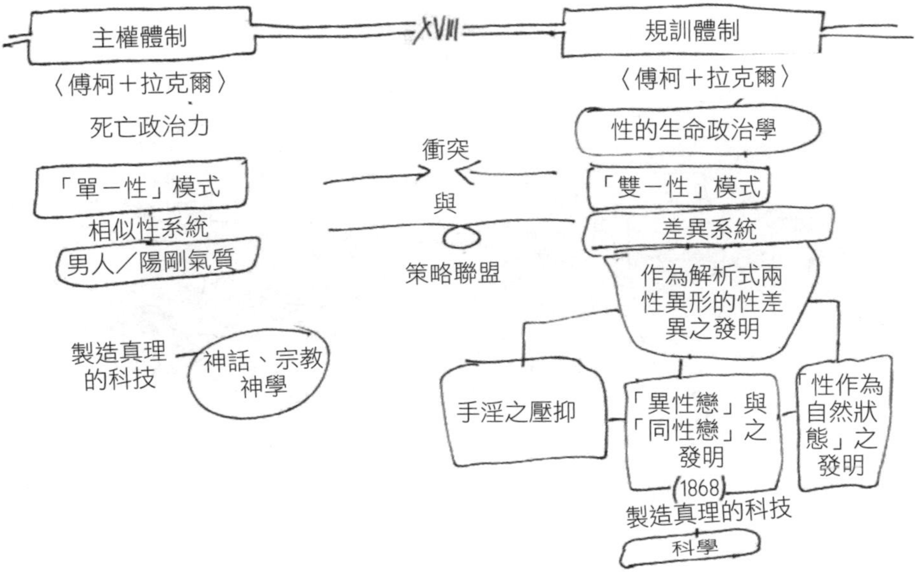
主權體制
XVIII
規訓體制
〈傅柯＋拉克爾〉
〈傅柯＋拉克爾〉
死亡政治力
性的生命政治學
衝突
「單一性」模式
「雙一性」模式
與
相似性系統
差異系統
男人／陽剛氣質
策略聯盟
作為解析式兩性異形的性差異之發明
製造真理的科技
神話、宗教神學
手淫之壓抑
「異性戀」與「同性戀」之發明
「性作為自然狀態」之發明
(1868)
製造真理的科技
科學

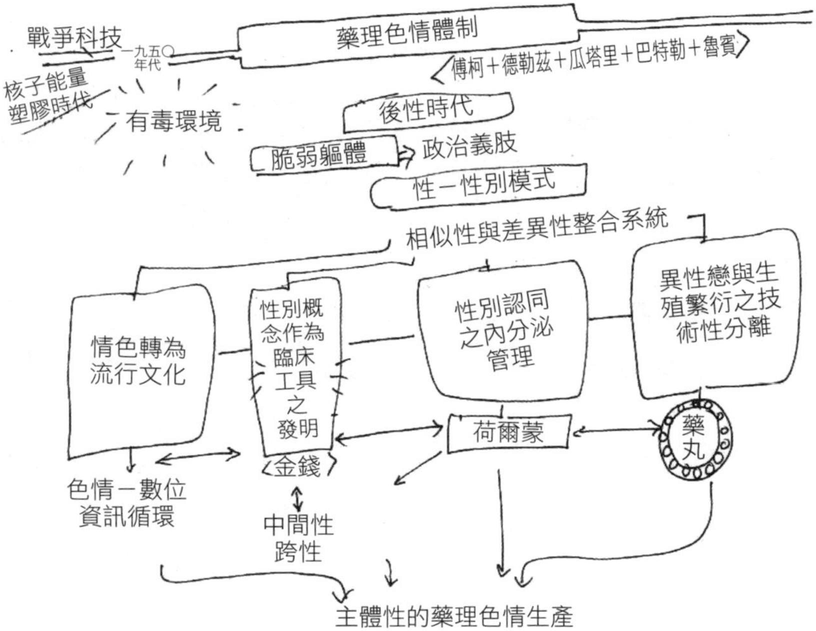
戰爭科技
一九五〇年代
核子能量
塑膠時代
有毒環境
藥理色情體制
傅柯＋德勒茲＋瓜塔里＋巴特勒＋魯賓
後性時代
脆弱軀體
政治義肢
性－性別模式
相似性與差異性整合系統
情色轉為流行文化
性別概念作為臨床工具之發明
性別認同之內分泌管理
異性戀與生殖繁衍之技術性分離
荷爾蒙
藥丸
金錢
色情－數位資訊循環
中間性
跨性
主體性的藥理色情生產

# 第五章　V.D.的身體成為一個實驗性語境元素的地方

在你死之前，我見過她兩次，但從來沒有和你一起。第一次是電影《操我》（*Baise-Moi*）發表時，第二次是五年後，也就是你去世前五天，二〇〇五年九月二十七日，在巴黎「世界國務會議廳」（Divan du Monde）所舉行的莉蒂亞・蘭奇（Lydia Lunch）演唱會上。墜入愛河的是我的身體，力量的義肢，也是抵抗的微觀興奮平臺（plateforme microexcitable）。就是這樣發生的。

二〇〇〇年春，在極右翼組織的壓力下，社會主義政府的國務委員會決定撤銷電影《操我》的上映許可。一群被他們自己的色情成癮，和他們軟弱鬆弛的陰莖可能會被看見而給嚇壞了的審查團攻擊這部電影，咒罵道，混蛋，「拒絕色情」。他們阻止電影上院線，禁止它在所有的電影院上映，並且只允許發行DVD。他們將電影從公共領域中剔除，將它限制為居家消費，這一切都是因為未來的男孩和女孩可能會明白，如果有人未經你的同意將那玩意兒放入你身體內，你們可以拿槍在異性戀小雞雞的施虐者（hétéro-petit-coq abuseur）身體上開一個從肛門到腦門的大洞。

實際上，他們對唯一可以拯救我們的，唯一可以把他們從藥理色情霸權中驅逐出去的女權主義說不。我去了巴黎的MK2 Odéon電影院，那裡有一個由凱瑟琳．布雷拉（Catherine Breillat）成立的小型聲援委員會，正在等待女導演們。那時我與各種團體一起工作，叛逆的女同性戀者，厭倦了同性戀貧民窟和粉紅色美元的同性戀者，厭倦了醫療協議的跨性別者。這是歐洲酷兒政治的開端，就像任何開端一樣，它伴隨著快樂和純真的活力。幾個月來，我全職致力於組織一場我認為即將到來的泛性革命（révolution pansexuelle）當中：將性身分分解為多種實踐和美學的慾望，新感性的發明，集體生活的新形式。當時，所有這一切在我看來都是可能的、真實的、不可避免的。我們幾位酷兒活動家，聚集在讓．皮埃爾．廷博街（rue Jean-Pierre Timbaud）的我家開會，製作傳單，複印兩百份，沒錢做更多了。這個想法是為了將電影中的色情政治力量（force pornopolitique）引向酷兒之家，不是因為兩位主角是女同性戀或任何類似的陳詞濫調，而是因為她們打碎了她們在路上遇到的一切，因為她們是兩個法國－阿拉伯裔女孩，清算了一個營的白人，同時她們還跟路上的所有帥哥上床。當然，她們是兩個超級辣妹這件事有助於酷兒事業。當我第一次在電影院出口看到V. D.時，我感到有些荒唐。我手裡滿是印刷的傳單，我只能給她一張並表示祝賀。她的北歐農婦手臂和決絕的戰士步伐，讓我留下了深刻的印象。V.很茫，我猜是喝了酒、嗑了古柯鹼及亢奮類藥物。科拉莉（Coralie）也是，但我看到她們對自己的戰鬥非常有信心，有能力讓任何極右翼思想家閉上嘴。她們是兩條沒有主人的母狗，對著一群譴責電影主角性暴力的右翼知識分子們狂吠。當我告訴她們納丁（Nadine）和馬努（Manu）是一場可能發生的酷兒革命的女主角時，她們面無表情地看著我。靜脈內的性別、階級和種族恐怖主義：另一方面，這告訴了她們一些事情。在這些我認識或不認識的人當中看到她，我立刻想上她。讓我成為V. D.，這一定是種相當散亂的感覺。超越了所有具體事實所指出的，她似乎是異性戀，我喜歡她。也許是為了這個，為了知道有一天，她將不再是異性戀，就為了成為我的妓女，為此而感到高興。女同性戀者和跨性別者的妓女，小男人女孩們（hommes-petites filles）的領袖。我想這與她的書名有關，與電影中的女演員有關，與她們跟路上所有人上床的方式有關。我對這種感覺不以為然，甚至讓我感到有些慚愧，因為它有某種對廣告機制的無意識反應，彷彿它的「操我」（B-a-i-s-e-m-o-i）這句話的操演性力量直接朝著我的塑膠雞巴而來，朝著我操她的合成慾望而來。但是我不明白為什麼我喜歡的恰恰是「她」。既不是科拉莉，她的美貌就像一個半納粹亞洲妓院的貴婦人；也不是哈菲拉（Raffaella），她像一頭女同性戀鬥牛犬一樣狂暴、活蹦亂跳；也不是凱倫（Karen），她讓自己被人群愛撫，就像女「沙」皇一樣逐漸被波濤洶湧的海浪鬆動瓦解。她所有的母狗都把我拉向她。她們是她的後宮，她的亞馬遜人（amazones）[18]，她發騷、暴躁的母狼，她凶殘的殺手侍女，她的紋身保鏢，她的革命妓女，但她才是我想要的人。她是母狗首領。她是為我準備的。令人驚訝的是，她讓我印象深刻的出現所帶給我的確定性。但我沒有做任何事以把她送到我身邊，我太忙於酷兒政治了。我剛剛在你的文集中發表了《宣言》（*Manifeste*），儘管它的編輯方式有些古怪，但引起不少迴響。我被邀請到法國各處，特別是男同和女同協會的邀請，我去了超過二十多個城市，在各地我受到以同性戀或跨性別Club Med休閒俱樂部為名的協會主席（男或女）接待：女人之間（femmes-entre-elles），女路（la-voie-des-femmes）、轉變成長（trans-formation）、藍花（lafleur-bleue）、亞馬遜人（ama-zones）、莎芙之路（le chemin de Sapho）、紫羅蘭（les violettes）……我也在大書店做演講，但只在同志驕傲日（Gay Pride）那天。適當劑量的積極差別待遇（discrimination positive）。這些旅行中我一分錢也賺不到，協會需要幾個月才能報銷火車票錢，而我最終總是要從自己的口袋裡掏出一些錢。快破產了。但我學會在公共場合思考，我學會熱愛人群，接受他們眾多且非個人的愛。就是這樣，當時我忙於組織變裝國王（drag king）工作坊、美國女權主義、酷兒理論、傅柯和德希達的巴特勒式閱讀的講座、電子時代性史的研討會。忙到都沒有性生活了。

問題是再見到她的時候，五年過去了。在那段時間裡，我與酷兒政治漸行漸遠，而她則捲入了一個徹底失敗的異性戀投資生意，最終失去了一切。與R. S.分手後，在K.死後，「很想被雷劈死，或者有人在她後腦勺開一槍，像動物一樣給她致命的一擊」。「我能給她她正在找的東西嗎？

二〇〇五年九月。你去世前五天。我走進音樂廳，看到了她。她現在是金髮女郎。她看起來比第一次年輕很多，彷彿這些年她的時光倒退，走向了自己的青春期。她站在靠舞臺很近的地方，拿著相機。她的目光先出現在我面前，然後才是她的身體。她粉絲的運動就像一群蜜蜂，把整座音樂廳變成了一股旋風向我襲來。我頭髮很長。我把頭藏在一頂黑色毛帽下，像是為了防止我的想法四散或被外界看到。我很殘酷但很有男子氣概，這讓我對自己很有信心。我們在臉頰上交換了一個害羞的吻：它的氣味很強烈，動物的味道。我們說了幾句話。在我的記憶中完全無法找到這次談話的細節。只剩下幾個像是無聲電影的片段留在我的腦海中。我知道說出來的是這些句子：「現在我是女同性戀」以及「我第一次見到你就想跟你上床」。

我們是在一個碎形時刻（moment fractal）相遇的，就在技術希臘悲劇的邊緣：她剛開始和女孩約會，而我剛開始服用睪固酮。她變成了女同性戀，而我變成了女孩以外的東西。她喜歡奶子，我喜歡雞巴。但她就是我要找的人。而我正是她要找的人。她有我需要的雞巴，我有她想要的乳房。這些生命線中的每一條都可以走往不同的方向，但它們向我們身上匯

⑱ 譯註：亞馬遜人是古希臘神話中一個全部皆由女戰士構成的民族。

聚、在這裡交叉，精確地說，穿過她的皮膚和我的皮膚。

在莉蒂亞·蘭奇的演唱會結束兩天後，我們又見面了。你還活著。那時，我仍然不知地面即將傾覆。你的死即將降臨，我對睪固酮上癮，對V.D.的愛。

## 第一次性契約

我們的第一份合約很明確：她是妓女，我是變性人。她帶我去了皮加勒（Pigalle）[19]的一家旅館。這既不是白天也不是黑夜。而是一個半透明的冬夜。進了房間，她付錢給我，今晚，她要我做她的奴隸。她打開電視，彷彿是要傳喚目擊者來見證即將要發生的事。她沒有浪費一點時間就對我說：「明天在我醒來之前你就離開這裡。」她把包放在椅子上，脫掉衣服，然後倒在床上。她伸展雙臂，用身體畫出S形。我看著她，不知道該不該輪我脫衣服。我沒有脫下任何衣服。我躺在她旁邊。這是一個週六，電視上的明星學院要剔除掉一個新的犧牲品。她評論當中參賽者的機會，就好像她還穿著衣服一樣。她比較喜歡年齡最大的那個參賽者，戴著橙色鏡片的眼鏡，是所有人當中最搖滾的，她在他身上下了賭注。我仔仔細細地觀察房間。我用眼角餘光看著她。在電視的隨機光線下，我看到了她乳暈的形狀，太陽穴上有過敏或濕疹，其他部分的皮膚非常白，陰毛很短且略帶金色。然後我想像我自己在毛衣下的乳頭，我完全剃光的陰毛，右側有一道傷口，我血液中睪固酮的煉金術，我想像自己交替地有和沒有雞巴，兩個身體像一個蹺蹺板遊戲一樣前後相互緊隨。但我知道，當我脫衣服時，她只會看到這兩具身體中的一個。一個固定形象的這種簡化讓我感到害怕。我把衣服又多穿了幾分鐘，以充分利用這種雙重可能性。當我脫衣服時，她不會知道我有沒有勃起。對我來說，這種勃起無論是在沒有陰莖或是有陰莖的身體上都是顯而易見的。

然後她趴在我身上，抓著我的腿而不觸碰我的腰，跨坐在我的腰間而不在我的胸口逗留。我伸出舌頭。她用嘴尋找它。當我們的雙唇近乎相互接觸時，我的舌頭像一支箭般變得激烈。她的嘴操弄著我的舌頭，迅速地上下移動。她發現了我的勃起。有時她的一撮金髮會卡進這個機械裝置。她輕輕地用手把它移開，趁機抬起頭親吻我的舌尖。她改變了節奏。我的舌頭從她嘴裡伸出來，她用手掌畫了一個圈抓住這塊肌肉。她的指甲是無可挑剔的紅色。她的動作準確、優雅。我們身體一起旋轉，腰際像是磁鐵一般相互接近，性器官透過褲子的布料結合在一起又同時分開。然後。我用舌頭包住她的嘴。一次又一次，直到口水落在她的胸前。我們身體再次轉動，微微起身。我的嘴沿著這條唾液的路徑，一直往下到她的陰部。她像妓女一樣呻吟：「親愛的，親愛的。」我一邊吸吮一邊把她的頭往後拉，我說：「明天我想走就走，婊子。」電視發出的紫色燈光淹沒了整個房間。我這樣告訴她，但實際上，我

⑲ 譯註：皮加勒是巴黎蒙馬特的紅燈區，除了聲色場所，還有不少像上文兩人重逢的「世界國務會議廳」（Divan du Monde）這種演唱會表演空間。

怕她。怕她會半夜把我扔到街上。害怕她會站起來開始對我大喊大叫。害怕她會用指甲撕開電線插座。與此同時，她伸出雙臂扶住了床頭板。她準備好要高潮了。我就這樣起身離開她，就像一頭被肢解的動物。現在，我正考慮離開以增加我陽剛之氣的配額。相反地，我戴上了一個帶著22×4假陽具的腰帶。我回到她身上操她。我繼續操她。一段不明確的時間，不長也不短，直到我們兩個都高潮，先是我，然後是她，我的妓女。然後她就睡著了。我移動她的手臂，完全解除武裝。我起身，在浴室清洗我的假陽具。從腰帶上取下來用肥皂洗。泡沫流到我的手上。我用水沖洗，然後用吸盤把它黏在瓷磚上，讓這個勃起直立的器官就像從牆上冒出來一樣，等待可能的訪客。等它完全乾燥時，我會把它收起來。我回到房間。她沉睡著，完全沒有改變姿勢，她的眼皮在顫抖，但臉絲毫不動。明星學院裡，他們剛剛解雇了一名金髮少年，一半的觀眾絕望地哭了起來。我躺在她旁邊。我無法入睡。我等天亮再離開。卻意外地睡著了：在這個夢裡，我是她的妓女，我知道。當我第二天早上醒來的時候，她已經走了。我從浴室牆上取下假陽具，穿好衣服離開旅館。

## 母狗首領

到目前為止，我不能說我的性別叛逆曾經讓我處於受害者的位置。事實上，從我最早的童年開始，我與V. D.的戀情是作為沒有雞巴的征服者的性愛生涯高潮。從小學四年級開始，我就只和班上最性感的女孩出去約會，我不準備放棄這種地位。在我十四歲的時候，我的第一位心理分析師向我解釋，在內心深處，我想與上帝搏鬥。我不明白她為什麼以我心理健康的名義，堅持要我放棄只操頂級陰柔特質、母狗首領、超級妓女的慾望，一種她稱之為「狂妄自大」（mégalomane）的慾望。她認為這種慾望太過分了，因為我不是生物男性，否則它就是簡單地稱為「自尊心」（estime de soi）。

從我童年開始，我就有一個夢幻的工人雞巴。我對我看到的所有會動的臀部都做出反應。我不在乎它是小貓的屁股還是媽媽的屁股，資產階級的還是農民的，同性戀的，修女的，女同性戀的還是蕩婦的。答案在我的性大腦中是直接的。所有的女孩，最美麗的，最異性戀的，那些等待充滿天然睪固酮的白馬王子的，實際上都註定要成為被我的假陽具插入的母狗，然而她們卻都不知道。十二歲之前，我在一所男女分班的天主教學校上學。一個真正的女同性戀天堂。最好的小女孩都是我的。在我還沒來得及過馬路去見對面學校的男生時，她們就已經把舌頭伸進我嘴裡了。她們是我的。然而，我必須明確指出，我對周圍女性的這種性吸引力並不是因為我的美貌。四歲時，我被診斷出患有頜面部畸形，這種畸形會在我的青春期急劇惡化，直到變得怪誕令人發笑。我隨時間變成了一個近視怪物，下巴明顯，雙臂和雙腿過長，而且非常瘦。但在我童年和青春期的大部分時間裡，毫無疑問是由於一些不為人知的祕密，女孩們都被我吸引了。她們說她們不是女同性戀，她們抱怨，讓自己的乳房被亂摸以後她們哭了，她們在我的房間裡脫下內褲，然後不再跟我說話，在和我一起鎖在廁所裡面、並要我給她們講骯髒的故事以後，她們向老師打小報告。但她們保留了我寄給她們的信，她們收集我用粉紅色重點筆寫下她們名字的小瓷片。為了獨攬我的注意力，她們像著了魔的戰士一樣在操場上戰鬥爭奪。她們是我的。在革命的烈焰中永遠留下了烙印。有一天，我十歲，有人打電話到我家，對我媽媽說「妳的女兒是個同性（gouine）」，然後就掛斷了。從那一刻起，我媽媽每天都會檢查我的筆記本，扒我的口袋，翻我的錢包，確保我沒有藏什麼奇怪的東西。她變成一名受雇於異性戀父權制的私家偵探，要來瓦解我新生的性別恐怖主義：監視和居家檢查、審訊、禁令、監禁、審查。這些都是系統提供給後佛朗哥時期西班牙的普通家庭主婦，用來消除寄居在我少女身體裡的男性慾望的複雜方法。

我和我媽經常吵架。她問我是不是有吸毒，是不是有和男孩子上床，是不是有用避孕藥，是不是偷了她藏在櫥櫃裡床單之間的錢。我對她所有的問題都回答「不是」。她堅持。告訴我像我這樣的女孩會去墮胎。如果我父親發現了他會殺了我。我對她說的一切都說不。她吞下任何謊言，相信任何東西。我認為她指責我是個妓女是為了避免面對她已經知道的事情。她警告我，如果我和「埃塔」（ETA）[20]的人出去，她會把我綁起來，再也不讓我出門。她折磨我，直到我終於告訴她。簡單地只是證實對她而言最深沉的恐懼。這比任何一個妓女，比和每個人睡覺，比墮胎都還更糟糕。我也被嚇壞了。但是，在抵制了她無情的異性戀監控系統之後，我陶醉在這一真相的時刻。我冷酷無情地告訴她：我喜歡女孩子。緊接著，不給她回答的時間：我是一個女同性戀，一個女同（gouine），一個男人婆（hommasse），我是一個男人，而妳沒有意識到這一點。我不想穿妳給我買的裙子。我不想要這雙鞋。我不想要褶邊襯衫。我不要髮夾。我不要睡衣。我不想留長頭髮。我不想穿胸罩。我不想像個女孩一樣說話。我不想要男朋友。我不想結婚。我不想幫我的洋娃娃梳頭髮。我不想變漂亮。我不想晚上待在家裡。我不想讓妳把我當成一個女孩子。我說：我是男孩，妳看不出來嗎？（然後我掀起我的襯衫，給她看我仍然平坦的胸部上長出的乳頭）我應該得到與我父親同等的尊重。

就像巴特勒所說的那樣，這些都是「操演性的濫用」（les abus du performatif）[2]所構成的：我在獨裁時期出生於一座由天主教佛朗哥主義統治的西班牙小鎮，我被指定為女性，西班牙語成為我的母語，我被培養成一個模範小女孩，我得到了昂貴的學校教育和私人拉丁語課程。

我現在住在幾個西方大都市（包括郊區，人口介於四百萬至八百萬）之間，多虧了地下微型社群的組織結構，我才在性生活和政治上得以生存。我的生活是在各地之間移動

⑳ 譯註：「埃塔」（ETA）是西班牙巴斯克分離主義武裝組織「巴斯克祖國與自由」（巴斯克語：Euskadi ta Askatasuna）的簡稱。

所構成的，這些地方既是主流論述的生產中心，也是文化邊緣地帶。在三種對我而言既不是我的、也不是外國的語言之間流轉。我體現一種女同－跨性別者身分（condition gouine-transgenre），它由多重生物編碼（biocodes multiples）構成，其中一些是規範性的、其他是反抗性的空間，再其他是可能發明主體性的地方。在任何情況下，這些都是人造環境，是嵌入主流性別城市結構（tissu sexo-urbain）中的主體化合成島（îles synthétiques de subjectivation）。

二十年後，當我回到我出生的城市探望我的父母時，有時會遇到我小時候喜歡過的女孩。她們結婚了，生了孩子，染上了自然色系的頭髮，穿著皮夾克，積極對抗頸部肌肉的鬆弛。她們驚恐地跟我打招呼，並且說：「你都沒變。」我仍然是她們在女校認識的那個小男孩。而她們，無論是最資產階級的還是最勞動階級的，都已經度過了她們異性戀生活中最美好的時光，正準備迎接四十歲，完全只靠一種技術回春的希望支撐著。有些人很高興有孩子，或者為不生孩子辯解，有些人似乎漠不關心，有些人還愛著她們的丈夫，或者聲稱自己愛著丈夫。但在某種程度上，在一個時間的裂縫中，她們仍然是我的小母狗。她們還有革命的時間。

## 上癮

幾天沒見她。她寫信告訴我不能再繼續下去了，不可能了，在P.之後，她不能再擁有這樣的關係了，那麼多層次的連結，一切都像水一樣流動。在沒有她的第五天，我再次服用五十毫克睪固酮。那天晚上，我沒有睡覺。我起床好幾次去閱讀她的電子郵件。我過濾它們，檢查它們，我像中世紀的僧侶閱讀《聖經》一樣閱讀它們。破譯當中顯現的恩典。「誰能欺騙情人？」（*Quis potest fallere amantem?*）我在沙發上坐了幾個小時，在黑暗中，我進入了一種類似自我催眠的狀態。我注意到最後四劑五十毫克第一次相互發生作用，形成了一個讓我興奮的化學塊。我嘴裡的皮膚變得更厚了。我的舌頭就像一塊勃起的肌肉。我覺得我可以用我的拳頭砸碎玻璃窗。我可以跳到對面的陽臺上和鄰居做愛，如果她正張開大腿等著我的話。但是，這一次，睪固酮就像一個在女性文化節目中被活化的能量生命補充劑（biosupplément énergétique），驅使我瘋狂地整夜整理並打掃我的公寓。首先是深層、有效的歸類。我幾乎沒有發出任何聲音。動作精準。眼睛、手臂和腿依次前後移動，向右、向左、向前、向後：在我的書櫃裡，我把堆在賽博政治學區所有傅柯的書都移到字母F下面，我把托瑪迪斯（Tomatis）放回他的位置，兩本伊里亞思（Elias），兩本布赫迪厄（Bourdieu），一本喬・斯彭斯（Jo Spence），一本拉根（Ragan），三本哈洛威（Haraway），一本維爾諾（Virno），一堆三種語言的巴特勒（Butler），兩本戴維斯（Davis），一本妮娜・羅伯茨（Nina Roberts），我把幾本勒梅貝爾（Lemebel）放在前排，佩德羅（Pedro）和帕科（Paco）扮裝成芙烈達・卡蘿（Fridas Kahlo）的照片，他們受傷的心被透明的探針連結在一起，我把福樓拜（Flaubert）的英譯本扔進垃圾桶，我從臥室拿出韋勒貝克的《活下去》（*Rester vivant*）放在我的桌子上。我搬動所有的椅子、沙發、床、電視架和一個櫃子，用掃帚掃地、用浸有抗菌肥皂的拖把拖地。我進行消毒工作。在這種睪固酮加持的狂熱中，母狗沒有跟著我。即使我將床抬離地面三十公分去拿床下的東西，她也沒有離開床。在不到二十五分鐘的時間裡，我就已經清完了整個公寓。現在是早上五點三十五分，我打開窗戶。夜間的空氣像吸血鬼呼出的氣一般，直接吹進我大腦新皮質（néocortex）的走廊。而且，就像其他時候一樣，我開始再次感到無法抑制出去走走的渴望，去感受這座城市在我腳下甦醒。我出門。

就這樣過了幾天。

最後，她回答：「來吧。」

她帶我去露臺旅館（Terrasse Hotel）讓我做她的妓女。我的睪固酮水平很高。如同我自己身體的觀眾，我試驗打開細胞接收亢奮、攻擊性和力量的新中心。但它不是永久狀態。儒弱會隨時攻擊我：我可以再次感受到愛、脆弱，作為一種簡單的軀體確實性，而不必給自己講故事。我們才進旅館，她就走到櫃檯報出她的假名字，打開她淑女的香奈兒包，拿出她的信用卡，提前付了所有費用，包括之後會從迷你吧臺裡拿出來的兩杯可樂和兩個三角巧克力。我絲毫沒有付錢的舉動。這就是交易：她付錢，我操她。她付錢給我，讓我把她變成我的妓女。

我們走到四樓。在樓梯上她對我說：「我想在這裡吸你，馬上。」她打開臥室的門。不跟我說話就脫衣服。然後邊撫摸她自己的乳頭，一邊呻吟。她的紋身是她白皙皮膚上的漆黑淺浮雕。來。來。來。我們在巴黎十七區的露臺旅館做愛，她和C. T. T.在這裡拍了《操我》當中凱倫和哈菲拉一起跳舞的場景。之前，在沙灘上，背景是大海和停在沙灘上的汽車，馬努對納丁說：「我建議我們待在一塊。」當她們跳舞時音樂重複著：「這是為了去看我想看的東西，去感受我想感受的東西。」這種快感是獨一無二的，甚至不是在電視機前自慰的快感，也不是抽菸的快感，而是知道無論如何她們都會在一起的快感。然後她們出去偷信用卡，在自動提款機前撞倒一個女孩。在回來的路上，她們選了兩個男人，和她們一起上樓進房間，就是我和V.做愛的那個房間，她們互相看著對方，從一張床到另一張床，彼此分享同時被插入的快感。

那天，在凱倫和哈菲拉的同一個房間裡，我們第一次全裸做愛。她的腰緊貼我的腰，她的私處連接我的私處，就像兩隻彼此認得的母狗的嘴一樣，我們倆的性器官互咬。當我們做愛時，我覺得我所有的政治歷史，我所有多年的女權主義都直接朝向她身體中心流動，彷彿它們在她的皮膚上找到了獨特的、真正的海灘。當我高潮時，維蒂格（Wittig）和戴維斯

（Davis）、吳爾芙（Woolf）和索拉納斯（Solanas）、熱情之花（La Pasionaria）和凱特・伯恩斯坦（Kate Bornstein）[21]會和我一起冒泡。她被我的女權主義所覆蓋，就像一層薄薄的精液一樣，一片政治閃光亮片的海洋。

稍後我醒來，她的手在我的陰道裡。從我的兩腿間冒出來，她的整個身體變成了我的陰莖。但是她手臂上的靜脈比生物陰莖（biobite）的靜脈還更高檔。我用雙手抓住她的手臂，像「反性」打手槍（branlette contrasexuelle）一樣上下摩擦。然後我移到她的右肩，她的脖子，我把兩根手指伸進她的嘴裡。她吮吸它們，手沒有從我身上移開。快感源於這種力量的配置，必然不穩定的功能等級制。我們繼續這樣，就像一個平衡的雙頭動物，直到我在她手中高潮，直到我的手在她的嘴裡高潮。

我們離開旅館。我的手肘疼痛燃燒。操她比在工廠工作還要困難，比在牛仔電影裡開一輛裝滿硝化甘油的卡車還要困難。她每次都把我的皮膚扯開。

[21] 譯註：索拉納斯（Solanas）是瓦萊麗・讓・索拉納斯（Valerie Jean Solanas, 1936－1988），美國女性主義活動家，曾試圖暗殺藝術家安迪・沃荷。以「熱情之花」之名聞名於世的是西班牙女性國際共產主義運動活動家伊西多拉・多洛雷斯・伊巴露麗・戈麥斯（Isidora Dolores Ibárruri Gómez, 1895－1989）。凱特・伯恩斯坦（Kate Bornstein, 1948－）則是美國知名跨性別主義者和劇作家。

# 第六章　技術性別

**性別**（*genre, gender*）範疇的發明構成了性事（sexualité）的藥理色情性制度（régime pharmacopornographique de la sexualité）的分裂跡象和出現原點。這個概念遠非六〇年代女性主義論述所創造的，而是屬於四〇年代後期的生物技術論述。藥理色情的性別、陽剛特質和陰柔特質皆為出自第二次世界大戰的人工產物，冷戰後商業的起飛伴隨著罐頭食品、電腦、塑膠椅、核能、電視、信用卡、拋棄式原子筆、條碼、充氣床墊或通訊衛星。

負責中間性嬰兒治療的兒童心理學家約翰・莫尼在一九四七年率先使用他與安克・埃爾哈特（Anke Ehrhardt）、瓊安（Joan）和約翰・漢普森（John Hampson）一同在臨床上發展起來的性別概念，展現透過荷爾蒙或外科手術，修改那些出生時生殖器和／或染色體，在醫學上根據其視覺和論述標準無法歸類為絕對女性或男性的嬰兒，修改他們的性（sexe）之可能性。[1]相對於性（sexe）的僵化，約翰・莫尼反對性別（genre）的技術造形可塑性。當他用「性別」（genre）這個概念來命名「心理的性」（sexe psychologique）的時候，他本質上是在考慮要根據既存的調控標準，也就是規定女性或男性的身體應該是什麼，再利用技術來修改身體的可能性。[2]性別（後本體論的，後形而上學的）在此必須被認為是性（本體論的，形而上學的）的逆轉顛倒。當性別差異的技術建構之可能性被認為是出發點時，身分認同被提升到軀體性模仿（parodie somatique）的水平。如果說在十九世紀的規訓體系中，性是自然、確定、不變和先驗的，那麼性別現在則表現為合成、可塑、可變的，能夠在技術上被轉移、擬仿、生產及複製。

奇怪的是，當一九七〇年代的女性主義採用性別概念作為批判分析女性所受壓迫的工具時，技術生產的這一層面卻消失無蹤了，取而代之的是輕建構主義（constructivisme *light*）。性別逐漸出現在瑪格麗特・米德（Margaret Mead）或安・奧克利（Ann Oakley）的人類學或社會學文本中，作為「性別差異的社會和文化建構」（construction sociale et culturelle de la différence sexuelle）。[3]兩個殘留陷阱的定義來源，其災難性的後果仍在目前國家或歐洲的「性別政策」（politiques de genre）中繼續起作用：性，解剖學真理，不受文化建構的影響，而性別具體說明女性在一個社會和一個特定的歷史時刻，她在社會、文化與政治上的差異。在這種情況下，女性主義發現自己陷入本質主義／建構主義（essentialisme／constructivisme）辯論的死胡同，國家政策毫不費力地將女性主義言論收編納入一個擴展的社會控制計畫也就不足為奇了。

正是在一九八〇年代，特蕾莎．德．勞雷蒂斯（Teresa de Lauretis）與朱迪斯．巴特勒及丹尼斯．萊利（Denise Riley）一起，開始質疑女性主義論述的認識論框架。德．勞雷蒂斯警告我們：只有當女性主義「理論」（théorie）對其自身的基礎和批判性詮釋、術語、語言實踐和可見性的生產提出質疑時，我們才能談論它。德．勞雷蒂斯自問女性主義作為一種再現的論述和實踐所產生的政治主體是什麼。她的結論沒有任何自滿得意，而是一個非常清晰的警告：當女性主義將其主體化約為「女性」（aux femmes）時，它就發揮了（或者可以發揮）標準化和政治控制工具的作用。在「女性」一詞表面上的中立性和普遍性之下，隱藏著主體性生產的多種載體：種族、階級、性向、年齡、身體或地緣政治差異等。用德．勞雷蒂斯的話來說：女性主義的主體不可避免是古怪的，它與「女性」（les femmes）並不吻合，而是呈現為一種移動的力量，一種主體性轉變的實踐。[4]

電影攝影設備（特定紀錄、放映、編輯、符號指稱和解碼的模式）成為德．勞雷蒂斯思考性和性別主體性生產的模式。換句話說，藥理色情系統的工作原理就像一臺軀體再現機器（machine de représentation somatique），其中文本、影像和實體性在一個分散的控制論迴路中傳播。根據德．勞雷蒂斯的這種符號政治學詮釋，性別是一種符號指稱系統的效應（effet d'un système de signification），它包含了政治控管的視覺和文本符號的生產與解碼模式。主體同時作為這些符號的生產者和詮釋者，不斷涉及並參與一個符號意義、再現和自我再現的身體過程當中。將傅柯對規訓權力的批判和梅茲（Metz）的電影符號學轉移到女性主義上，對此，德．勞雷蒂斯寫道：「性別不僅僅是性解剖學或性生物學的一種衍生物，更是一種社會文化的建構，一種再現，或者更好地說是一種源自不同機構性部署的論述和視覺再現的交叉效應：家庭、宗教、教育系統、通訊方式、醫學或立法；以及較不明顯的來源，例如語言、藝術、文學、電影和理論。」

那麼我們就會明白，她更偏愛用「性別」一詞來解構「女性」一詞的形而上穩定性，或者更偏愛「技術」一詞而不是「壓迫」（oppression）。介於性別與女性、技術與壓迫之間的這種概念差異，當中所涉及的不僅限於術語、翻譯或語義的問題，儘管它們也是累積性的。它們直接涉及到主體化的結構。如果這種區分算是恰當切題，那麼它就足以顛覆女性主義的整個語法，甚至是兩性差異（différence des sexes）的整個政治性歷史。在一九七〇年代的女性主義曾目睹女性受壓迫的地方，德．勞雷蒂斯驅散了女性受害者與男性壓迫者的幽靈，更見證一整套性別技術的運作，這些技術在男性和女性身上異質性地運作，不僅產生性別的差異（différences de genre）（男性／女性），更同樣產生性別差異（différences sexuelles）（同性戀／異性戀、變態／健康、虐待狂／受虐狂）、種族、身體、階級或年齡差異等。

一個新的研究領域為女性主義敞開了大門：分析（總是以暫時和不穩定的方式）生產表

達和行動主體的不同性別技術。不言而喻，對這些性別技術的研究絕對不能化約成在論述、再現或肉體生產的不同領域中，對女性狀況的一種統計學或社會學研究。[5]不再將性別視為一種會改變生物學上給定基礎（性〔sexe〕）的文化差異（有時是技術性的，有時純粹是儀式性或操演性）的問題。主體性作為一個整體是在根據性別、性、種族和性向被系統制度化的有機技術迴路（circuits techno-organiques）中製造的，藥理色情資本透過這些迴路進行流通。

女性主義語言的這種批判性劇變，隨後被稱為「酷兒理論」（théorie queer），也是由於巴特勒所引入的性別定義：性別是一種規則、習俗慣例、社會規範和機構性實踐組成的系統，它們操演性地生產它們聲稱要描述的主體。透過對奧斯汀（Austin）、德希達和傅柯的交叉閱讀，巴特勒開始認為性別不再是一種本質或心理真理，而是一種論述和身體操演性的實踐，主體藉此獲得社會理解和政治認可。在這裡（與巴特勒分析的對話）我所感興趣的是質疑這種操演性生產的符號技術維度（dimension sémio-technique）：將操演性假設向前推進到進入身體，直至體液，深入到細胞當中。

就像避孕藥或腫瘤鼠一樣，性別是藥理色情主義實驗室的人工產物。性別、性、性向和種族的技術是藥理色情真正的政治－經濟領域。製作軀體虛構（fictions somatiques）的技術。男性或女性不再意味著一個經驗性質的解剖學真理，而是透過技術手段構建差異的可能性。因此，性史（histoire de la sexualité）以一個巨大的藥理色情迪士尼樂園的形式出現，其中性別歸化主義（naturalisme sexuel）的比喻，透過內分泌學、外科手術或媒體性的部署在全球範圍內運作。

當莫尼修改嬰兒的身體以迫使他們進入「性別男性」（genre masculin）或「性別女性」的類別時，亨利．班雅明（Henry Benjamin）博士卻將雌激素（œstrogènes）和黃體激素（progestérone）運用於一種國家醫學的新型患者身上：一名成年人說他不認同他出生時被指定的性別。奇怪的是，性別指定的標準和變性情況下的重新分配指定標準，兩者是根據兩個幾乎勢不兩立、無法和解的形而上學身體模型而運作的。一方面，在出生時（或者是透過超音波，在子宮內部時）用來確定身體是「女性」或「男性」的性別指定標準取決於一個視覺識別模式，一個所謂經驗論的無科學根據的模式，其中的符徵（染色體、生殖器官的大小等）看起來像科學真理。在此，使一個身體成為可見，就意味著以單一而明確的方式，指定一個男性或女性的性別。我們面對的是一種光學本體論：真實，就是可見。相反地，有一種真正的「心理性別」（sexe psychologique）不同於出生時指定的性別的想法，即作為一個「男人」或一個「女人」的親密信念，源自於一種激進的隱形不可見性的模式，一種不可再現的模式，接近於佛洛伊德的無意識概念，也就是一種非物質本體論（ontologie immatérielle）的模式。真實並不會呈現給感官，根據定義，它是逃避感官性理解領會

（l'appréhension sensorielle）的東西。這兩個模式可以一起發揮作用，這要歸功於一個單一的生物柏拉圖軸（axe bioplatonicien）將它們結合在一起，同時又使它們相互對立。陽剛特質與陰柔特質的生命政治標準應該被想像成先驗的本質（essences transcendantales），當中還有性別美學、視覺識別的規範性編碼、隱形的心理信念，鼓勵主體宣稱自己是男性或女性、男人或女人、異性戀或同性戀、生物（bio）或跨性別（trans）。但是，支配出生時性別指定的視覺準則並沒有物質性現實，就像導致人們認為自己是「內在的」男性或女性的心理準則一樣。它們是調控監管的理想，是在個人主體性當中找到其軀體性載體（support somatique）的政治性虛構（fictions politiques）。[6]

突然在冷戰期間，「生物」（保留出生時指定性別的身體）和「跨性別」（使用荷爾蒙、手術、義肢和／或法律來改變這個指定的身體）兩者之間出現了一種新的性別本體論（ontologico-sexuelle）區分。[22]我之後將使用這個術語，因為生物和跨性別這兩種性別身分是技術性產生的。兩者都是基於視覺識別、操演性製作生產和形態控制的共同方法。「生物」與「跨性別」之間的區別體現於對規範的抵抗、對產生陽剛特質及陰柔特質的（藥理色情）技術過程的意識，以及在公共空間中的社會認可。這並不意味著任何價值判斷：「跨性

[22] 這種生物男人／生物女人以及變性男人／變性女人之間的區別，出現在二十世紀末的美國和英國的變性人社群中，比歐洲及東方其他國家的變性人社群更加政治化。

別」既不比「生物」性別更好，也不更具政治性。一些跨性別者聲稱自己生來就「被困在異性的身體裡」，現代醫學為他們提供部署只是揭示他們**原本**與**真正**性別（sexe *authentique* et *véritable*）的一種方式。其他人，如凱特・伯恩斯坦（Kate Bornstein）、德爾・拉格雷斯・火山（Del LaGrace Volcano）或蘇珊・史崔克（Susan Stryker）[7]，則肯定他們的狀況是性別酷兒（gender queer）、性別偏差（déviants de genre），並拒絕男性和女性的指定，宣稱它們是規範性強加的。生物性別身體和跨性別身體之間的差異（更多的是政治性的，而不是軀體性的）目前似乎是深不可測和戲劇性的。它將在未來的幾個世紀內變得守舊過時。

莫尼所發明的性別概念首先是一種使生命體合理化的工具，而身體只是其中的參數之一。性別是一系列藥理色情技術出現和發展的必要概念，這些技術旨在標準化和轉化生命體，例如「偏差者」（déviants）的照片、細胞鑑定識別、荷爾蒙分析與治療、染色體讀取，或跨性別及中間性手術。這相當於在本體政治（ontopolitiques）的角度上，只有技術性別（technogenres）。攝影技術、生物技術、外科手術、藥理學、電影攝影學或控制論等技術，都以操演的方式構成了性別的物質性。

在荷爾蒙與手術技術的出現及改進完善之前，十九世紀末攝影的發明標誌著新的性主體及其視覺真相生產的關鍵階段。的確，這種透過再現身體的技術來產生性別差異的過程，早在十七世紀隨著解剖學和色情繪畫就已然開始[8]，但直至攝影發明才賦予這種身體的技術生產一種現實主義和視覺的價值。以此時期「雌雄同體」（hermaphrodites）和「倒置」（invertis）的經典影像為例：一具在醫學史上稱為「X」的身體，看起來是躺著，雙腿分開，身上覆蓋的白色連身衣被拉高到胸部，露出骨盆的頂部。性器官被一隻從畫框外部伸進來的手揭露在攝影的注視之下。這幅影像正說明了它自己的論述生產過程。它與同一時期出現的色情再現運用了相同的編碼準則：醫生的手隱藏和展示性器官，於是在再現的主體及客體之間建立了一種權力關係。病人的臉，尤其是眼睛，都被抹掉了：偏差者不可能成為自身再現的代理人。性的真理具有視覺揭露的特性，在這個過程中，攝影作為一種本體論的催化劑參與其中，闡明一個原本無法以其他方式表現出來的現實。

一個世紀後的一九八〇年，人類學家蘇珊．凱斯勒（Susan Kessler）譴責主導新生兒性別指定醫學協議的美學編碼準則（codes esthétiques）（例如：陰莖和陰蒂的大小與形狀）。如果自十九世紀末以來性別指定的視覺標準似乎沒有發生過太大變化，那麼藥理色情時代修改身體的當前技術可能性就在陰柔特質和陽剛特質的分配及生產過程當中，引入了實質性的差異：標準化（指定、重新指定）的過程在過去只能透過論述或攝影再現來進行，現在則透過外科手術、內分泌以及遺傳學技術，銘刻在生命體的結構中而成為它的一部分。

為了確保他們的外在「性」發育可以被識別為女性，因為有「小陰莖」（micropénis）（根據視覺驅體政治標準）而被宣布為「中間性」（intersexués）的新生兒被截肢，他們的生殖器被重建為陰道形狀並接受荷爾蒙替代治療（thérapie de substitution hormonale）。與十九世紀末及二十世紀初規訓系統的身體標準化技術（techniques de normalisation du corps）的僵化與外在性極其不同，藥理色情生物資本主義（biocapitalisme pharmacopornographique）的新性別技術是靈活的、具滲透性的、可同化吸收的。二十一世紀的性別作為一種技術主體化的抽象部署（dispositif abstrait de subjectivation technique）而發揮作用：我們黏貼它，我們裁切它，我們移動它，我們引用它，我們模仿它，我們吞下它，我們注射它，我們嫁接它，我們將它數位化，我們複製它，我們把它構想成一種設計，我們購買它，我們出售它，我們修改它，我們抵押它，我們轉讓它，我們下載它，我們應用它，我們轉錄它，我們偽造它，我們製造它，我們置換它，我們給它定（劑）量，我們服用它，我們提取它，我們染上它，我們擺脫它，我們否認它，我們放棄它，我們背叛它……它轉化改變了。

如果沒有大量的符號技術流動（flux sémiotechniques），性事的藥理色情制度（我們不斷重複）就無法運作：荷爾蒙流、矽膠流、數位流、文本流與再現流……總之沒有一個持續不斷的性別生物編碼（biocodes de genre）非法販運流通。在這種性政治經濟學中，差異的標準化取決於對這些性別流動的再挪用（réappropriation）與使用的控制。沒有對性別生產的生物編碼的控制就沒有政治權力。身體的有效民主化（démocratisation effective）總是藉這些基本標準來衡量：參與和獲得生物編碼，以及其流通與詮釋。

第二次世界大戰以降，西方的性別圖譜（cartographie sexuelle），以及其常年的性別劃分（division sexuelle），與對正常和異常性向的分類，都取決於對分子的法律及商業管理——這些分子主導著表現型（外部特徵）的生產，影響了我們在文化上識別女性與男性、正常或異常偏差、性或中性（面部毛髮、生殖器的大小及形狀、語調音色等）——也取決於技術政治和物種繁殖的管理，更取決於我們免疫系統及其對侵略、疾病與死亡的抵抗力之藥理學控制。

讓我們以一個身體－範式（corps-paradigme）為例：在十九世紀的性學科體系（système sexodisciplinaire）中，「留鬍子的女人」被認為是一種畸形怪物般的異常現象，她的身體在馬戲團和「怪胎秀」（freak shows）蔚為奇觀的框架中變得可見。在藥理色情系統中，她成為一個「多毛症」（hirsutisme）的臨床病例，因此成為健康系統的潛在用戶，人造分子的消費者（安得卡錠〔*Androcure*〕㉓用於中和睪固酮的產生），注定要走向荷爾蒙的標準化。**性別循環**（*Gender loop*）：陰柔特質－毛髮－隱形－可見－馬戲團－多毛症－安得卡錠－化妝品－隱形－陰柔特質。她的身體在不同的空間當中來回流動：曾經是在馬戲團或黑暗陰影中，今日則是在美容診所，它的脫毛及荷爾蒙調控的美容技術。

㉓ 譯註：藥名「安得卡錠」（Androcure）字面上同時是「男性治療」之意。

鑑於生命體的這種變異，問題的輪廓變得更加清晰。即將到來的性別既非隱喻、也非意識形態，它不能被化約為一種操演：它是一種政治技術生態學（techno-écologie politique）。男性或女性的確定性是由一整套身體馴化技術、藥理學和視聽技術所產生的軀體政治虛構（fiction somatopolitique），這些技術固定並界定我們的軀體潛能，並作為主體化的義肢發揮作用。性別是一種能夠以情動、慾望、行為、信仰和身分認同的形式激增感官知覺的操作編程。這種性別技術的一個典型結果是產生了一種對自己的內在認識，一種在意識中呈現為明顯的情感現實的性自我感覺（sens du soi sexuel）。「我是一個男人」，「我是一個女人」，「我是異性戀者」，「我是同性戀者」：關於自己的具體知識的統一性，堅硬的生命政治核心，而它周圍更可能匯聚一整套操演性論述和實踐。

我們可將「性別編程」（programmation de genre）稱為一種用以對主體性進行模造的心理政治技術，它使得「產生一個作為個人身體思考與行動」，「將自己視為私人空間與財產」，「具有固定的身分認同及性向的一個主體」成為可能。主導的性別編程基於以下前提運作：一個個人＝一個身體，一種性＝一種性別＝一種性向。但是，正如巴特勒告訴我們的那樣，「做性別」（faire le genre）總是意味要冒著把它拆解的風險。[9]「做性別」涉及一整套歸化／去歸化（naturalisation / dénaturalisation）與認同化／去認同化的操作。變裝國王部署、荷爾蒙自我實驗只是這些出軌操作當中的兩個。

根據歷史時期、政治和文化背景，存在多種性別化（genderization）的模式和性別編程。其中一些失去了主體化的潛力（例如，母系社會性別化的制度，或者希臘戀童癖），因為它們在其中發揮作用的政治技術生態（*techno-écologies politiques*）已經消失了。其他模式則正在改變。我們的情況就是這樣。

在藥理色情體制內，性別在這些生物政治物質化（matérialisation biopolitique）的網絡中被建構。它透過轉化為戲劇演出、動態影像、數位數據、分子、網絡編碼而被社會性地複製與鞏固。女性或男性的性別僅僅存在於觀眾面前，也就是說，它作為集體性質的身體論述建構（construction somatodiscursive）面對一個科學共同體或一個網絡。性別是公眾、是社群、是科學的、是網絡。

睪固酮連同催產素（ocytocine）、血清素（sérotonine）、可待因（codéine）、可體松（cortisone）、雌激素（œstrogènes）、奧美拉唑（Oméprazole）等，對應於目前可用以產生主體性及其情動的所有分子。在技術生物政治層面上，我們具備了操弄、繁殖物種並技術地控制其繁殖的能力。我們生活在分子技術的控制之下，荷爾蒙的約束緊身衣旨在維持性別權力結構：超身體－雌激素加持－強姦－睪固酮－愛情－懷孕－性衝動－排斥－注射與射精。國家從我們屎糞色情主體性（subjectivité pornogore）的生產和控制中獲得快感。性別的暴力＝

性別系統的暴力。

這些藥理色情技術的目標是生產一具活生生的政治義肢：一個足夠溫順的身體，可以將它的**高潮（潛）力**（*potentia gaudendi*），它創造快感的全部和抽象的能力，為資本的生產服務。在這種調控性別和性向的軀體政治生態（écologie somatopolitique）之外，既沒有男人也沒有女人，同樣地，既沒有異性戀也沒有同性戀。

在分子層面上，我們被賦予足夠能力確保可與主導的壓迫形成合作共謀。但是藥理色情的身體，正如它之前的十九世紀受性規訓的身體（corps sexo-discipliné）一樣，與傅柯當年悲觀主義的診斷不同[10]，這個身體並不溫順。藥理色情的身體不僅是控制系統的效果，而首先是「生命力量」（puissance de vie），**高潮（潛）力**，它渴望將自己轉移到一切事物、每個人身上，渴望與宇宙一起射精，一種相互連結的行星整體技術文化（tout planétaire technoculturel）的轉變力量。

我們的當代社會是生產性別的巨大性政治實驗室。身體，我們每一個人的身體，都是珍貴的飛地，被他人土地圍住的土地，權力交易不斷發生。我的身體＝諸眾的身體。我們所說的性，以及性別、陽剛特質、陰柔特質、性向都是「身體的技術」，是性政治系統特有的生物技術延伸，其目標是異性戀人類生命（vie hétérosexuelle humaine）在地球上的生產、繁殖再生產與殖民擴張。

自一九四〇年代開始，陽剛特質和陰柔特質的新生命政治標準是在「實驗室」中創造出來的。這些人工產物（也就是，「我們」）不能以純粹的狀態存在，而只能存在於我們封閉的性技術生態系統（techno-écosystèmes sexuels）當中。作為性主體，我們居住在生物資本主義的遊樂園中。我們是實驗室的男男女女，是一種政治科學生物柏拉圖主義的產物。但我們活著：我們物質性地體現了藥理色情系統的力量和它失敗的可能性。

如果說性別概念引入一個斷裂，正是因為它構成這種性別差異建構經濟的第一個自省時刻。從此就再沒有回頭路了。莫尼之於性事的歷史（l'histoire de la sexualité），就像黑格爾之於哲學史，愛因斯坦之於時空概念。作為線性和延展的時間與空間、自然－歷史、性－自然的爆炸，結束的開始。從性別的概念出發，醫學論述揭示了它武斷的基礎、它的建構主義特徵，同時為新形式的抵抗和政治行動開闢了道路。當我談到由性別概念引入的斷裂時，我並不是要指出從一種政治範式到另一種完全不同政治範式的過渡，也不是會導致某種形式的激進出現不連續性的認識論斷裂。它更像是一種層次的疊加，其中不同書寫生命體的技術交織與重疊。藥理色情身體不是被動的生命物質，而是一個技術有機介面，一個被不同政治模式（文本、資訊、生物化學）分割和領土化的技術生命系統。沒有一系列模式會在歷史上被其他模式取代，既沒有斷裂也沒有激進的不連續性，而是相互關聯的共時性，多個軀體政治模式的橫向作用，根據不同的強度、滲透程度與效率指數來進行運作和建構主體性。

我僅舉一個例子來說明這種對我們身體起作用的軀體虛構的並置：如何設想在二十一世紀初，鼻整形術（rhinoplastie）（鼻子手術）被認為是整容手術，而陰道成形術（vaginoplastie，一個陰道的手術建構）和陰莖成形術（phalloplastie ，一個陰莖的手術建構）被認為是變性手術？我們可以說，兩種截然不同的權力制度透過身體並以不同的方式建構鼻子和性器官。雖然鼻子受到藥理色情權力的管制，其中一個器官被視為個人財產與商品，但生殖器仍被閉鎖在前現代與類主權權力制度（régime pré-moderne et quasi souverain de pouvoir）之中，這個制度認為它們是國家財產（依此類推，在這種神權模式中乃是上帝的財產）並從屬於一種先驗和不變的法則。但在藥理色情社會中，器官的地位迅速改變，以至於多種不斷變化的生產制度同時作用於同一個身體上。我們不再是無器官的身體（corps sans organes），而是無身體的器官（organes sans corps）。那些在當前突變中倖存下來的人，將看到他們的身體改變其符號技術系統（système sémiotico-technique），換句話說，他們的身體將不再是他們之前的身體。

**屬於藥理色情政治生態學一些陰柔特質的符號技術規約慣例：**

《小婦人》，母親的勇氣，避孕藥，雌激素和黃體激素的超強雞尾酒，處女的榮耀，《睡美人》，貪食症，對孩子的渴望，失去童貞的恥辱，《小美人魚》，面對強姦的沉默，《灰姑娘》，墮胎的極度不道德，蛋糕，知道如何吹一口好簫，Lexomil[24]，還沒有做過的羞恥，《亂世佳人》，當你想說是的時候說不，待在家裡，有一雙小手，奧黛麗．赫本（Audrey Hepburn）的芭蕾舞鞋，可待因（codéine）[25]，護理你的頭髮，時尚，當你想說不的時候說是，厭食症，暗地裡知道你真正喜歡的人是你的女性朋友，對衰老的恐懼，需要不斷節食，對美貌的迫切需要，盜竊癖，同情心，烹飪，瑪麗蓮．夢露（Marilyn Monroe）絕望的肉慾性感，修指甲，走路時不發出聲音，吃飯時不發出聲音，不發出聲音，丹碧絲（Tampax）潔淨致癌的衛生棉條，母性作為自然關係的確定性，不知道怎麼大喊大叫，不知道怎麼打架，不知道怎麼殺人，知道的不多，知道的很多卻說不出口，知道如何等待，黛安娜王妃（Lady Di）的低調優雅，百憂解（Prozac），害怕成為一隻發情的母狗，樂平片（Valium）[26]，對丁字褲的需求，知道如何自我克制，在必要時讓自己被人操，認命，正確的陰毛脫毛，憂鬱沮喪，口渴，聞起來很香的薰衣草小球，微笑，臉龐光滑活木乃伊化的青春，先愛後性，乳癌，做一個被包養的女人，妳的丈夫為了一個更年輕的女孩而拋棄妳。

---

[24] 譯註：Lexomil是一種主要用於治療焦慮和失眠的藥物。

[25] 譯註：可待因是一種鴉片類藥物（opioid），有止痛、止咳及止瀉的藥效。是在眾多鴉片類止痛劑中比較安全的選項之一。在市售的感冒成藥、鎮咳藥中經常含有可待因。

[26] 譯註：樂平片為苯二氮草類藥物，具有抗焦慮作用。它通常用於治療焦慮、癲癇、酒精戒斷綜合症、肌肉痙攣與失眠等。

**屬於藥理色情政治生態學一些陽剛特質的符號技術規約慣例：**

《一將功成萬骨枯》（*Rio Grande*）[27]，足球，《洛基》（*Rocky*），做個帶頭的老大，知道如何痛打一個人，《疤面煞星》（*Scarface*），知道如何大聲說話，《前進高棉》（*Platoon*），知道如何殺人，溝通方式，胃潰瘍，父親身分作為自然關係的不穩定性，工作服，汗水，戰爭（包括電視版），布魯斯．威利（Bruce Willis），起義（Intifada）[28]，速度，恐怖主義，為性而性，像羅科．西弗雷迪一樣勃起，知識，賺錢，奧美拉唑[29]，城市，酒吧，妓女，拳擊，車庫，沒有像羅科．西弗雷迪那樣勃起時的恥辱，威而鋼，前列腺癌，鼻子骨折，哲學，美食，把手弄髒，李小龍，付贍養費給前妻，家庭暴力，恐怖片，色情，賭博，博彩，部長，政府，國家，企業管理，鹹豬肉，釣魚和打獵，靴子，領帶，三天沒刮的鬍子，酒精，心臟病，禿頭，F1賽車，月球之旅，喝醉酒，上吊，大手錶，手上的繭，縮緊肛門，好哥兒們，爆笑，智慧，百科知識，性痴迷，風流倜儻，厭女症，光頭黨，連環殺手，重金屬音樂，為一個年輕女子拋棄他的妻子，害怕被雞姦，離婚後再也見不到孩子，渴望被雞姦……

很長一段時間，我相信只有我的同類人才真正陷入困境。因為我們不是、也永遠不會是《小婦人》，也不會是《一將功成萬骨枯》的英雄們。今天我知道這個困境與《小婦人》和

《一將功成萬骨枯》的英雄有關，也關係到我們所有的人。

## 作為自然的異性戀走到了它的黃昏時期

莫妮克・維蒂格與傅柯。巴特勒與奈格里。我們可以說，異性戀陰柔特質首先是一個經濟概念，它在生產和交換的生命政治關係中指定了一個特定的位置，它的基礎是將性勞動、妊娠、教育及照顧身體的勞動，化約為一種在工業資本主義內部的無償活動。[11]這種性經濟系統的特徵是透過「操演性強制」（coercition performative）[12]發揮作用：文化習俗強加的規範性重複的符號技術、語言及身體過程。如果沒有異性戀部署的制度化（institutionnalisation du dispositif hétérosexuel），就無法想像資本主義的興起是一種轉變為性服務、懷孕妊娠、歷史上由女性提供之無償照護的附加價值模式。我們可以討論一種異性戀男性在歷史上與女性簽訂的無償性勞動債務，就像富國允許自己談論窮國的外債一樣。如果性服務的債務是有利

---

㉗ 譯註：《一將功成萬骨枯》（1950）是以體現美國西部精神著名的導演約翰・福特（John Ford）與約翰・韋恩（John Wayne）合作的三部騎兵隊西部片之一，片中確立西部英雄的銀幕形象。

㉘ 譯註：源自阿拉伯語的*Intifada*「起義」一字，最初指巴勒斯坦對以色列軍事占領的運動，之後普遍用於阿拉伯不同國家針對壓迫政權或國外侵略的革命起義。

㉙ 譯註：奧美拉唑（Oméprazol）是質子泵抑制劑（PPI）類藥物，用以減少胃酸的分泌，從而有助於治療與胃酸相關的疾病。

息的，那麼地球上所有的女性都將獲得終生的養老金，讓她們可以在不工作的情況下度過餘生。

然而，異性戀並非一直存在。資本主義的轉型帶來性制度的突變。如果我們注意到第二次世界大戰時開始出現的性別技術化和資訊化的跡象，我們甚至可以斷言，異性戀終有一天會消失。事實上，它正在消失。然後將開始「後性時代」（ère postsexuelle），這是藥理色情機器的副作用。這並不意味著生物男性和生物女性之間將不再有性關係，而是性生產（身體和快感的生產）的條件正在發生巨大變化，並且它們變得愈來愈類似於異常偏差的身體和快感的生產，受制於相同的藥理色情管制調控。換句話說，任何形式的性向與快感的生產，所有的慾望與生命政治經濟都受制於相同的性、性別和性向生產的分子及數位技術。

我們所在的生命科技園區（parc technovivant）並不是一個連貫且完整的整體。藥理色情產業的兩個極端（藥理與色情）更多是對立、而非融合。雖然色情產業主要生產異性戀及同性戀行為的規範性（性＝生物陰莖的插入）和標準化的再現，如生物男性和生物女性之間的不對稱性好比明證，提供了一種基於解剖學的差異（生物男性＝生物陰莖；生物女性＝生物陰道），製藥產業、生物技術和新的輔助生殖技術，即使它們持續在異性戀規範的法律框架內運作，也在不斷地重新劃定性別之間的界限，並使整個異性戀經濟政治制度部署

（dispositif politique économique hétérosexuel ）成為一個管理主體性的過時手段。藥理和色情之間的辯證法已經體現在各種主體性生物編碼（低技術或高科技）之間的矛盾當中，這些生物編碼來自身體的幾種生產機制。例如，透過匿名捐獻者的精子體外受精進行繁殖再生產的家庭（異性戀、同性戀或單親家庭）持續在異性戀政治法律體系中運作，在這種體系中，陽剛特質和血統的操演性標準並未受到質疑。此外，用於產生主體性的生物編碼（符號學和藥物，從威而鋼到睪固酮，透過同性戀身體的美學或人工器官的性實踐）在藥理色情市場上流通，而無法固定他們所觸發的主體性生產過程。迄今為止，屬於女性、男性、異性戀或同性戀，或最近的變性配置的生物編碼（語言、穿著風格、荷爾蒙、義肢）可以用怪誕和另類的方式表達，脫離一種性別認同或一種精確的生命政治主體性，一種生命形式或一種身分認同編程。最近改變搖滾偶像寇特尼・洛芙（Courtney Love）面孔的視覺編碼準則（codes visuels），與那些用來使西班牙女王、女演員潘蜜拉・安德森（Pamela Anderson）、被提名為二〇〇四年環球小姐的變性人陳莉莉（Chen Lili）、女同性戀明星艾倫・狄珍妮絲（Ellen DeGeneres）她們臉部年輕化的視覺編碼沒什麼不同，又或者與用來重塑登上美國電視節目《極限改造》（*Extrême Makeover*）匿名工人的階級生物女性的臉之視覺編碼也是一樣的。因此，我們正在見證一種身體生產技術的平等化，它不分階級、種族或性別身分，不分搖滾音樂文化、上流社會和色情行業。從這種藥理色情差異中，我們可以推斷出異性戀很快將成為另一種藥理色情美學，一種復古的性事（sexualité），未來的幾代人將能夠模仿、詆毀或讚美這種風格，一種可能可以輸出到其他地區、但在我們民主的猶太基督教社會中絕對是一去不返與完全沒落的性事。

避孕藥發明四十年後，所有性身體都受制於一個共同的藥理色情平臺。今天，一名生物男性服用以睪固酮為基礎的荷爾蒙補充劑來幫助提高他的運動成績表現，而一名少女以皮下植入的方式避孕，它可以釋放雌激素與黃體激素的化合物達三年之久。將自己定義為男性的生物女性可以簽署變性協議，並接受以睪固酮為基礎的內分泌治療，這將使她能夠在不到八個月的時間內長出鬍鬚和小鬍子，增加肌肉組織，並在社交方面超越男性。一位六十歲的生物女性發現，在二十多年的生活中，她攝入的高劑量避孕藥導致了腎衰竭或乳癌，她將不得不接受類似車諾比核災事故受害者所承受的化療劑量。一對異性戀夫婦在發現先生由於大量吸菸與酗酒而無法產生足夠活力的精子來使伴侶的卵子受精之後，他們求助於體外受精。被用來轉動環法自行車賽輪子的睪固酮，也一樣運用於改造變性身體F2M，從女人到男人……

所有這一切都表明，各種性身分、不同的性實踐和產生快感的方式、表達性別的多元且有時不可調和的形式，與性別、性與性向生產技術的一種「共同流變」（devenir-commun）並存。現在，突變已然避無可避。

# 第七章　成為T

我為了V. D.而將要拋下的情人，維克多（Victor），他在一家色情電話公司工作了六個月。他每天晚上七點出門，凌晨一點回來。我們大約十一點起床，邊吃早餐邊看報紙，背景音樂是MTV，然後帶莒斯汀去公園散步，回到家後，我們一直做愛到下午五點。我們跟兩個男人差不了太多。兩個男同志，不同的是，我們沒有錢，沒有固定工作，沒有房子，什麼都沒有。我們既沒有密室也沒有雞巴，但我們家裡的假陽具比巴黎桑拿房裡的雞巴還多。在二〇〇四年的這幾個月裡，巴黎的女同性戀、國王和變性人在結構上缺乏性公共空間的問題，即便它構成一個真正的問題，但對我們來說並沒有太大影響。我們兩個整天都在做愛。只要我們有一分鐘的空閒時間。以矽膠啟動的過程可能需要很長時間。起初，是我操他。阿拉伯走私犯的貌美，亞陶（Artaud）大膽讀者的優雅，他有法老王的狗一般的冷靜。黑眼，布滿雀斑的臉，他是世紀風雲人物。他的國王陰道吞噬一切。無論大小。無須從中號尺寸開始，我們直接用XL超大號。

維克多是一名無與倫比的順從者。他讓自己吞下我找到的一切。當他高潮時他會微笑並且從不疲倦。每天下午五點半，六十九路公車都會載他去上班，他是語音手淫者。當他離開家時，他的皮膚含氧量過高，但他的腿卻在顫抖。他上班前在公車上打瞌睡，然後連續六個小時在電話上裝妓女。自從他專門接待受虐狂客戶以來，生意特別好。他私下與我簽訂的合約最終被用來舒緩一群整天掛在電話上的手淫者的性苦悶。這就是奈格里的激進左派所說的「生命政治勞動」（travail biopolitique），換句話說：手槍打遍全世界。這是將我們的性資源轉化為工作勞動，將我們的感覺轉化為商品，將我們的情色回憶轉化為按字數計價支付的文本，將我們的性契約轉化為無動於衷的演員重複排練的匿名場景。在維克多「生命政治地勞動」（travailler biopolitiquement）的七個小時裡，我寫作。我已經積累書寫了將近一千頁關於女權主義對當代美學及政治論述的影響，由法國政府支付，剛好夠我吃飯和付賬。哲學的「最低工資」（SMIC, salaire minimum interprofessionnel de croissance）。我和恩里克．莫倫特（Enrique Morente）徹底把自己鎖在辦公室裡，像飛行員在駕駛艙裡一樣埋首於書桌前，閱讀傅柯、斯洛特迪克（Sloterdik）、巴克敏斯特．富勒，或者寫一篇關於公共空間性別隔離的無酬文章。性與哲學間的接近讓我平靜下來。這是一段寶貴的時光，在一種透明的孤獨中，一種抽象的平靜。一個天平，由兩個同樣漂浮的團塊組成，在我的腦海中保持平衡，閱讀流向寫作，反之亦然。沒有焦慮。我即將完成《公共肛門，一個無人的訪談》

（*Anus Public, an interview with nobody*），一篇無人針對我的回答發出提問的訪談，關於我放棄酷兒政治的理由。我不打算發表這篇文章。我認為它還不足夠，它對這個世紀的殘酷來說太溫柔了，而在面對迫在眉睫的集體痛苦與生者的逐漸消失時，它又顯然太自私自利了。電視幫助我走出讀寫孤島。來自異性戀世界的新聞：i-TV。P. 穿著豹紋襯衫，套鏡式太陽眼鏡；B. B. 一身耶穌式流行歌手造形，兩人討論著珍妮絲・賈普林（Janis Joplin）的一生。當然，她是個女同性戀。在這一刻，我不知道豹衫先生就是那個已經傷了我未來愛人的心的那個男人。這就是讓我繼續無憂無慮地過著正常生活的原因。當維克多回家時，我已經把晚餐準備好了。有時候我們還有足夠的精力去打三十或四十分鐘的砲。或者我們只是用嘴打砲，沒完沒了的親吻，發出被身體其他部位接收到的電子信號。有時我們在與莒斯汀共進晚餐後立即入睡。這幾個月形成了一條漫長的隧道，充滿了國王性愛、密教儀式、兄弟互助的填充（*packings*）假陽具製作、亂倫和吸血鬼般蟄伏沉睡的日子，我在半意識狀態下經歷了這些日子，確信某事或某人最終會把我從這地獄般的天堂中給拉出來。我從沒想過，V. D.，你的去世和睪固酮會成為隧道的盡頭。誰也不知道是否只有在這種情況下，或者是在一般情況下，我們對未來的完全無知是繼續活在當下的可能性條件。正如同為了活著就必須忘記一樣，為了要能夠天真地等待時間流逝，就必須不了解未來。建築師阿道夫・路斯（Adolf Loos）在職業生涯的巔峰時期，放火燒毀了他所有的素描、信件、日記和偶像。他燒掉一切。用這團火建造了一座煙霧檔案館，一團濃密的遺忘，使他得以從中展開一個新生活。如果我們對上次分手有一種明確的心身記憶（mémoire psychosomatique），或者如果事先就知道我們即將開始的愛情，它之後將會結束的確切方式，大概就沒有人會再次墜入愛河。如果我知道你的去世、對V. D.的愛和對T的沉迷會是隧道的盡頭，那麼興奮、恐懼和無法抑制的慾望就會阻止我活下去。與佛洛伊德和馬克思的想法相反，不確定、不知道，似乎是生命政治生存（survie biopolitique）的條件。

與此同時，我享受我所擁有的。用英文、法文和西班牙文三種語言寫作，從一種語言遊蕩到另一種語言的獨特樂趣，就彷彿在陽剛特質、陰柔特質和跨性特質（transsexualité）之間轉換。多樣性的樂趣。三種人工語言被放大、糾纏，掙扎著要成為或者不成為一種單一的語言。彼此混合。只有在這種混合中才能找到它們的意義。物種之間的生產。我用一種不屬於我的語言寫下對我來說最重要的事情。德希達稱之為「他者的單語主義」[1]：我所說的任何一種語言都不屬於我，但沒有其他的說話方式，也沒有其他的戀愛方式。我所體現的任何一個性別都不具有本體性的密度，但也沒有其他方式可以成為身體。從一開始就被剝奪了。

## 狀態—沙發—身體—分子

在你去世前的兩個月裡，我每天夜裡都在清晨四點自動醒來。母牛分娩的時間，貓頭鷹出獵的時間。法國TV5臺播出了完整的BBC紀錄片系列，地球生命的起源。有機生命的故事在我面前展開，一夜又一夜，緩慢得讓人失眠。想到過去的我曾經是個細菌，而且總有一天我會再次變成細菌，就讓我很平靜。生存本能和死亡本能融合在一起。我的細菌自我幫助我入睡。在兩千多年間，地球上一直在下雨，直到這些曾經是海洋的空盆地又重新填滿了水。上一次，海洋在一顆巨大的隕石爆炸後全都蒸發。我告訴我自己，如果海洋可以乾涸然後再被填滿，我的心也可以掏空政治，然後再重新填滿。我還不知道很快我的心就會被你的去世、還有幾乎同時存在的V.D.的愛給充滿。

白天，我的存在擺盪於狂熱的活動和完全的空虛之間。在空虛的時候，我大部分時間都坐在沙發上。我不是在尋找一個舒適的位置，或一個優雅的姿勢，我將我未定形的身體空間放在沙發的長方形表面上，然後等待。在這些水平的時間裡，我流汗、顫抖，有時但很少，我哭泣，有時，我終於睡著了。我出門只是為了帶茝斯汀去散步。我買了報紙，但我不看。我買了食物，但我不吃。狗吃東西。這張沙發可能是一張精神病院的床。是的，沒錯，一個法國醫療和司法機構的國內評議會，而我甚至不是這個國家的公民。沙發是控制系統的觸角，以寵物家具的形式安裝在室內空間。它是一臺政治機器，一個監控和停用的公共空間，與監獄或醫院等其他傳統機構相比，優勢在於它維持了這間公寓，這四十七平方公尺的上鎖封閉空間作為我私人領土的這個虛構。偏執妄想症的逐漸轉變，從沙發朝著我的皮膚而來。

我的身體可能是一個終身監禁的中心，是植入我生物結構的控制系統的一個意識性部署，是將以我的名字命名的一個藥理色情化身。我的身體、我的細胞是卓越的政治機器，一個監控和活化的公－私空間，與高中或軍隊等其他傳統機構相比，它的優勢在於維繫了我的主體性和生化載體的這些細胞，這看似堅不可摧的、高一百八十公分的此君是我唯一及最終個人財產的這項虛構。我該如何逃脫這座私密的監獄？我能夠知道什麼？我該怎麼做？我還能有什麼希望？

我在書中尋找求生之鑰。我堅持使用傅柯的傳記、瓜塔里的《三種生態學》（*Trois écologies*）、班雅明的傳記、他的著作、薇奧麗・賴朵絲（Violette Leduc）、惹內（Genet）、維蒂格，以及愛德蒙・懷特（Edmund White）。但是，最重要的是，還有你的書。我不想在我最糟糕的時候給你打電話。每隔一段時間，你就會在我的語音信箱裡留下一個咄咄逼人的留言。「你打算什麼時候才寫點值得下筆的東西？」「你或我。別再攻擊我了。」我不回答。絕不回答。我不知道你在說什麼。我不知道該跟你說什麼。如果你知道發生在我身上的事就好了。但你一點都不知道。你愚蠢的留言讓我平靜下來，因為它們讓我迴避了這個問題：我不給你打電話，因為不想告訴你我要開始服用睪固酮了。我應該告訴你這件事而且警告你：現在既然我要變成你們當中的一個，我們將可實現互相雞姦的舊夢了。我不知道這是你死前的最後幾天，我也沒給你打電話。

我花了很長的時間來查閱一九七〇年代美國女權主義的檔案。一些聲音永遠銘刻在我的記憶中。其他人則永遠消失了。費絲・林戈德（Faith Ringgold）和她告訴記者的方式仍然存在我腦海，她說，要在敵人面前活下來唯一的辦法就是面對面地嘲笑他。她沒有笑，相反地，她對他大吼大叫，在他說話時打斷他，根本不理會他。笑是一種反抗，一種生存，一種聚積力量的方式。吼叫也是。當你屬於一個受壓迫的群體時，你必須學會笑著面對敵人，林戈德這麼說。問題是事情不再那麼清楚了。我們最終不再明白知道誰是壓迫者，誰是被壓迫者。或者，更準確地說，我們很難知道自己同時既是壓迫者又是被壓迫者：我想，在這種情況下，人們不得不自嘲。

吉爾・約翰斯頓（Jill Johnston）的聲音讓我留下了深刻的印象：「除非所有女性都是女同性戀者，否則不會有政治革命發生。」南希・安吉洛（Nancy Angelo）和坎丹斯・康普頓（Candace Compton）。「仔細聽我說。你不認為我會在這四堵牆內結束我的生命嗎？你不能強迫我。聽我說。我厭倦了困在這具身體裡的生活。我受夠了。」我的靈魂是一個性套子（fourreau sexuel），我的身體蜷縮其中，一個封閉的箱子，一座墳墓，一個陷阱。我是一個漂泊的法西斯政治信息。我的身體是信息，我的靈魂是瓶子。爆炸。這是唯一能讓我硬起來的東西。

我每天都試圖切斷把我與我成長背景的女性化文化計畫編程（programme culturel de

féminisation）聯繫起來的那根線，但陰柔特質就像一隻柔潤的手黏在我身上。像媽媽溫暖的手，像我夢裡西班牙文的海潮般柔聲。就像菲斯．威爾丁（Faith Wilding）在《女人房子計畫》（*Womanhouse Project*）中的行為藝術表演一樣，我還在期待有人來擁抱我，我在期待生命的開始，我在期待有人來愛我，我在期待快樂的到來，我在期待……但我也是個跨性別男性。有T或沒有T。對於這份女性的期待清單，我必須加上無數種期待陽剛特質出現的方法：我期待我的鬍鬚長出來，我期待能夠刮鬍子，我期待我的下半身長出一個雞巴，我期待女人們把我當男人看，我期待男人們像對他們自己人一樣對我說話，我期待能夠操所有的小騷貨，我期待權力，我期待認可，我期待快感，我期待……我想知道何時回到這個性別生產的過程才算是為時過晚。也許超過某個極限，這個過程就變得不可逆轉了。這個生產特有的時間性是什麼？它的建構路線、它的方向是什麼？

一九六七年，瓦萊麗．索拉納斯（Valerie Solanas）在她的《人渣宣言》（*Scum Manifesto*）中對事物的看法頗為精確。[2] 四十年過去了，似乎只有一個因素發生了變化：索拉納斯認為二十世紀後期資本主義社會中男性的所有怪誕特徵（caractéristiques grotesques）現在似乎都已延伸到了女性身上。男人和女人是傾向自我毀滅的精神分裂「性系統」（système sexuel schizoïde）的生物產物。男人和女人是「有缺陷、情感受限」的造物，他們是「以自我為中心，自我封閉，沒有同理心、無法認同、無法去愛、無法建立友誼、沒有感情或溫柔」的造物，他們是「孤立的單位」（unités isolées），受僵化的階級－性－性別－種族系統（système rigide classe-sexe-genre-race）迫使，不斷進行自我監督及自我控制的造物。他們將相當於自己一生的時間投入到這種對他們主體性的殘酷裝配（agencement brutal）之中。一旦他們所有的生命力（puissance vitale）都被用來約束固定他們自己的身體多樣性，他們就成了身體虛弱的造物，無法在生命中尋得滿足感，並且在他們斷氣前早就已政治性地死去。我不想要出生時被指定的女性性別。我也不想要變性醫學向我承諾的男性性別，以及如果我表現良好，國家最終會賜予我的男性性別。我不想要。

## 成為政治的「分子」（DEVENIR MOLÉCUILAIRE DE LA POLITIQUE）

當我自己使用一劑凝膠狀睪固酮，或給自己注射一劑液態睪固酮時，我實際上是在自行服用一連串的政治符徵（signifiants politiques），它們被物質化為一種可被我的身體吸收的分子形式。我不只是服用荷爾蒙、分子，其中更有荷爾蒙的概念：一系列的符號、文本與論述，荷爾蒙合成的過程，它在實驗室中物質化的技術序列。我幫自己注射一條疏水性和結晶性的類固醇碳鏈（chaîne carbonée stéroïde hydrophobe et cristalline），以及一段現代性的歷史。我自行服用一系列的經濟交易、一系列的藥物決策、臨床試驗、輿論團體。我把自己和巴洛克式的交換網絡以及生命專利的經濟及政治流動連結在一起。我透過T連接到電力、基因研究計畫、超級都會化、森林生物圈的大屠殺、實驗室新物種的發明、桃莉羊、正在摧毀非洲大陸的伊波拉（Ebola）病毒的發展、愛滋病病毒的變異、殺傷人員的地雷，以及寬頻資訊網路的傳輸。因此，我成為權力、慾望、自由、服從、資本、碎片和叛逆所流經的驅體連接器之一。

作為一副身體，而且這是作為主體－身體（sujet-corps），作為一個技術生命系統的唯一好處，我是一座使政治想像得以物質化的平臺。睪固酮分子讓我瞬間變得與一名生物女性截然不同。即使分子產生的變化在社會上是難以察覺的。我是一隻刻意增加生物女性體內睪固酮水平影響作用實驗的自願小白鼠。老鼠變成人。人類變成囓齒動物。而我：**睪固酮女孩**（*testo-girl*），**技術男孩**（*techno-boy*）。我是$C_{19}H_{28}O_2$的插入端口。我同時既是國家權力控制機器之一的終端機，也是控制系統的意志得以逃脫的逃逸點（point de fuite）。我是分子和國家，我是實驗室的小白鼠和進行研究的科學主體，我是化學操作的殘餘物，以及在不斷隨機的生命演化過程中開發新物種的原材料。我是T。

## 凝膠中的魔鬼

在第五次使用Testogel之後，我開始區別興奮、肌肉緊張和我身體表露傾向的幅度變化。所有的物質都是毒物。毒物與藥物之間唯一的差別是劑量。但睪固酮的正確劑量是多少？是我的身體所產生的，還是其他人的身體產生的？荷爾蒙正義（justice hormonale）是什麼？如果有荷爾蒙正義，我是否應該將這種正義運用在自己身上？

睪固酮是透明凝膠中的魔鬼。

在一個生物女性的身體上，在我的身體上，每週用兩次、持續三個月的五十毫克凝膠狀睪固酮皮膚用藥是肉眼不易察覺的。它實質地改變了我身體的荷爾蒙組成。**分子模式**（*Modus molecularis*）。這是我自己內分泌本體的一種可能轉變。這些變化並非純粹是人為的。外部睪固酮正在進入一個我體內既存的可能性的分子領域（champ moléculaire de possibilités）之中。沒有抗拒，而是相反地同化、融合。「**共在，和……在一起**」（*Mit-sein*）。「與睪固酮在一起」（Etre-avec-la-testostérone）。

睪固酮不會在根本上改變對現實的感知或認同感。這種劑量的睪固酮不足以在生物女性身體上產生可識別的外在變化，也就是主流醫學所說的「男性化」（virilisation，鬍鬚與小鬍子、明顯的肌肉量、聲音變化）。它不會改變別人如何詮釋解碼我性別的方式。我一直都有一個雌雄同體的身體，我自行服用的微劑量睪固酮並未改變這種情況。然而，它們會在我的情動、我自己身體的內部感知、性衝動、我的體味和抗疲勞方面，產生微妙但決定性的變化。

睪固酮並不是陽剛特質。沒有任何證據表明睪固酮所產生的影響是男性化的。我們唯一能說的是，到目前為止，它們大多數是生物男人的專屬財產。陽剛特質只是服用睪固酮的政治性（而非生物性）副產品之一。既不是唯一的，從長遠來看，也不會是那個在社會上占主流位置的。

就像避孕藥中的雌激素和黃體激素一樣，睪固酮的使用並不取決於任何可能會影響我們行為和思考方式的性別文化建構。我們直接面對性別物質性的生產。一切都與劑量、溶解溫度、分子的旋光度（pouvoir rotatoire de la molécule）、規律性、毫克、用藥的形式及方式、習慣、實踐（*praxis*）有關。發生在我身上的事情可以稱之為「分子革命」（révolution moléculaire）。當年瓜塔里提出這個概念用以描述六八年五月的起義，他當然是沒有想到使用睪固酮的生物女性。然而，他關注的是微觀政治變化（changements micropolitiques）所產生的結構變化，例如藥物使用、性行為的轉變和新語言的發明。[3]在此語境背景之下，這個術語可以指一種性別政治順勢療法（homéopathie politique de genre）。這不是從女人到男人，或從男人到女人的問題，而是影響產生性別差異的分子性基礎的問題，因為男人和女人這兩種狀態，只作為「政治虛構」而存在，作為標準化技術過程的軀體性效應而存在。這是一個有意干預此生產過程的問題，以實現性別合併融合（incorporation du genre）的可行形式，以生產一座新的性與情動平臺（plateforme sexuelle et affective），在藥理學意義上既非男性、也非女性，這將使物種轉變改造成為可能。

對於一個習慣隨著雌激素生產進而調節其荷爾蒙代謝的身體來說，有意增加血液中睪固酮的水平構成了內分泌的重新編程（reprogrammation endocrinienne）。最輕微的荷爾蒙變化就會影響身體的所有功能：進食與做愛的慾望、血液循環的調節與礦物質的吸收、調節睡眠的生物時鐘、體力、肌肉張力、新陳代謝、嗅覺及味覺。總之，影響到有機體的整個化學生理。這些變化都不能稱之為男性化。但是，在所有基於凝膠狀睪固酮的自發中毒所引發的心理及身體作用當中，毫無疑問，超越社會強加給我的性別限制的感覺最為強烈。就男性化轉變而言，如果沒有一種事先的政治性編程，我體內睪固酮的新陳代謝就不會有效，此編程將這些變化差異詮釋為一種由藥物色情制度所控制的、一種改變性別的慾望之一部分。沒有這種慾望，沒有從一種性虛構（fiction du sexe）過渡到另一種性虛構的計畫，睪固酮的使用，就像百憂解、古柯鹼或安非他命一樣，永遠不會只是一種很好的注射用藥（shoot）。

# 第八章 藥理權力（PHARMACOPOWER）[30]

「Pharmacia（*Pharmakeia*）也是一個常見的名詞，意思是使用*pharmakon*「藥」：解（毒）藥和／或毒藥……蘇格拉底將斐德羅（Phaedrus）所帶來的書面文字比作一種藥（*pharmakon*）。這種pharmakon，這種「藥」（medicine），這種靈藥（philter）同時既是解（毒）藥又是毒藥，已經帶著它所有的雙重性矛盾將自己引入了論述的身體當中……如果我們最終沒有認識到它就是反物質（antisubstance）本身的話，*pharmakon*將是一種具有這個詞在物質（matter）方面所可以蘊含的一切含義，神祕的美德、幽邃的深度、拒絕分析的雙重矛盾性，已經為煉金術鋪平了道路的一種物質（substance）：它抵抗任何哲學思想，無限期地超出它作為非同一性、非本質性、非物質性的界限；正因如此，它賦予哲學，它的來源提供的無窮逆境（inexhaustible adversity），和建立其基礎的無限缺席（infinite absence）……*pharmakon*的特性在於某種不一致、某種不恰當，這種與自身的不一致性（nonidentity-with-itself）總是使它與自身相對抗。這種翻轉顛覆的危險不亞於科學和死亡。它們被歸類到pharmakon結構中的單一類型，必須等待的藥劑的唯一名稱。就蘇格拉底而言，甚至是當之無愧的。」

——賈克・德希達（Jacques DERRIDA）[1]

## 性麻醉的巫術（NARCOSEXUAL WITCHCRAFT）

直到二十世紀末才逐漸顯露的藥理色情霸權，其根源在於現代資本主義的崛起，十五世紀末中世紀生產體系的變革，這為工業和殖民經濟、民族國家的生命政治虛構以及科學和技術知識體系開闢了道路。因此，要理解身體－權力、快感－知識、藥物－主觀性之間的新關係如何在西方建立起來，我們就必須先繞道資本主義與我們宗教致幻劑傳統（entheogenic traditions）[31]的破壞之間的關係。

---

[30] 譯註：本章節作者要求翻譯自本書二〇一三年出版的英譯本中，作者對法文原版所進行的修改和重寫。

[31] Denis Richard, Jean-Louis Senon and Marc Valleur, *Dictionnaire des drogues et des dépendances* (Paris: Larousse, 2004), 267. Entheogenic來自希臘語entheos，意思是出神、附體。這是希臘學者卡爾・魯克（Carl Ruck）、民族植物學家戈登・沃森（Gordon Wasson）和哲學家喬納森・奧特（Jonathan Ott）在一九七九年提出的一個新詞，意指能夠引起狂喜恍惚或薩滿附體狀態的精神活性物質。這個術語與「迷幻」（psychedelic）一詞所涵蓋的領域不同，「迷幻」一詞與六〇年代的西方文化有關。

為了解決藥（*pharmakon*）的問題，我們必須走上女巫的道路。藥用植物的種植者、採收者和製備者，在宗教裁判所期間遭到判刑定罪。女巫、煉金術士和助產士被公開宣布為異教徒和信仰撒旦的離經叛道者。與此同時，歐洲殖民了美洲。「女巫獵殺與新世界人口的殖民化及滅絕、英國的圈地、（或）奴隸貿易的開始同時發生。」[2]女權主義歷史學家西爾維婭・費德里奇（Silvia Federici）表明，女巫獵殺具有一種雙重企圖，目的在於侵占作為生殖再生產力量的女性身體，並結束將自然資源視為「公有」（commons）（草地、森林、河流、湖泊、野生牧場）的使用。圈地、剝奪民俗知識、將「自願中毒」（intoxication volontaire）行為定為犯罪，以及將植物種源私有化的進程才剛剛起步。它之後在現代時期達到頂峰，隨著對植物、動物、人體和知識的殖民侵占，對「藥品」（drugs）生產者、消費者或販運者的迫害，自然資源逐步轉化為製藥專利，以及由司法醫療機構所沒收的所有關於自體服用物質的實驗知識。[3]

大多數中世紀具有致幻性質的製劑都是被身體局部吸收的，溶解在由油脂製成的軟膏中，用以塗抹在頸部、腋窩或腹部。這些藥膏的使用方式與當今跨性別族群所使用的睪固酮凝膠非常相似。研究中世紀藥理學傳統和宗教裁判所的當代歷史學家認為，大多數被宗教裁判所法庭定罪為撒旦罪行的魔法幻覺和行為，都是有意或無意地攝入了精神活性物質的結果。透過查閱當時宗教裁判所的紀錄和草藥學家的古代論著，當代的研究人員已經能夠識別出當時使用的植物及動物萃取物中的各種致幻與麻醉物質。

許多這些藥膏和藥水配方中都提到了具有精神活性的茄科（solanaceous）成分和物質，例如天仙子（henbane，茄屬植物）、曼陀羅（stramonium，山楂果）、顛茄（belladonna）及曼德拉草（mandrake）。它們均含有罌粟（鴉片、海洛因、嗎啡的來源）和大麻（marijuana, haschich）等植物萃取物；還有蟾蜍，我們現在知道它的皮膚含有強大的精神藥物成分；和某種「發霉的穀物麵粉」，可能與感染黑麥的麥角真菌（ergot fungus）有關，後來的ＬＳＤ就是從這種真菌中萃取的。德勒茲與瓜塔里在他們的哲學中大書特書的致幻意象（成為動物，成為植物，與動物發生性關係，與樹木交談，進行星際旅行等）可能是由於攝入或在皮膚上塗抹這些致幻和催情功效的植物，而在體內造成的精神作用所引起的。一九六〇年，沃爾特・潘克（Walter Pahnke）教授謹慎按照一本十五世紀書籍中的配方製作了一種藥膏，然後與其他同事進行實驗把藥膏塗抹在頸背和腋窩下。所有的研究人員都回報他們沉浸在「二十四小時昏昏欲睡的狀態中，期間他們夢想著大膽的飛行、瘋狂的舞蹈和其他類似中世紀狂歡的奇妙冒險」。[4]

在乾旱和糧食極度短缺時期，黑麥等替代穀物被用來增加麵包產量，其中可能含有黴菌毒素（mycotoxins），也就是麵包黴菌所產生的代謝物，它對哺乳類動物身體產生毒性作用而引起幻覺和嘔吐。今天我們知道，Ignis Sacer（聖安東尼之火〔Saint Anthony's fire〕）的受害者是受到了麥角酸二乙胺（lysergic acid diethylamide）（一九三八年後縮寫為ＬＳＤ）的致幻效果影響，這是一種在烘烤被麥角菌污染的麵包時所出現的黴菌毒素，以及例如從曼德拉（mandrake）根果實中提取的顛茄生物鹼（belladonna alkaloids）的其他黴菌毒素。還需要幾個世紀的時間，這批黴菌毒素中的一些種類才會在抗生素的製造中再次出現。[5]

從一三三〇年到一三四〇年（女巫安息日〔*Sabbath*〕一詞首次出現的時期）在卡爾卡松（Carcassonne）宗教裁判所審判期間，一名被指控使用巫術的婦女的判決抄錄如下：「她遇到了一隻巨大的山羊，她跟牠打招呼並且將自己獻給了牠。作為交換，山羊教她在大鍋裡用詛咒的火烹煮有毒植物的知識……從那之後，她就致力於製造某些有害成分和藥水。」[6]博迪諾（Bodino）於一五八〇年發表的論著《關於女巫的癡迷狂熱》（*De la démonomanie des sorciers*）確立了草藥技術和巫術之間的犯罪關係。[7]

草藥師、接骨師、吟遊詩人、凱爾特人的祭司（druids）、其他信仰教派的祭司和女祭司，包括所有敢於使用藥物（用於治療、儀式或僅僅是娛樂目的）的人都被列為「無法形容」（unspeakable）的類別，被一視同仁地指控「巫術」（sorcery）而遭受迫害。宗教裁判所這個權威機構的作用是控制和制止下層階級女性的藥理學知識，以及身體代謝對這些植物的化學成分所產生的高潮（潛）力，還有與社會儀式相關的論述及共享知識。

女性主義活動家暨異教女巫星鷹（Starhawk）認為，從一四三〇年到一七四〇年，歐洲對女巫的迫害（也擴展到美洲殖民地）是消滅下層民俗知識與權力更龐大進程的其中一部分，同時致力於強化鞏固一個專家知識的霸權統治地位，這對於在全球範圍內逐漸站穩腳步的資本主義而言是至關重要的。[8]

作為宗教裁判所的語法以及它用以提取知識技術的一本手冊，《女巫之槌》（*Malleus Maleficarum*）一書特別譴責女性的性行為、非生產性性行為（肛交及手淫）以及任何使用精神活性物質的實驗。[9] 星鷹指出，宗教裁判所懲罰女性的好勝鬥志與享樂，並為她們強制規定了性關係中的被動、順從與沉默。[10] 所有這些都相互配套：原始工業資本主義的出現，及其知識生產和傳播的科學形式；一部分擁有藥理知識的人口之滅絕；使用種族論述作為奴役和壓迫的宗教及生物學論據；土地分割、劃界和圈地新模式的出現；畜牧的發展將有助於之後的紡織業；美洲、非洲、印度群島和遠東的殖民地擴張；以及歐洲奴役及支持奴隸制勞動模式的發明。

與普遍接受的想法相反，女性並沒有等到二十世紀才加入勞動力市場。她們的知識和經濟生產實踐，被小心翼翼地排除在中世紀的經濟循環之外，以加強鞏固新生的資本主義。安吉拉．戴維斯（Angela Davis）使我們明白，作為母親和家庭主婦的「白人婦女」（white woman）是現代資本主義的發明：資產階級妻子和生育母親概念的產生，伴隨著家庭單位的經濟退化，以及家務勞動被排除在生產領域之外。[11]

星鷹將這種經濟分析與巫術的入罪化聯繫起來：

「對女巫的迫害與十六及十七世紀所發生的另一個影響深遠的意識轉變有關。專業主義在生活許多領域中興起，這意味著人們為自己、鄰居或家人所從事的活動和服務，現在被一群付費的專家接管，他們獲得許可證或以其他的方式，被承認為是一個官方認可且限制專用的知識體系的守護者。幾個世紀以來，天主教會一直是被認可的機構之典範，它分發被認可的恩典。許多針對女巫和異教徒的指控都可以被視為給予或接受「X牌」（Brand X）恩典的指控，這種恩典缺乏官方認可的印記，未經批准傳播知識。女巫的力量，無論是用來傷害作惡還是用來治療，都被貼上了邪惡的標籤，因為它們來自未經認可的來源。」[12]

在中世紀時期，女性負責透過基於儀式實踐中使用草藥的傳統形式的知識來護理與治療身體。這些女護理人，無論是學者或助產士，都對職業秩序構成了威脅，而職業秩序的核心是新的信息專家（information experts），他們很快就會被合法化為科學家，其中包括醫學領域。這些團體的成員在十六世紀初組織起來形成行會。監管醫療行業活動的許可證被創建。這些都排除了學習藥理學的白人女性和任何性別的非白人。在中世紀末期，湖泊和沼澤的抽乾、森林的砍伐及土地的圈地，以及農業和牲畜私有製的建立，同時瓦解了異教的社群（pagan community），那裡是民俗想像的神話力量，以及孕育「巫術藝術」（art of witchcraft）中所使用的植物和物質的生態系統之所在。就這個角度而言，對女巫的迫害可以被詮釋為一場專家知識與諸眾非專業化知識之間的戰爭，一場白人父權制與傳統上由女性、殖民地人民以及未經授權的女巫所實踐的性麻醉知識（narcosexual knowledge）之間的戰爭。它變成了消滅或沒收身體及靈魂的某種生態、致幻治療，以及快感或興奮形式的問題。現代殖民資本主義知識將那些由儀式的集體和身體體驗、符號的傳遞過程，以及任何致幻或性亢奮物質的吸收所產生的那些主體化技術，進行病理化。利用對異端和叛教（否認上帝）的指控，獵巫行動只不過是掩蓋了將「自願中毒」以及性與致幻自體實驗（sexual and hallucinogenic self-experimentation）之實踐的刑事定罪。正是在這種強制監督的前提之下，電氣與荷爾蒙的現代性才得以建立。

## 軀體虛構：性荷爾蒙的發明

「主體性的甜蜜發酵正在侵蝕它自己。」

——彼得．斯洛托迪克（Peter SLOTERDIJK）[13]

我們今天把自己視為自由、個體和渴望的身體的這種認知模式，都始於印刷術、工業革命、磁性以及它成為電力的轉變、快速的交通、遠距離通訊、現代城市的組織和它的領土網格。它還始於數以百萬計的非白人身體從非洲到歐洲和美洲的流離失所，作為資本主義的勞動力和繁殖再生產力量，但也作為用來生產快感和財富的身體。也還包括將白人男性身體商業化，作為賺取薪資的工業化勞動義肢；將白人女性身體轉變為具有生殖能力的居家生物；以及將地球表面變成一條單一的、無盡的鐵路……在這種以通訊、旅行、貿易、連接和分配為主導的背景之下，人們對體內液體循環和信息傳輸的興趣日益濃厚也就不足為奇了，這將催生作為溝通交流分泌物（communicating secretions）的荷爾蒙發明。

從二十世紀初至今，荷爾蒙的想像、概念化和技術性生產都是先在動物身上、然後才在人類小白鼠身上進行的，他們一般屬於規訓機構（軍隊、監獄、精神病院、學校等）或來自受到一個生命政治技術和主權的新闡述（new articulation）（死亡政治 necropolitical）所監管的殖民地。[14]老鼠、兔子、雞、公牛、豬的身體；「黑鬼」、「瘋子」、「精靈」、「罪犯」的「次人類」（infrahuman）身體。我們的性別模式（不僅是概念範疇，而且體現了軀體政治虛構）是在人類、所謂的非人類和動物相會的十字路口製造的。這樣的過程顯然暗示了一種複雜的回饋關係：正如唐娜・J・哈洛威（Donna J. Haraway）所說，人類和動物是這些論述物質化的實踐（practices of discursive materialization）的技術生物文化結果

（technobiocultural results），透過同一運動將它們結合與分離。這種流通販運再次從生物實驗室開始。

一七六七年，著名解剖學家威廉・亨特（William Hunter）的弟弟外科醫生約翰・亨特（John Hunter）在去勢實驗鼠身上進行了自體性腺組織移植，並嘗試將公雞的睪丸異體移植（heterograft transplantation）到母雞的腹腔內，從而首次確立了睪丸與陽剛特質之間的關係。[15]一個世紀後，哥廷根大學的生理學家阿諾德・阿道夫・貝特霍爾德（Arnold Adolf Berthold）在公雞身上進行了一系列實驗，切除牠們的睪丸並將其移植到身體的另一個部位。他在「異性戀」和「同性戀」概念作為臨床概念被發明之際所發表的論文，是最早訴諸於男性優越和自然的兩性互補的異性戀修辭，用以解釋內部分泌物（internal secretions）差異的論文之一。[16]除了貝特霍爾德看到被賦予睪丸的公雞「就像被派去追趕母雞的戰士」和被閹割的公雞「無精打采、愛好和平」所創造的異性科學刻板印象之外，令我感興趣的更在於這是內部分泌物首次以信息擴散的方式被詮釋。他的論文最後以睪丸中所含信息必定是透過一種化學而非神經的方式傳遞作為結論，因為這些分泌物似乎透過血液循環遍布全身，與睪丸重新植入的所在位置毫無關係。

約十九世紀末，某些器官的「內部分泌物」（sécrétions internes）似乎可能是身體不同部位生理過程的作用起源。[17]「器官療法」（organothérapie）的創始人查理斯－愛德華・布朗－塞夸爾（Charles-Edouard Brown-Séquard）將注意力集中在性腺上，並決定將「動物器官萃取物」（animal organ extracts）用於治療。布朗－塞夸爾認為，睪丸萃取物可以保證男性永保青春與活力。同樣地，含有小白鼠卵巢萃取物的藥水可被用來治療各種形式的子宮疾病，以及歇斯底里的病例。[18]然而，布朗－塞夸爾的研究與眾不同之處在於，他熱衷於自體實驗以及他對這些過程的公開主張，他對這些萃取物所帶來的額外部分之著迷，把他自己的身體當作臨床實驗場，這使他處於當時科學慣例的邊緣極限。科學史家仙戈普塔（Sengoopta）提醒我們，一八八九年，布朗－塞夸爾「在巴黎的一群權威科學家面前宣稱，他透過注射狗和實驗鼠的睪丸萃取物使自己（恢復了青春活力），這差點毀掉了他得之不易的聲譽」。[19]他聲稱，結果是「驚人的」：活力和思維清晰度明顯增強。此外，他還堅稱，他讓女性患者服用碾碎的小白鼠卵巢製劑後，她們的身體和精神也同樣得到了改善。儘管一些醫生對布朗－塞夸爾的說法抱持懷疑，但器官療法還是一時大受歡迎。「然而，十年後，這些新療法卻聲名狼藉。布朗－塞夸爾不得不承認，注射睪丸萃取物的效果短暫，可能是由於暗示的力量所造成的結果。」[20]

然而，布朗－塞夸爾失敗的實驗將被用來發展生物信息的遠距信息傳輸理論，其中分泌物首次被理解為類似於「化學信息」（chemical messages）。[21]幾年後，倫敦大學學院（London University College）生理學教授愛德華・謝弗（Edward Schäfer）測量了將腎上腺、甲狀腺、胰腺和肝臟萃取物注射到血液中的效果。謝弗記錄道：「事實上，身體的每個部分都會從血液中吸收物質，並將這些物質轉化為其他物質。經過這樣的轉化，它們最終回到循環體液中，就這個意義上而言，身體的每個組織和器官都提供內部的分泌物。」[22]

一九〇五年：佛洛伊德寫下了他的《性學三論》（*Three Essays on the Theory of Sexuality*），歐內斯特・亨利・斯塔林（Ernest Henry Starling）和威廉・貝利斯（William Bayliss）博士則發明了荷爾蒙的概念。佛洛伊德正在想像一個他稱之為「無意識」的無形地理：一個既深入身體內部又與身體平行的虛擬空間，主體的慾望、情動和性身分認同都在其中發揮作用。科學、新興生物技術、規訓機構正在對付主體性與性事（sexuality），將它們轉變為技術管理的生化節點（biochemical nodes）。佛洛伊德所發明的「性事」獨立於解剖學的性（sex），而斯塔林與貝利斯兩人的研究則將人類的（生理）反應視為身體不同部位所釋放物質的作用影響。他們的突破是辨別出他們所謂的「胰泌素」（secretin），這是一種由十二指腸產生並會刺激胰腺分泌的物質。[23]胰泌素將成為一種新型身體功能的範式，他們將其命名為「荷爾蒙」（hormone），源自希臘語 *horman*，意思是「激起、觸發」，它作為「**化學信息**」（*chemical messenger*）獨立於神經系統發揮作用。正如一位醫學史家所指出的：「十九世紀中葉，人們發現了一種沒有導管的腺體，這些腺體僅與血管相通。」[24]無線性愛（wireless sex）的範式已經建立。

在由電信、旅行、交通和交流實踐所定義的歐洲殖民與工業資本主義背景下，斯塔林與貝利斯根據信息理論的早期形式來構思荷爾蒙：「可稱之為荷爾蒙的這些化學信息，必須從產生它們的器官藉由血液輸送到它們發揮作用的器官，而且生物體的持續生理需求必須決定它們在整個身體中的重複產生和循環。」[25]「荷爾蒙」概念的發明代表了一個認識論的突破，不僅與機械身體的現代模型有關，而且與新興的性無意識心理模型有關。當佛洛伊德將這一主體概念化為一個由不可見符號組成的考古領域，其隱藏的地層必須透過耐心的語言挖掘來揭示，同時斯塔林與貝利斯則將現代個體描繪成一個無聲的生化通訊網絡（biochemical communication network），一個發射、接收與解碼生化信息的密集連接迴路複雜交錯的網絡。與笛卡兒與拉梅特里（La Mettrie）的機械身體以及佛洛伊德的自我考古學相反，出現了一個新的荷爾蒙、電化學、媒體相關和極度連接的主體。正如傅柯所說，現代生命政治體不再是一個權力、法律和懲罰所銘刻的一維表面，而是一個**厚重的內部空間**（*thick interiority*），生命以及政治控制都在此以交流、交通和通訊的形式發生。[26]如果生命權力必須進入並穿過身體（*passer à l'intérieur du corps*），身體的空間就必須被擴展、膨脹、開放與擴大，成為一個通訊系統。一九〇四年，莫里斯．阿道夫．利蒙（Maurice Adolphe Limon）將內部分泌物的科學命名為「內分泌學」（endocrinology），並將「內部性」（*endo* 在希臘語中的意思是「內部」或「之內」）定義為一個充滿強烈但不可見的化學物質流通的

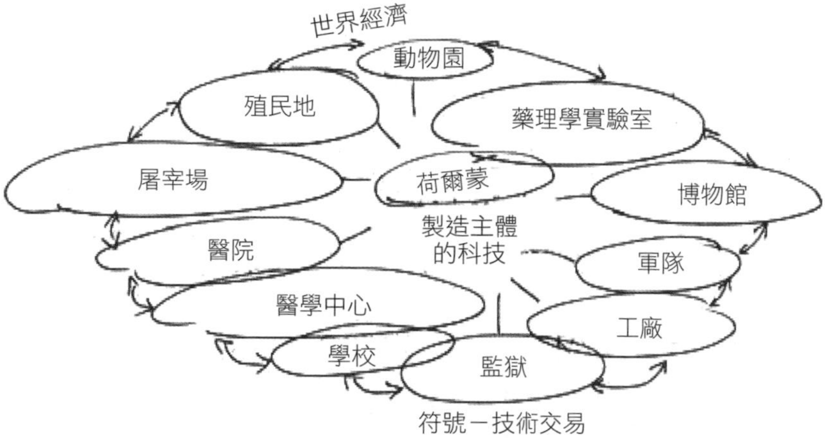


空間。

一八六〇年至一九一〇年間，也就是荷爾蒙概念發展的五十年期間，詹姆斯・克拉克・麥克斯韋（James Clerk Maxwell）宣稱發現了無線電波的存在，海因里希・魯道夫・赫茲（Heinrich Rudolph Hertz）證明電流的快速變化可以波的形式投射到空間當中，類似於光或熱的波，而這些發現更使電報和無線電得以發明。新聞報刊與郵件遞送也大眾化普及。荷爾蒙理論代表了大眾傳播的另一種形式：試圖將身體概念化為一個生物傳播系統（system of biocommunication）。在一個逐漸全球化的世界中，內分泌學可以被解讀為信息散播、分發和處理的一種傳播理論的生物學化（biologization）。對於斯塔林與貝利斯來說，荷爾蒙的特點是它能夠遠距離產生看不見的作用：「一種物質，必須以重複的時間間隔釋放到血液中，才能在某個或多個遠處的器官中產生與劑量成比例的生理反應。」[27]斯塔林將荷爾蒙描述為「將化學信息透過血液從產生荷爾蒙的器官輸送到它發揮作用的器官」的「載體」。[28]因此，荷爾蒙按照遙控作用的邏輯（logic of tele-action）運作：透過從遠距離發射生物編碼信息（biocoded information）來修改器官的能力。荷爾蒙被認為是一種遠程發射器，意味著運輸、分配、出口、外部使用、流出、逃逸、飛行、出走與交換；還包括讀取、解碼及翻譯。類似於德希達解構主義中的書寫過程（process of writing），斯塔林與貝利斯的荷爾蒙是一張生物明信片、一則化學電話留言、一次遠距離生物呼叫（biocall）。[29]不同於傅柯在描述監獄或圓形監獄的整形和建築規訓部署時所提出的方式，我們面對一種理解權力和主體生產的新方式。荷爾蒙遠端運動理論（tele-cinematic hormonal theory）是一種生物媒體理論（biomedia theory），一種關於傳播交流形式的理論，在這種形式中身體不再只是傳輸、散布和收集信息的工具，而是這些符號技術交流的**物質性效果**（*material effect*）。我們面對一種對空間和身體的新理解，而且對權力和主體的生產（征服和主體化）也有了新的理解，我將論證，這需要一種新的生命政治學理論，超越傅柯在《監視與懲罰》和《性史》中所發展的理論。根據內分泌學知識和技術，將權力空間化的具體實踐是什麼？這些實踐與傅柯所說的，那些定義了十九世紀生命政治的醫院和監獄的機構規訓架構有何不同？

我們得以從二十世紀初的荷爾蒙理論中開始重建的主體化部署（apparatus〔*dispositif*〕），

它是機制和技術網絡（institutional and technical networks）的一個集合，當中生產活的人工產物，它們在限定的文化背景下獲得政治認可。[30]藥理色情主體從一個「科技－科學－流行部署」（techno-scientific-pop apparatus）中出現，這個裝置將黑奴船、鯨魚睪丸、陽痿的士兵、監獄機構、懷孕的奴隸、生化文本和貨幣等各種異質元素連接起來。正如內莉・奧德斯霍恩（Nelly Oudshoorn）所強調的，性內分泌學出現時的特點是從描述性、形態學的方法轉向實驗性的方法，這就需要獲得新的研究材料。[31]內分泌學家和製藥產業爭相取得大量動物和人類的卵巢及睪丸，聲稱性荷爾蒙是由性腺產生和儲存。

為了解決生殖腺萃取物的短缺，英國生理學家艾倫帕克斯（Alan Parkes）在大英博物館的幫助下獲得了「藍鯨卵巢」。[32]

> 「由於鯨魚並不習慣在西方世界的實驗室附近游泳，因此這種來源並不是一個解決稀缺問題的結構性方案。為了獲得大量所需材料，科學家們不得不建立新的基礎設施安排，以確保有機物質的穩定供應。實驗室和診所以前的安排已經不夠了。為了獲得研究材料，實驗室科學家和婦產科醫生必須離開實驗室與診所。而最有可能獲得大量卵巢和睪丸的地方是屠宰場。」[33]

人類動物也發生了類似的腺體剝奪和工業化的過程。實驗室等待遭判處死刑的人被處決，以收集他們的睪丸。[34]這些新的科學和商業實踐在婦科醫生、實驗室研究人員、製藥產業、監獄與屠宰場之間，建立了第一個定期的有機材料販運網絡。性荷爾蒙就是這種販運流動的產物。他們就是這個販運流動。每次我自行服用一劑睪固酮，我就同意這項協議。我殺了藍鯨；我在屠宰場割斷了公牛的喉嚨；我拿起死刑犯的睪丸。我變成了藍鯨、公牛、囚犯。根據我建立的一個合約，我的慾望以將活細胞轉化為資本的全球食物鏈為食，且反之亦然，我也餵養著它。

一九二六年，用以檢測「製造」（manufacture）荷爾蒙的原材料，這種體液、組織和器官的密集販運，引發兩位德國婦科醫生提出，在人類尿液中發現了最高的荷爾蒙濃度。[35]揮舞魔杖揭穿了性腺作為荷爾蒙有機媒介的觀點，且徹底改變了那些此前一直主導性荷爾蒙研究的機構空間。曾與屠宰場簽訂合約，為此由犧牲的動物身上取得睪丸或卵巢的製藥集團從而失去了主導地位。尿液作為荷爾蒙儲備的新發現，改變了產製團體之間的權力關係。從此之後，婦產科診所便成了實驗性生產的第一陣線，因為很容易從孕婦身上取得尿液。而針對男性尿液，製藥實驗室則轉向非醫療機構，也就是生物生產者身體大量集中的地方：軍隊、學校、工廠、監獄、警察局。「一九三一年，德國化學家阿道夫．布特南特（Adolf Butenandt）從柏林警察局收集了兩萬五千公升的尿液。他因此成功分離出五十毫克、他稱之為『雄固醇』(androsterone)的結晶物質，他認為這是優質的雄性荷爾蒙。」這樣的術語在當時是首度被使用。[36]集中營（一種動物屠宰場和殖民實驗室的混合體）把人體化約成研究用的生物材料，揭示生物政治部署（biopolitical apparatus）和死亡政治技術（necropolitical techniques）之間的內在關聯。[37]

分離荷爾蒙的過程使我們能夠建立一種性政治規訓空間的地圖學（cartography of sexopolitical disciplinary spaces），在其中定位出收集體液和器官的不同機構，並將它們視為性別生產的技術飛地（technical enclaves）。人類體液的販運在不同的規訓機構中發展起來，這些機構分享一個共同的身體資本生產系統（system of production of body-capital）：婦科診所、醫院、工廠、監獄、實驗室、製藥產業、集中營等。

權力、知識和資本的網絡將決定不同的體液、組織、器官和身體在何處以及如何循環流通，從而在性別、性、種族、殘疾和階級方面產生差異。來自女性身體的體液也必須從難以觸及的規訓空間（家庭空間），轉移到與公共管理機制緊密相連的空間（醫院、婦產科中心），然後才能返回家中所謂的私人空間，荷爾蒙在此以避孕藥的形式大規模地分發。走上奴役或滅絕道路的種族化身體（racialized bodies），以及被污名化為「殘疾」（handicapped）或性異常的身體，將迅速融入到這個活體資本化的產業體系中（industrial system of capitalization of the living）。因此，荷爾蒙大部分的臨床測試將發生在殖民地（例如，避孕藥主要在波多黎各的非白人人口當中進行試驗）和精神病學飛地（同性戀者和變性者被宣布患有精神疾病，並接受手術及荷爾蒙的暴力協議治療，而「殘疾」的身體則被絕育[38]），以及在監獄和其他懲教場所的懷孕人群中，直到荷爾蒙技術可以被家庭空間和學校的匿名群體所吸收。

研究和生產荷爾蒙的認識論模型建立在動物「變性」（sex change）的基礎上，儘管「跨性」（transsexuality）的實際概念直到後來才出現，在馬格努斯・赫希菲爾德（Magnus Hirschfeld）、D・O・考德威爾（D. O. Caudwell）與哈里・班雅明（Harry Benjamin）的著作中寫道：「在二十世紀之交，科學家們開始利用閹割和移植技術積極尋找性腺中的化學物質。運用這種手術方法，科學家們從兔子和小白鼠等動物身上切除了卵巢和睪丸，將它們切碎然後重新植入。」[39]班雅明在一九六〇年代所推廣的跨性（transsexuality）心理學概念自相矛盾地源於這種在非人類動物身體上的剪貼遊戲，儘管「心理的性」（psychological sex）的概念與「動物性」（animality）的科學觀點相互衝突。

自一九三〇年代開始，荷爾蒙分類變得更加複雜：這似乎是第一次清楚地表明，沒有針對特定一個性別的特定荷爾蒙，而是所有身體都會產生雌激素和睪固酮，差異在於產生的數量。儘管如此，男性和女性荷爾蒙的術語和技術使用仍保持不變：性荷爾蒙被定義為陽剛特質和陰柔特質的化學媒介（chemical agents），充當「決定性別的遺傳和生理模型之間消失的連結」。[40]

荷爾蒙，首先是雌激素和黃體素，然後是睪固酮，其定位從分子轉變為**藥物**（*pharmakon*），從沉默的碳鏈轉變為可以透過刻意和深思熟慮的方式合法插入人體的生物政治實體。荷爾蒙是由碳鏈、語言、影像、資本和集體慾望組成的生物人工製品（bio-artifacts）。這就是他們與我相連的方式。

## 流行控制（POP CONTROL）：藥理色情主體化的模式

自從一九四〇年代末避孕藥發明以來，它的分子基礎雌激素和黃體素的使用量逐漸增加，如今已成為全世界製藥產業生產最多的人工合成物質，也是整個醫學史上使用最多的分子。然而，驚人之處並不在於所謂「性」（sexual）類別下的荷爾蒙大規模工業化生產，而是這些分子主要而且幾乎完全用於女性身體，至少直到二十世紀初都是如此。[41]當今西方所「產生」的生物陰柔特質（biofemininity）的虛構，如果沒有一整套媒體和生物分子技術就不復存在：「診斷程序和療法，如體外受精（IVF）、荷爾蒙替代療法（HRT）、乳癌和子宮頸癌篩查計畫、避孕藥以及各種其他針對女性的避孕工具，都強調了女性獨特的生殖角色，從而將女性身體指定為介入的自然對象。」[42]順性別女性（Cis-females）就像荷爾蒙一樣是現代工業人工的產物，是來自資本主義殖民實驗室的技術有機體。一九九八年，隨著西地那非（sildenafil）分子對陰莖之副作用的研究發現，這種性別產生的藥理學失衡發生了變化。[43]當法蘭索瓦絲・德・奧博訥（Françoise d'Eaubonne）於一九六九年發明「陽具中心主義」（phallocracy）一詞來表示勃起陰莖在西方文化中的象徵和政治統治時，她無法想像同樣的陰莖會成為嚴密監視的對象，並且很快就會發現自己正處於日益增長的生命政治標準化的中心。二十世紀中葉，戴維・考德威爾（David O. Caudwell）、哈里・本傑明和約翰・莫尼實驗了性荷爾蒙對生殖器興奮反應的影響，到二十世紀初期，輝瑞公司（Pfizer）、拜耳公司（Bayer）和禮來公司（Lilly）三個藥廠以「威而鋼」（Viagra）或「樂威壯」（Levitra）或「犀利士」（Cialis）三種藥名，針對一種可以促進持久勃起的血管舒張分子的銷售上市發生爭執，陽剛特質不再是自然特權的專利，成了資本化和生物政治工程的領域。與此同時，男性陽痿從一種可恥的私事變成了一種健康狀況。作為一種醫藥產品，西地那非分子表現出新藥有史以來最快的起飛速度。[44]在千禧年的頭十年裡，圍繞陰莖出現的社交焦慮和經濟投機是史無前例的。今天，我們不再使用「陽具中心主義」這個術語，而是用「陽具控制」（phallocontrol）一詞會更有意義，這指的是努力設計出新技術陽剛特質邊界的藥理色情機制的集合。女性壟斷受害者的時代即將結束，我們正在進入一個技術分子對性、性別和性向（sexuality）的控制將延伸至一切事物與每一個人的時代。二十一世紀將是生產和藥物色情控制陽剛特質的世紀。威而鋼及睪固酮是這種新分子生產的貨幣。

史上荷爾蒙研究的特點是第二種生命政治不平衡（second biopolitical imbalance）：對睪丸和雄性荷爾蒙的藥理學興趣支持了男性身體的規範性再現，從一開始就將睪固酮與青春、力量、性慾、活力和生命力連結在一起。相反地，有關女性荷爾蒙的研究計畫僅旨在控制女性的性行為及其生殖能力。陽剛特質仍然是根據父權的權力模式生產的，而陰柔特質則根據一套生命政治技術進行調控，旨在以衛生和優生的方式控制國家人口的繁殖，強制減少從階級、種族、性向、疾病與殘疾等角度所理解的「異常」（deviancy）。[45]

在這兩種情況下，目的都是生命的標準化和資本化。一方面，威而鋼作為一種標準的分子義肢發揮作用，修復被認為是精子生產者的無法勃起的男性身體。另一方面，女性的身體仍然被藥理色情制度建構為公共生殖再生產系統（子宮、生殖細胞、陰道、胎盤……被視為「公共物品」和研究用的材料）而替國家利益服務。

普遍性的人體並不存在，而是多種性別化、種族化和性化的生物體與有機組織。在現代資本主義中，男性和女性的荷爾蒙與器官不具有相同的生命政治價值。正如內莉．奧德斯霍恩所觀察到的：「隨著性荷爾蒙概念的引入，科學家們明確地將女性的生殖功能與實驗室實踐聯繫起來。因此，對女性作為他者（the Other）的研究從診所延伸到實驗室，進而牢牢地在生命科學的核心扎根。醫學上，女性和男性生殖身體制度化的這種不對稱一直持續到二十世紀下半。直到一九七〇年代末，科學家和臨床醫生才將男科學（andrology）確立為致力於男性生殖身體（male reproductive bodies）研究和醫學治療的醫學專業。」[46]

外科手術的簡要譜系揭示了這種生命政治的不對稱。自一八七〇年開始，卵巢切除術成為治療某些「月經失調及卵巢引起的各種精神疾病」的標準手術。[47]另一方面，睪丸切除術則是一種專門用於刑罰性閹割的技術（例如，在美國針對被指控強姦白人婦女的黑人主體實施）[48]，用於對「瘋子」（maniacs）和「智障」（mentally retarded）進行的優生學（手術或化學）治療，以及對「性精神病患者」（sexual psychopaths）的治療。閹割的生物政治技術與白人、男性、中產階級異性戀身體保持一定距離：它的陽剛特質和它的有機飛地（睪丸及陰莖）都是主權權力的體現，不能夠簡單地連根拔起。[49]

二十世紀初，製藥產業首次對生產用於治療順性女性歇斯底里症和不孕症的卵巢萃物製劑，以及用於治療陽痿或性疲勞的動物萃取物製劑產生了興趣。第一次世界大戰期間，德國實驗室率先在狗身上進行動物睪固酮衍生物的實驗，但同時也在人體上進行實驗。一九三〇年代，先靈集團（Schering AG）實驗室進行尿液的收集與轉化，它在一九六〇年代之後成為生產和銷售避孕藥「優思明」（Yasmin）的領導者。

第二次世界大戰後，傳染病在富裕國家的重要性轉移到了與衰老、性事管理、情動和心智控制的改變，以及在惡劣環境中生殖與身體免疫系統調節有關的疾病。此時，合成荷爾蒙的生產和銷售揭示了其真正的藥物色情作用。

一九五〇年後，睪固酮突然出現在體育界。約翰・齊格勒（John Ziegler）在德國的實驗室生產大力補（Dianabol）（同化類固醇〔anabolic steroids〕的一種口服變體，效果不是很好，因為胃酶會破壞睪固酮分子）和強雄酮（Methandrosterolone）（一種注射用的、更為有效的變體），以輔助參加奧運會的美國舉重隊。在一九六〇年代，同化類固醇與生長激素一同進入醫藥市場，並成為阿諾・史瓦辛格（Arnold Schwarzenegger）和塞吉歐・奧利瓦（Sergio Oliva）等知名使用者的分子硬體。從那時起，所有類固醇、睪固酮、同化藥物等都在醫療藥品市場以及其他公開的市場或黑市上出售。當代人生活在睪固酮科技時代。

## 可食用的圓形監獄

當性別觀念、氫彈、矽膠乳房植入物、電動義肢、電腦和富美家傢俱（Formica furnishings）開始在西方社會流行的同時，一種開創性的家用、方便攜帶和消費的荷爾蒙修改奈米技術誕生了。在一九五一年，格雷戈里・平卡斯（Gregory Pincus）在塞爾實驗室（G. D. Searle and Company laboratories）意外地發明了第一種避孕藥，以炔諾酮分子（molecule norethindrone）的形式出現的一種可以口服的黃體酮活性分子（active molecule progesterone）的合成變體。攜帶式口服避孕藥的生產使合成荷爾蒙（也就是內分泌和政府的節育技術）進入家庭空間，成為藥理學網絡中的消費／生產結點（consumption /

production knot）。這是一個更大的生命政治進程的一部分，也就是在二十世紀早期就已經開始的，對家庭生活的醫療化和藥理學的調控。

在同一販運流通的最遠邊界，從家庭到殖民地，控制生育和性別生產的內分泌程序瞄準了種族化的身體，首先在奴隸制貿易當中流通，後來在城市隔離空間中流通，也鎖定「殘疾人」或「性變態」。正如我們之後將看到的，大多數性荷爾蒙的臨床試驗都是在殖民地環境、精神病院（被視為身體或精神疾病的同性戀、雙性戀和變性的身體，在此接受內分泌及外科手術程序）以及在監獄和懲教機構進行，直到作為消費用品生產與設計的荷爾蒙最終被吸收到美國異性戀日常的家庭空間中。

在一種避孕藥地理學當中，身體、液體、分子和資本被生產與分配。針對觸發避孕藥生產的經濟和技術網絡的研究表明，雖然避孕藥起源於平卡斯的計畫，但卻是約翰・洛克（John Rock）在幫助不孕的白人天主教家庭的實驗研究框架內，意外地完善了避孕藥。[50]平卡斯以及洛克的研究計畫，儘管這與他們對白人女性的社會作用看法相衝突，但兩人對非白人和異常主體的生育能力應該受到國家限制的觀點卻是一致的，以求「減少飢餓、貧窮、疾病，同時促進經濟穩定」。[51]抗嬰兒分子（antibaby molecule）的目的是製造一種「簡單、廉價、安全的避孕藥，用於貧民窟、叢林和最無知的人們身上」。[52]在美國種族、族裔和性少數群體政治化不斷興起的背景下，避孕藥分子被認為是一種城市優生工具，以及控制非白人以及尚未進入戰後自由資本主義經濟的國家人口增長的方法。

對避孕藥技術有效性的研究和評估揭示了其規訓與殖民的根源。一九五四年和一九五五年在波士頓的初步試驗取得成功後，約翰・洛克與格雷戈里・平卡斯需要大規模的人體試驗來測試這種新分子，以便獲得美國食品及藥物管理局（FDA, Food and Drug Administration）的上市批准。一九五六年至一九五七年，塞爾實驗室對伍斯特州立醫院（Worcester State Hospital）的幾組女性精神病患者和奧勒岡州的男性監獄囚犯進行了第一次大型臨床避孕藥試驗。這些測試的目的是衡量使用合成口服荷爾蒙作為一種女性節育方式的有效性，以及這些物質在控制和減少男性「同性戀傾向」方面的有效性。[53]事實上，荷爾蒙研究和伍斯特州立醫院間的關係對於避孕藥的開發至關重要。創始人兼女權主義活動家凱瑟琳・麥考密克（Katherine McCormick）決定投資避孕藥的研究，以對抗精神疾病的遺傳。[54]她的丈夫被診斷出患有思覺失調症，由於當時這種疾病被認為具遺傳性，因此她試圖找到一種安全的方法來防止患有這種疾病的人懷孕。一九四四年，麥考密克夫婦幫助哈德森・霍格蘭博士（Dr. Hudson Hoagland）創建了伍斯特生物學實驗基金會（Worcester Foundation for Experimental Biology），致力於研究荷爾蒙對精神狀況的影響，這使得伍斯特醫院成了一處重要的藥理學實驗室。

麻薩諸塞州伍斯特州立醫院則是建於一八三三年，遵循托馬斯・S・柯克布賴德計畫

（Thomas S. Kirkbride plan）（也稱為「建築即治療」〔building as cure〕理論），根據該理論，建築本身就應該具有治療效果，醫院是該州最負盛名的機構之一，它因為佛洛伊德一九○九年訪問美國時曾經到訪而聞名。伍斯特州立醫院是現代治療機器（cure machine）的美國版本，用雅克－勒內・特農（Jacques-René Tenon）在他的《巴黎醫院回憶錄》（*Mémoires sur les hôpitaux de Paris*, 1788）中所創造的術語來說，傅柯在他對一套新的「公共衛生」技術的出現所進行之研究中將其作為關鍵文件，這些技術將現代城市中的病人身體空間化。[55] 正如傅柯所說，在十八世紀末之後，現代醫院和監獄成為社會和政治空間無處不醫療化的典型建築。伍斯特醫院是一種生產關於瘋狂和理性知識的視覺與空間機器，將監獄建築和大型集體牢房與眾多用於實驗性治療的工作室（例如旨在治療患者的三溫暖房及旋轉椅）相結合。雖然建築和治療仍然源自十九世紀理解瘋狂和治療的規訓生命政治模型，醫院還是在其圍牆內引入了冷戰時期新發明的分子與「軟」技術。但精神病院和監獄並不是測試避孕藥的理想場所。

伍斯特和奧勒岡州的試驗不足以獲得食品及藥物管理局（ＦＤＡ）批准讓避孕藥商業化上市，也不足以測試普通女性在醫療機構之外定期服用避孕藥的能力。由於麻薩諸塞州和其他許多州強而有力的反節育法，使塞爾實驗室無法按照ＦＤＡ的要求進行大規模的人類臨床研究，因此它便轉向政府節育計畫已具有悠久歷史的波多黎各。在一九五○年代末至一九六〇年代初，波多黎各的偽殖民地島嶼成為在精神病院和監獄等國家規訓機構之外，測試避孕藥的最重要臨床地點，並充當平行的、活生生的生命政治藥理學實驗室及工廠。冷戰時期，波多黎各成為美國最大的藥理學後院。這座島嶼成為花花公子豪宅和解放的美國白人中產階級家庭主婦背後的隱形工廠。一九五五年，波多黎各計畫生育協會（Puerto Rican Family Planning Association）的醫療主任、美國醫生艾德里斯・賴斯－瓦雷（Edris Rice-Wray）已經與塞爾實驗室合作，向平卡斯提出了在聖胡安（San Juan）郊區的里奧・皮德拉斯（Rio Piedras）進行避孕藥試驗的可能性。以作為當地所建立的一個新的住宅計畫中，貧民窟清理運動的一部分。一九五五年夏天，平卡斯探訪了波多黎各，並立即認定里奧・皮德拉斯的住宅計畫是進行大規模、長期避孕藥試驗的最佳地點。

在強制隔離的環境中進行合法藥理實驗的整體特點，從歐洲和北美地區傳播到殖民與後殖民地區，改變了其刑罰及醫療機構的設計模式。[56]波多黎各是一個從殖民政權轉型至後殖民經濟與政治控制的典型案例。十九世紀末，西班牙殖民政權使島上人口過剩，並陷入極端貧困的狀態。一八九八年反殖民戰爭結束後，該島成為美國領土。早在一九一七年，波多黎各統治階級和美國政府在新馬爾薩斯主義（neo-Malthusianism）思想的啟發下，就制定了該島的第一個人口控制計畫。一九二五年，在人口過剩的龐塞（Ponce）貧民窟，荷西・A・拉諾斯・羅隆博士（Dr. José A. Lanause Rolón）在教育計畫的基礎上創立了「生育控制聯盟」（Birth Control League）。[57]這些早期的節育計畫將絕育視為減少出生率和「淨化」（cleansing）貧民窟的安全辦法。第一步是減少人口，然後進行城市現代化和發展就業，將以務農為主的波多黎各轉變為工業經濟。事實上，波多黎各對強制絕育並不陌生。早在一九○七年，美國就制定了公共政策，賦予州政府「對不願意和不知情的人進行絕育」的權利。到了一九三六年，島上已有超過一百家根據聯邦法律運營的節育診所。正如凱瑟琳・克拉斯（Katherine Krase）所說，為了「促進經濟增長」並應對「經濟大蕭條時期的失業」，「優生學委員會」（Eugenics Board）於一九三七年通過了第一百三十六號法律，此事件標誌了這些人口控制計畫的制度化和絕育技術的合法化。「美國政府資金和私人捐款都支持該計畫。」[58]三十個州通過了類似於第一百三十六號法律的法律。這些政策將「瘋子」、「智障」、「依賴者」（dependent）和「患病者」（diseased）認定為無法調控自己的生殖能力，從而證明政府強制絕育的合理性。針對某些群體絕育的合法化導致了進一步的剝削，因為群體劃分是按照種族、階級與殘疾來執行的。[59]

荷爾蒙試驗自一開始的挑戰就是，如何從動物實驗對象轉為被限制在機構內的人類實驗對象，最後轉為普通人群。正如麥考密克惡名昭著的說法，在強調監禁與科學控制之間的關聯性時，關鍵問題是找到一個「排卵期女性的籠子」：「人類女性並不像籠子裡的兔子一樣容易調查。後者可以**無時無刻地集中控制**，而人類女性會不定時地離開城市，因此無法在某個時間段進行檢查；有時她們也會忘記服藥（在這種情況下，整個實驗就必須重新開始）。因為必須保持科學準確性，否則所得數據毫無價值。」（文中強調）[60]對於平卡斯來說，波多黎各島提供了麥考密克想要的、最容易取得和最容易監測的人口樣本：該島本身已經是一座密封的籠子。波多黎各婦女被認為她們不僅像實驗動物一樣溫順，而且貧窮又未受教育，也因此是一個模範群體：如果她們能夠遵循服用避孕藥的規定，那麼任何美國白人婦女都可以做到這一點。同樣地，波多黎各島本身被視為一個延展的、非白人的女性身體，當局按照傅柯所說的「城市療法」（urban therapeutics）[61]的方式對其施用避孕藥。

正如醫學史家喬丹・古德曼（Jordan Goodman）、安東尼・麥克埃利戈特（Anthony McElligot）與拉拉・馬克斯（Lara Marks）所說的，波多黎各的這個試驗並不是一個例外，相反地，它屬於一個二十世紀所發生的人類殖民和衛生科學實驗的更龐大歷史：「醫生和生物衛生學家成為一個生物種族構成國家（bioracially constituted state）的決定者；他們將自己視為看門人和守護者，肩負著確保一個烏托邦健康社會的使命。」[62]然而，自第二次世界大戰之後，隨著納粹醫學醜聞和《紐倫堡公約》（*Nuremberg Code*）[63]，國家在藥理學和醫學實驗中的作用變得較不明顯，因為這類實驗從國家機構轉移到工業化的製藥企業。作為一個從規訓到藥理色情制度更龐大轉變當中的一環，「研究變得（去中心化），因為它變得更加商業化，超越了國家或國家相關機構的直接範圍，並超越了國界，由跨國企業來承載」。[64]

在波多黎各測試的節育計畫清楚地呈現了戰前國家優生計畫與私人製藥企業利益之間的共謀，以及一九四〇年代以後，從殖民地和國家模式轉向後殖民和新自由主義跨國企業模式的製藥與人口控制的過渡。

## 從殖民妓院到藥理色情實驗室

在過去幾年裡，一些歷史書寫對波多黎各島上的空間、賣淫、性別和種族之間的關係進行了後殖民的解讀。拉多斯特・蘭格洛娃（Radost Rangelova）認為，在波多黎各，性別與空間之間的關係在歷史和社會上取決於殖民統治、奴隸制的遺留傳統及國家的種族淨化。[65]我們可以從艾琳・蘇亞雷斯・芬德利（Eileen Suárez Findlay）、巴斯克斯・拉佐（Vázquez Lazo）和勞拉・布里格斯（Laura Briggs）關於二戰前波多黎各島上賣淫的歷史研究中得出結論，從殖民初期開始這座島就充當成一種色情殖民場所，之後成為後殖民和新殖民時期藥理學發展的場所。[66]儘管從卡洛斯一世（Carlos I）的時代起，賣淫就受到殖民主義的推廣，但隨著女性奴隸在十九世紀轉變為家務和性勞動對象，賣淫進入了法律、醫學與媒體的論述領域。[67]與威廉・阿克頓（William Acton）和帕倫特・杜夏特萊（Parent Duchâtelet）等歐洲理論家的觀點相符，島上賣淫空間的管理成為一項醫療和殖民任務，「要求在紳士（*gente decente*）和妓女之間進行嚴格的地理隔離」[68]，實施包容性排斥和差異空間化的雙重進程，作為城市形構的技術。

對於蘭格洛娃來說，在歐洲和北美根據性別（私人／公共、家庭／非家庭）和性事（家庭場所和賣淫場所）所進行的傳統空間隔離，在波多黎各則按照一種殖民地邏輯進行重組，就種族的角度將生殖再生產空間與賣淫空間區隔開來。黑人和貧窮的工人階級婦女經常被視為妓女，被排除在十九世紀「波多黎各大家族」（*gran familia* of Puerto Rico）的自治主義敘事之外。[69]與「白人」和「母親」形象分開，貧窮的非白人婦女不是作為國家繁衍的主體，而是作為「異常者」（*elementos divergentes*）受到醫療和法律監控。貧窮的非白人女性先被重新定義為潛在的性工作者再進行管理。這些同樣的身體成為避孕管理和實驗的對象，從而促成了從殖民妓院到藥理色情實驗室的意外轉變。

正如雷斯蒂夫·德·拉·布勒東尼（Restif de la Bretonne）和帕倫特·杜夏特萊關於歐洲烏托邦式國家妓院建設的早期理論一樣，波多黎各的政策與疾病、犯罪以及公共場所中女性性事的存在相關聯。但在波多黎各島上最大城市龐塞與聖胡安城市空間的生命政治結構配置，是由性別和階級類別與殖民種族結構的複雜交錯所決定的。因此，非白人邊緣女性成為規訓機構網絡的目標；醫院（每週進行兩次婦科檢查）、監獄和妓院（在「被容忍的區域」之內）建立了一個旨在將黑人性女性身體（black sexual female body）從公共場所中排除，並且對非白人女性的生殖系統進行調控的刑事閉路控制網絡。蘭格洛娃認為，「空間正是女性身體和賣淫行為受到規範、限制與控制的主軸」。[70]巴斯克斯．拉佐提供了許多一八九〇年「公共衛生條例」（Reglamento de Higiene Pública）制定的空間控制的例子，該法案根據妓女從事賣淫的房屋類型，將她們分為三個主要的政治地域類別（topopolitical categories）。[71]隔離同時意味著一種預防、保護和治療的技術。按照這種空間分割，妓女的住所不被認為是「住宅」（domestic），因為它不是家庭和國家的繁衍場所，而是「妓院」（brothel），意味著一個政府可以檢查、控制和治理的空間。這種對性空間的監管打破了家庭空間傳統上公共與私人的劃分，並將非白人工人階級和貧困的家庭空間，重新構建為一種在二戰以後可供自由主義和製藥產業吸納的場所。在波多黎各，殖民地和民族國家妓院正在轉變為藥理色情異托邦（pharmacopornographic heterotopia）。先前發生的種族與性的空間區隔，為避孕工具測試提供了理想的場所。

## 家庭內部的藥理產業化

一九三〇年代，波多黎各排除和監測非白人女性性行為與生殖的進程，從醫療和監獄環境中所使用的控制技術，轉變為幾個積極的優生計畫，例如第一三六號法律，該法律首次授權以醫療之外的原因對非白人女性進行絕育。一九三三年至一九三九年間，島上建立了一座婦產科醫院以及絕育和節育診所的龐大網絡。寬鬆的優生法、節育診所網絡，將臨床試驗與住宅開發相結合的可能性，以及對美國公司和製藥產業而言廉價的勞動力，這些都使波多黎各成為避孕藥試驗的理想場所，這也是有史以來最大的一系列臨床測試。

一九四八年，美國政府在路易斯・穆尼奧斯・馬林（Luis Muñoz Marín）領導的當地政府支持下，展開了旨在鼓勵島上快速工業化的「引導行動」（Operation Bootstrap）。[72]波多黎各提供免稅、低成本的勞動力和差異化的租金費率，以鼓勵美國工業廠商於該處落腳。結果在幾年之內，島上的經濟從殖民時期勞動力密集型的農產業（如菸草與糖產業）成功轉型為製藥、化學和電子產品生產。在二十年的時間裡，波多黎各成為北美最大的生物化學和製藥實驗室。

事實上，獲得避孕技術在設計中是一個更龐大計畫的組成部分，這個計畫涉及島上的住宅、城市現代化和工業化。美國政府認為，控制生育和現代住宅是保證提高波多黎各生活水平的兩大力量。一九五五年開始的第一次避孕試驗的主要地點是一座位於El Fanguito（美國文件中經常顯示為El Fangitto，「小泥坑」）的塞爾診所（G. D. Searle and Company clinic），El Fanguito 是島上「最糟糕的貧民窟」，就位於聖胡安郊外。不久之後，它就會被夷為平地以便於建造一個大規模生產的，包含「功能主義的、有自來水和陽臺的七層樓住宅」的規畫社區。聯邦計畫還在德拉諾（Delano）與其他村莊建造了大規模生產的單戶住宅：它們是美國郊區白人中產階級房屋的低價版本，與萊維敦（Levittown）模式相比，更接近軍事住宅單元以及芝加哥黑帶（Chicago Black Belt）住宅區的空間和生活條件。儘管如此，正如拉拉·馬克斯所說：「這些家庭當中的許多人都極為珍視他們的新住處，因此不太可能在試驗過程中搬走。這使他們便於監控。」[73]避孕藥試驗是一項「現代化」生活的生命政治計畫，不僅涉及家庭住宅的改造，還涉及性事與生殖。由於其嚴格的空間劃分，「現代」住宅成為再現「美式生活」（American way of life）的場所，然而也是生殖監控的場所。El Fanguito住宅計畫是麥考密克夢想中「排卵期女性的籠子」，塞爾實驗室需要將其分子轉化為商業藥品。作為同一個城市發展的一部分，幾家美國製藥企業在島上建造了工廠，將那些晚上在家測試口服避孕藥的婦女變成了白天的工廠工人。

一九五六年，試驗開始時所選擇使用的避孕藥是Enovid，這是塞爾實驗室合成口服黃體素的品牌名稱，這是一種白色藥丸，裝在普通玻璃瓶當中，女性必須依照嚴格的規定按時間表定期服用：

> 服用這種藥物時，女性應在月經週期的第五天至第二十五天之間每天吞服藥片（大約每六或八小時一顆）。一些女性還必須幫自己注射這種化合物，或作為陰道栓劑插入自己身體。每位女性都必須天天測量自己的基礎體溫和陰道抹片。所有這些數據都必須標記在一個圖表上。這些婦女還必須在排卵後第七天和第八天，收集

四十八小時內的尿液進行荷爾蒙分析。通常，在這段時間內收集尿液的唯一方法，是將她們限制在靠近廁所的家裡。74

鑑於里奧．彼德拉斯（Rio Piedras）婦女的高文盲率，必須透過社工的定期拜訪來確保她們遵守指示和收集數據，社工每天挨家挨戶收集液體、記錄訊息並鼓勵婦女配合藥物治療，這種作法迫使婦女（不在工廠時）待在家裡，以便社工能夠聯絡她們。

塞爾實驗室在里奧．彼德拉斯所進行的避孕藥試驗與之前的臨床藥理學試驗之間最大的差別，並不在於試驗的物質、而在於進行的空間：這是第一個外部化到藥理學機構之外，並在居家環境中進行的臨床試驗。試驗的醫學主任艾德里斯．賴斯－雷（Edris Rice-Wray）與洛克．平卡斯（Rock Pincus）一起決定運用 El Fanguito 的住宅計畫作為試驗的家庭環境。讓女性在家服用避孕藥不僅降低了試驗的機構成本，而且將受試者置於日常生活的家庭環境背景中，從而將試驗範圍擴大到醫療機構之外：每個私人家庭都有可能成為實驗場所。El Fanguito 住宅區成為一個外部化和擴展出去的居家製藥實驗室。

塞爾實驗室確定了高劑量黃體素，以確保試驗期間沒有懷孕發生，這很快證明了荷爾蒙口服避孕藥是極其可靠的。到了一九五八年，由於很大一部分人口都參與了試驗，波多黎各的出生率開始下降。一九六〇年代初，其他製藥企業，例如辛泰製藥（Synthex）（及其十毫克藥丸奧素羅曼〔Ortho novum〕）及惠氏製藥（Wyeth）（諾孕烯〔Norgestrel〕及美雌醇〔Mestranol〕）都來到島上並擴大了試驗範圍。[32]與此同時，避孕藥試驗也轉移到了其他偽殖民地區，例如海地（賴斯．瓦雷博士早在一九五七年就在那裡啟動了一項新的塞爾實驗室試驗）和墨西哥（辛泰製藥在那裡啟動了一項新的炔諾酮〔Norlutin〕避孕藥的試驗）。在多數情況下策略都是相同的：利用住宅現代化作為居家環境中安裝微型製藥實驗室的一種方式。

對地緣政治和制度化空間的橫向分析，以及對試用第一個雌激素和黃體素分子的種族、性與性別影響的橫向分析，將我們對避孕藥的定義擴展到了不僅是一種簡單的管理生育辦法。最重要的是，還包括一種用於（再）生產種族的新家庭藥物技術（pharmacodomestic technique），一種用於控制物種繁殖的新殖民生物技術優生學（neocolonial bio-technological eugenics）的形式。[75]就這個角度而言，避孕藥在西方文化種族和性別的霸權語法中起著一種符號物質元素（semiotic-material element）的作用（其化身既是分子又是論述，既是機器又是有機物質），正如唐娜．J．哈洛威所說的，著迷於血統的污染、種族的純潔性、兩性的分離和性別的控制。[76]

從伍斯特醫院和波多黎各試驗開始，避孕藥不僅作為一種控制生殖的技術，而且還作為一種控制和生產性別與種族的技術而發揮作用。儘管避孕藥是一種有效的避孕方式，但食品和藥物管理局拒絕了平卡斯和洛克於一九五一年發明，並自一九五六年起在波多黎各進行測試的第一個版本，因為FDA的科學委員會認為，它對美國女性的陰柔特質提出了質疑，因為它完全抑制了月經。FDA的標準促使塞爾實驗室開發了第二種避孕藥，並於一九五九年上市銷售，它同樣有效，但與第一種藥物不同的是，它可以透過技術重現自然月經週期的節奏，誘導出血，從而產生自然週期的錯覺，並以某種方式「模仿正常的生理週期」。[77]避孕藥迫使我們將巴特勒的性別操演概念從戲劇模仿和語言「操演力」（performative force）擴展到對生命的模仿，即對生命體物質性的技術模仿，陰柔特質和陽剛特質軀體虛構的藥理色情生產。我將此一過程稱為生物變裝（*biodrag*），參照的是變裝、變裝皇后和變裝國王的文化實踐，並將其定義為陰柔特質和陽剛特質的軀體虛構藥理色情生產。避孕藥在技術上所再現和模仿的，已經不再是一種服裝規範或一種體形風格，而是一種生物性過程：月經週期。

與避孕藥的生產、銷售和使用相關的女性化過程，表明了荷爾蒙是性政治的虛構，是具有被吞嚥、消化、吸收和納入能力的技術生命隱喻（technoliving metaphors）。它們是能夠

32 正如波多黎各醫生和反對優生學的倡導者海倫・羅德里格斯–特里亞斯（Helen Rodríguez-Trias）所指出，早在一九六四年，波多黎各島就開始了反對藥丸試驗的強烈社會和政治回應。除試驗外，由於第一三六號法律的實施，到一九六九年，35％的波多黎各婦女已被絕育。

創造出與更廣泛的政治有機體（例如我們的司法醫療機構、民族國家或資本流通的全球網絡）整合在一起的身體形態的一種藥理色情人工產物。

## 包裝規訓建築：Dialpak和可食用圓形監獄（Panopticon）的發明

在波多黎各的試驗之後，一九五七年ＦＤＡ批准使用塞爾實驗室的Enovid治療月經不規律，並於兩年後用於節育。然而，波多黎各婦女對指示的抗拒使塞爾實驗室懷疑，如果沒有醫藥的控制，針對美國婦女的商業化上市可能會很困難。儘管非常有效，但服用荷爾蒙避孕藥的例行常規似乎很難在藥理學住宅計畫之外進行控制：之前從未有過一種製藥產品如此高度倚賴在家庭環境中對患者進行規訓約束。正如我們之後將看到的，一九六〇年代初家用攜帶式藥丸分配器的發明，將滿足這種自我監控和紀律的需求。

最初，Enovid以十毫克和五毫克兩種劑量進行商業化上市，並且像當時所有避孕藥的處方一樣裝在一個小瓶子裡。口服避孕荷爾蒙以棕色玻璃容器的包裝形式進入美國中產階級的家庭環境，但如果沒有里奧．彼德拉斯藥理學住宅的教學式機制，攝入時間表中的任何錯誤都可能導致Enovid試圖預防的後果。服用避孕藥的說明似乎很簡單：使用者應該在月經第五天服用第一劑，繼續每天服用一劑，持續二十天，然後停止；她將在兩到三天之後開始來月經，在月經的第五天，她將開始另一個為期二十天的用藥週期。但棕色瓶子對於記憶或控制用藥的例行常規都沒有絲毫幫助。一九六二年，伊利諾州工程師大衛・P・華格納（David P. Wagner）（他原本工作背景是為伊利諾工具廠開發新的螺栓緊固件）為避孕藥設計了一個最早期原型的分配器，三個圓形塑膠板透過按扣固定在一起，將他妻子每個月的避孕藥劑量分成每日劑量。[33] 華格納解釋製作分配器的過程：「只需一把1/4電鑽、一把鑽頭用飛刀、紙、鋸子、訂書針、鉛筆、雙面透明膠帶、幾個鑽頭，從兒童玩具上取下一個按扣，以及幾張平坦、透明的壓克力或PC（polycarbonate）塑膠片，我製作了第一個用於包裝避孕藥的藥盒。」[78]底部的板子上有一週當中每一天的圖示。中間的板子裡裝著二十個木製的「藥丸」，並可進行旋轉以配合開始服用藥丸的日期。頂部板子上的一個孔可以移動到藥丸上方用以分配，顯示一週當中的某一天，以提醒服藥時間。[79]

華格納將原型發送給塞爾實驗室和奧索製藥公司（Ortho Pharmaceutical）。塞爾拒絕了他的計畫，而奧索製藥則於一九六三年推出了第一台根據華格納的模型設計的DialPak「記憶輔助」分配器。[34] 幾個月後，塞爾的Enovid E Con-pac和一毫克Ovulen藥丸分配器也進

[33] 一九九四年，華格納將他收集的藥物和藥丸包裝原型，捐給了史密森尼國家歷史博物館（Smithsonian Museum of National History）的科學、醫學與社會部門，讓歷史學家戈塞爾（Patricia Peck Gossel）能夠對設計過程進行第一項研究。

入市場，都深受華格納分配器的啟發。而為了與塞爾實驗室的Con-pac區分開來，Ortho-Novum在一九六四年的一則廣告中首次展示了用於口服避孕藥的DialPak 21分配器，並強調錶帶日曆「讓關鍵日子始終在手邊」。

根據醫學史家艾米莉亞・薩納布里亞（Emilia Sanabria）的說法，在描述醫療技術的歷史時，包裝和藥品轉化的材質面向往往被忽視：

> 在製藥過程的操作中，液體、半固體和固體藥理物質被製造（或暫時穩定）成為藥物「物品」（objects）。就生理學的角度而言，這種手工製作的可能性被理解為定義這些藥物物品對其「患者」可能產生的影響。藥品已經愈來愈常被當作物體來進行分析。這讓藥物在物質事物（material things）的分析中，以及物質事物在藥物的分析中占據了特殊地位。雖然物質文化分析（material culture analyses）提供了將藥（drugs）理論化為「事物，東西，物品」（things）的要素，但當這些東西是藥的時候，就會產生問題。我認為這些「東西」的可消費性（consumable）和可改變性（changeable）方面尚未被理論化。這個問題源自物質文化的人類學分析中一個常見的假設，它傾向於把物體（object）視為理所當然。也就是說，物體製作的過程經常被物體本身掩蓋掉了。80

歷史學家帕特里夏・佩克・戈塞爾（Patricia Peck Gossel）堅持認為必須關注藥物行銷的醫學與社會影響，她研究了用於DialPak商業化上市的包裝技術，DialPak是一九六三年生產的第一種避孕藥「言聽計從的包裝」（compliance package）。[81]對戈塞爾來說，避孕藥不僅是一場政治與性別革命，也是一場藥品包裝革命。這是第一個作為設計物（design object）所生產的藥物分子。

戈塞爾將華格納的避孕藥包裝設計視為夫妻「解決問題」（problem solving）的過程，其中丈夫（和設計師）幫助妻子管理複雜的服藥時間表，將夫妻之間的關係重新詮釋為一種設計師–用戶關係（designer-user relationship）的模式。[35]對於戈塞爾來說，DialPak似乎是處方藥的第一個「言聽計從包裝」，旨在幫助患者遵從醫生的處方指示。[82]他認為避孕藥分配器的發明標誌著一種新的藥物設計模式的出現，這種模式不倚賴於廣告公司所瞄準的目標，而是仰賴設計師與用戶的關係。按照戈塞爾的設計歷史，我們可以說，避孕藥（考慮到服用時間表的困難）不僅是一種化學產品（分子被分離、並作為可食用膠囊銷售），而且是

---

㉞ 塞爾和奧索藥廠都沒有購買華格納的專利。後來，奧索因使用華格納的設計原型而被法律強迫支付他一萬美元。

㉟ 戈塞爾解釋道，似乎她需要證明華格納夫婦節育決定的合理性：「一九六一年十一月十四日第四個孩子Jane出生後，多麗絲・華格納（Doris Wagner）開始服用避孕藥，華格納夫婦認為他們的家庭完整了。」Gossel, "Packaging the Pill," 105.

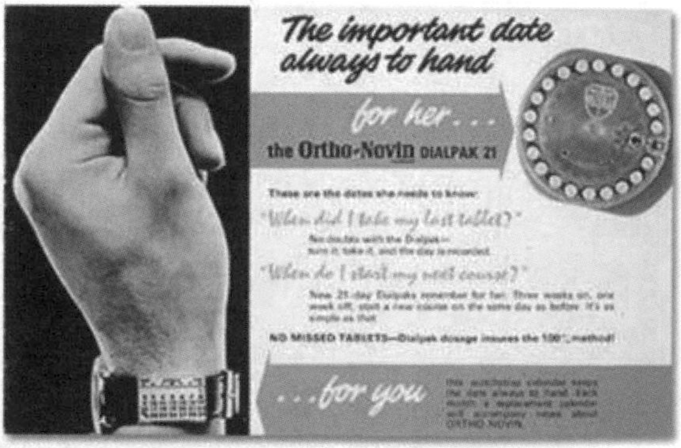


COURTESY OF THE NATIONAL MUSEUM OF AMERICAN HISTORY
BEHRING CENTER, SMITHSONIAN INSTITUTION

Ortho-Novum DialPak成為1963年2月於美國上市的第二種口服避孕藥。

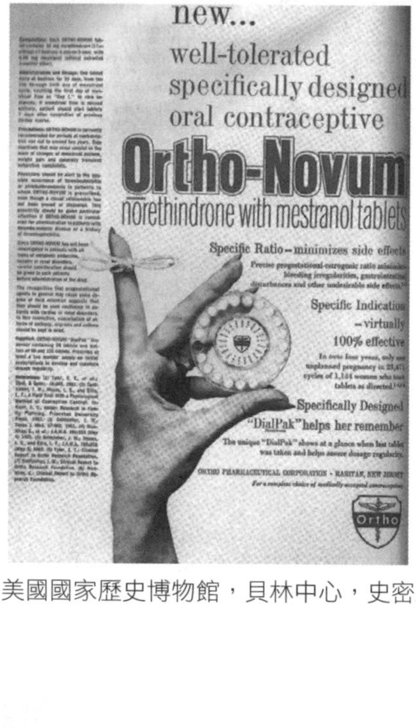


廣告宣傳，1964年，美國國家歷史博物館，貝林中心，史密森尼學會。

一種個人攜帶式藥理機制（pharmacomechanism），能夠用來規範藥物的攝入。作為一種社會家庭實踐和個人荷爾蒙義肢，一九六〇年代的避孕藥如果沒有分配器就不可能存在。雖然與容器分開的單劑口服避孕藥只有藥劑師才能夠辨別，但避孕藥獨特的包裝使它成為一九六〇年代市場上最容易辨別的處方藥。這顛覆了內容物與容器之間的傳統關係，包裝就是避孕藥。

華格納的DialPak設計源自於兩個操作：「時間的空間化」和「迷彩偽裝」。首先，分配器透過讓圓盤盒子裡的用藥日期變得一目了然，使時間得以空間化。就像冷戰時期最流行的家用通訊設備「旋轉撥號電話」一樣，圓盤盒子在三個系統之間建立了抽象關係：孔、號碼與網絡站，以及DialPak上：孔、藥丸和月經週期的日期。分配器將持續時間分成連續的片段，每個片段指出一個特定的時間。時間的空間化產生了傅柯所說的「行動的解剖時間學制度」（anatomic-chronological scheme of action），它結合了建築、設計與身體運動，將使用者轉變為高效的（非）生殖機器。[83]根據華格納以及後來塞爾和奧索製藥公司的廣告活動，該分配器的主要目的是減少「健忘」（forgetfulness），它被視為女性缺乏記憶和責任感的義肢。在這方面，DialPak不僅是一種包裝避孕藥的技術，也更是一種包裝記憶和時間、責任和信任的技術。[84]

每月一包的避孕藥，不僅必須每日服用，而且還存在遺忘或服用不正確的風險，它基於時間的儀式和流行的設計，讓人想起化學日曆，其中每一天都由一顆不可或缺的藥丸來表示。它以圓盤形式呈現，邀請使用者在錶盤上跟隨時間移動，就像在時鐘上一樣，鬧鐘會宣布用藥時間。[36]它如同一個對女性性行為進行居家自我監控的裝置般作用，就像分子、內分泌、高科技曼陀羅、時間之書或伊格內修斯精神練習（Ignatius's Spiritual Exercises）中的意識日常檢查（daily examination of conscience）一樣。它是一個調節排卵的居家荷爾蒙微型義肢（hormonal domestic microprosthesis），但它也產生了異性戀女性作為現代性生殖主體（modern sexual reproductive subject）的「心態」和生命體。

另一方面，華格納打算把節育技術偽裝成一個日常使用的「女性」物品：他將分配器設計成一個化妝盒的大小與形狀，這樣女性就可以小心地把它放在皮包裡，一種在公共空間中採用原本僅適用於家庭空間技術的一種方式。儘管很快就被數百萬美國女性使用，但該分配器的初衷是完全「私密」，是保守一個女性祕密的完美盒子。[37]節育技術的這種居家和私密特性，可以解釋為何大多數包裝說明書建議將分配器放在家裡，例如將其放在廚房檯櫃上或臥室的床頭櫃上，或是浴室藥櫃裡。正如歷史學家戈塞爾所回憶的：「費城一家婦女健康診所建議女性在睡前聽到夜間十一點新聞的主題音樂時服用避孕藥。」[38]這相當於試圖將全國廣播媒體轉變為調控用藥的技術。在某些情況下，「避孕藥包裝在一個盒子裡，裡面有牙刷、一小塊肥皂、浴室鏡子上的『記住我』備忘貼紙和『刷牙、洗臉、吃藥……一天一次，每天同一時間』的標語。」[85]

一九六五年，美強生藥廠（Mead Johnson）發明了二十八天的服藥機制，添加了安慰劑讓使用者能夠每天服用一顆避孕藥。禮來藥廠的C-Queens序列式避孕藥包含兩種不同的配方，需按順序服用。該包裝類似日曆，有四排，每排五顆藥。二十八天的機制使得DialPak日曆格式變得過時。此時關鍵是要按正確的順序服藥，而忽略週期開始時間的重要性。但隨著時間的推移，避孕藥變成了女性的生命調節劑（female life-regulator）：派克和大衛斯（Parke and Davis）的安慰劑二十八天服藥機制中，包含一毫克Norlestrin Fe，以「補償月經出血期間礦物質的流失」，其他一些設計還包括一個錶盤，用以提醒使用者在月經週期中的最佳時機檢查她的乳房是否有腫瘤。

一九六四年，當人口委員會生物醫學研究中心（Population Council's Center for Biomedical Research）展示荷爾蒙可由植入體內的矽橡膠膠囊（silicone rubber capsule）釋放出來的時候，偽裝、迷你化和私有化的進程達到了一個更高的層次。一九七五年，植入上臂

---

㊱ 第一批避孕藥設計於六〇年代，配備了內建警報器。

㊲ Gossel, "Packaging the Pill," 115. 戈塞爾深思熟慮地注意到，一九八〇年代「錢包」或「信用卡」外觀取代了化妝盒設計。

㊳ Gossel, "Packaging the Pill," 115. Organon, Inc. 於一九九三年發行的「健忘女性入門套件」（The Starter Kit for Forgetful Women），其中包括為Desogen口服避孕藥的「健忘服用者」所提供的有用建議。

蜜絲佛陀（Max Factor）粉餅盒設計，1959年

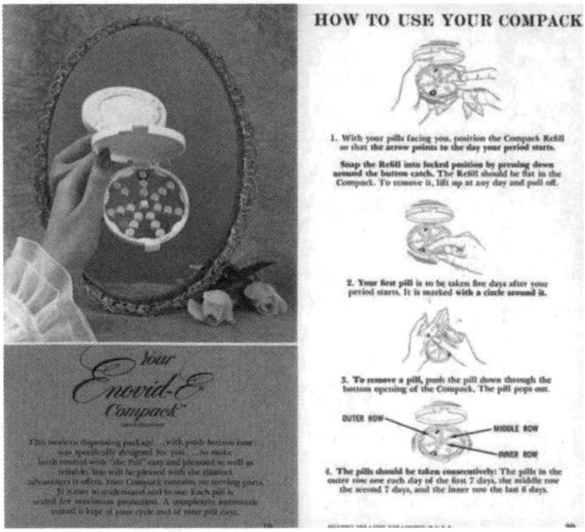

「Enovid-E折疊式藥盒」首波廣告宣傳，塞爾實驗室（Searle and Company），1964年

皮下的六膠囊矽橡膠（矽膠及塑膠）給藥系統首次進行了臨床試驗，該系統於一九八三年在芬蘭以諾普蘭特（Norplant）形式首次被批准使用。戈塞爾指出：「在這種情況下，藥劑形式和容器，就某種意義上而言，已經融為一體。」[86]植入物留在體內，看不見，藥物被持續釋放長達五年，之後以手術切除。諾普蘭特義肢植入物隨後出現了輸液泵、經皮貼劑和滲透系統。

將薩納布里亞和戈塞爾關於製藥包裝的結論進一步帶入生命政治學的通史，我認為口服避孕藥丸（oral contraceptive pill）透過包裝轉變為「避孕藥」（The Pill）不僅可以被理解為一個文化過程，這也意味著它不僅具有社會和醫療的影響，而且還將建築形式（源自醫院及監獄啟蒙建築的權力與知識關係之規訓系統）轉化為居家及攜帶式（以及後來的身體與義肢）的技術。

藝術史學家阿比・瓦爾堡（Aby Warburg）提出一種圖像學方法（iconographic method）來思考不同文化變異中形式的傳播與存續。在他以兩千張圖像組成的《記憶圖譜》（*Bilderatlas Mnemosyne*, 1924-29）當中，瓦爾堡展現了一個歐洲可能的視覺歷史，其中可以找到羅馬雕塑、不同時期的地圖、達爾文動物演化的圖示、文藝復興時期的壁畫、基督教油畫和二十世紀初的照片。受到這種視覺追蹤方法的啟發，我們可以心驚地認出一九六〇年代後上市的避孕藥包裝最初的設計當中，傑里米・邊沁（Jeremy Bentham）模型的痕跡。在其內部差異中，邊沁的建築母題回到它們在另一個尺度上的位置：避孕藥是「可食用的圓形監獄」。社會整形外科變成了藥理色情微型義肢。DialPak將圓形監獄變成了家用攜帶式女性荷爾蒙粉盒。

圓形監獄的最初原型是伯納德・波耶（Bernard Poyet）和C・P・科克奧（C. P. Coquéau）的醫院計畫以及路易・勒沃（Louis Le Vau）的凡爾賽動物園計畫，它最初作為工業（但還不是監獄）建築的模式出現，在一七八六年由哲學家邊沁的兄弟，海軍工程師塞繆爾・邊沁（Samuel Bentham）（事實上，正是塞繆爾構思了該建築的基本架構）所研發，以回應俄羅斯王子格里戈里・波將金（Grigory Potemkin）的委託訂單。

最初，圓形監獄是一個旨在優化監視、控制和工人生產的工業「檢查站」（inspection house）。邊沁的建築結構基於兩個同心環，整個結構的中心是一座觀測塔，一系列的單元格（cells）圍繞著它呈放射狀分布。每個單元格都有兩扇窗戶，一扇朝向外部的窗戶可供光線進入，一扇朝向內部的窗戶面向監視塔。單元格裡的人被牆壁區隔開來，並受到塔內守衛的集體和個人（視聽的）監督審查，正如傅柯所推測，塔內可能是空的，或是被上帝抽象的眼睛所占據，這都將保持隱藏的狀態。正如克里斯蒂安・拉瓦爾（Christian Laval）所指出的：

> 全景模式（panoptic）不僅是權力之眼、一種俯瞰分裂和孤立於人民之上的想像人物，相反地，它也是人民的眼睛，必須不斷地關注統治階級，以便後者不會背叛最大多數人的利益。監視的這種雙重意義是基於普遍透明目標（goal of generalized transparency）的原則。全景模式的優點是結合了通常被認為是截然不同與不相關的事物：最侵入性的社會控制、自由市場和最先進的民主。87

這種原創的設計成為十九世紀和二十世紀建造的拘留監禁及規訓懲戒中心的典範，例如紐澤西州的拉威監獄（Rahway Prison）；都柏林、波哥大和古巴松島（Isle of Pines）上的國家監獄；以及在西班牙馬塔羅（Mataró）由艾利斯・羅金特（Elies Rogent）設計的監獄。對傅柯來說，圓形監獄不僅是一個簡單的紀律裝置。這是作為一種「社會整形外科」形式的規訓知識－權力（disciplinary knowledge-power）的物質化模式[88]：權力及其特定的知識和監視模式以實體建築（無論是監獄、學校、醫院、軍營還是工廠）的形式被具體化，它使運動自動化、控制視線、對行動進行編程，並使日常身體實踐儀式化。根據傅柯的說法，在所有這些情況下，規訓權力都是「透過其隱形不可見性來行使的……透過檢驗這種技術，權力不是發出其效力的跡象，也不是將其標記強加於其主體，而是將它們置於物化的機制中」。[89]這些建築形式的目的不僅是提供安置或再現個體，相反地，就像真正的操演性裝置一樣，它們傾向於產生它們聲稱要庇護的主體。罪犯、學生、病人、士兵和工人是這些主體化建築技術的政治殘留沉澱。

我們可以將避孕藥視為一種輕便、可攜帶、個性化的化學圓形監獄，它有可能使自行服用的身體改變行為、對行動進行編程、調控性活動、控制人口增長和種族純潔性，並重新設計性外觀（人工合成地重新女性化）。監視塔已被（並不總是）溫順的避孕藥使用者的眼睛所取代，她們無需外部監督，就按照圓形或矩形藥劑包裝上的空間性日曆來調理自己的用藥。鞭子已被方便的口服給藥系統所取代。從此以後，牢房就變成了消費者的身體，一旦攝入了荷爾蒙化合物，消費者就會發現自己身體受到化學的修改，但無法確定它們確切的效果或來源。懲罰和說教已經被針對女性自由和性解放的獎勵及承諾所取代。避孕藥是一個分布在居家環境中的小型藥理色情實驗室，注定要被安裝在每名消費者的體內，從而實現了德勒茲和瓜塔里在《千高原》（*A Thousand Plateaus*）後記中所預言的監獄機構的拆除。[90]避孕藥的工作原理是莫里齊奧・拉扎拉托（Maurizio Lazzarato）追隨德勒茲和瓜塔里，將其稱為「機器奴役」（Machinic enslavement）的邏輯。拉扎拉托解釋道：

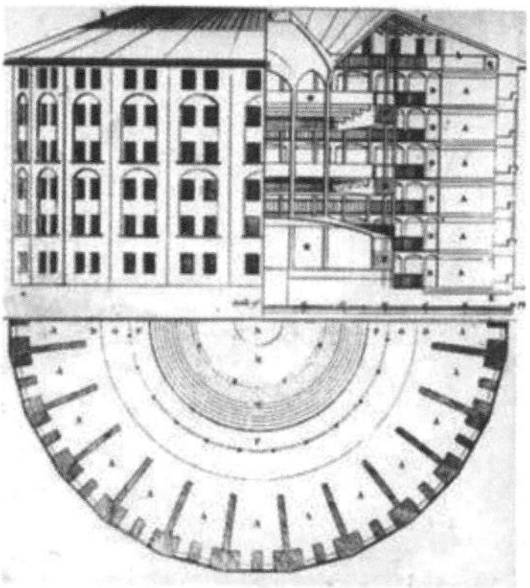

傑瑞米・邊沁（Jeremy Bentham）「圓形監獄」之立面、剖面、平面圖，由建築師威利・雷夫利（Willey Reveley）於1791年繪製。

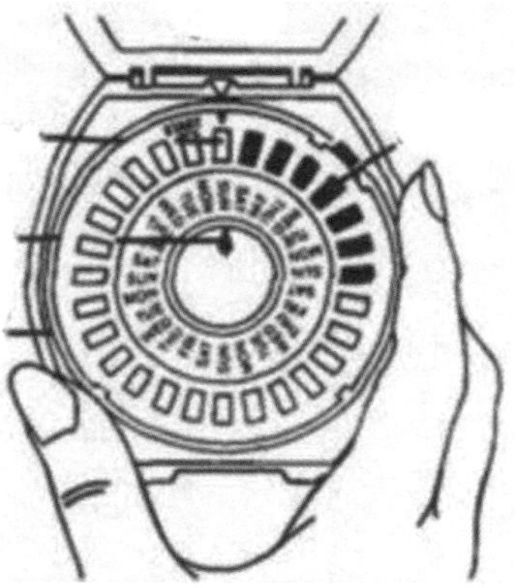

第一個問世的藥盒，1963年。

> 機械奴役在於調動和調控主體性的前個體（pre-individual）、前認知（pre-cognitive）和前語言（pre-verbal）成分，引起尚未個體化（un-individuated）或未指定（unassigned）給主體的情動（affects）、感知與感覺，像機器中的齒輪和組件一樣發揮作用。雖然服從關係到社會自我或全球人（global persons）那些高度可操縱的、磨碎的主體性再現，但「由於慾望的分子經濟，機器奴役將次個人（infrapersonal）、次社會（infrasocial）因素聯繫起來，而這種分子經濟在分層的社會關係中更難以維持」。這些都是調動個體化主體的因素。因此，機械奴役與社會奴役不是同一回事。如果後者訴諸於主體性的磨碎的、個體化的層面，那麼前者則活化其分子、前個人、前語言、前社會（pre-social）的面向。[91]

不再需要將個人禁閉在國家機構之內，對他們進行生化、教學或刑罰試驗，因為現在可以在家裡、在個人身體寶貴的「飛地」裡，在個人自己的密切監視下，進行活體實驗。所有這一切都是**自由地**發生的，因為受控的身體獲得了性**解放**。傅柯所提出的治理自由身體的生命政治承諾在此完全實現了。

儘管如此，圓形監獄和避孕藥之間的差異依舊顯著。在不到一個世紀的時間裡，它們強調了從規訓制度到藥理色情制度的轉變。在第一種情況下，我們面對一種外部政治架構，它定義了身體在集體監管調控空間中的位置，創造了特定的權力位置（監控者／被監控者、醫生／病人、教授／學生……），並產生關於那些被控制個體的、一種知識的形式（視覺的、統計的、人口的）。在第二種情況下，我們面對一種機制，在其效率沒有任何變化的情況下，它已將其規模縮小到一種生物分子技術的尺度比例，此技術可以單獨攝入並透過身體孔洞引入。在藥理色情時代，身體把權力給吞下肚。它是一種既民主又私密、可食用、可飲用、可吸入且易於管理施行的控制形式，它在整個社會機構中的傳播從未如此迅速，也從未如此難以察覺。在藥理色情時代，生命權力停留寄居在家中，與我們同眠，居住在我們體內。藥理色情時代的主要表現形式（藥丸、義肢、食物、圖像、口交和雙重插入）在身體與權力之間有著相同的關係：滲透、吸收、完全占據的渴望。我們可能會屈從於誘惑，而根據統治／壓迫的辯證模式來再現這種關係，就好像這是一種來自外部的微型液態權力滲透到個體的順從身體中的一種單向運動。但不是。它不是自外部滲透的權力，而是渴望權力的身體，試圖吞下它、吃掉它、服用它、狼吞虎咽，更多，總是更多，透過每一個孔洞，透過每一種可能的使用途徑。把自己變成權力。*Baise-Moi*（操我）（德斯彭特〔Despentes〕），身體說，同時一直在尋求自我控制和自我滅絕的形式：「為什麼人們總是渴望自己被奴役？」（斯賓諾莎〔Spinoza〕）。生命權利並非自外部滲透。它已經寄居於內部。

但機械奴役也決定了新的顛覆可能性。根據個人決定服用的需求，以及使用者基於時間的計算來定義的避孕藥，它立即引入意外事故。避孕藥考慮到了意外事件，對其進行了編程，將意外視為女性性行為一種「必不可少」（*sine qua non*）的可能性。冷戰時期主導避孕藥的異性戀邏輯似乎回應了這個雙重、矛盾的要求：每個女性必須同時具有生育能力（且透過異性授精），並能夠在任何時刻都使自己生育的可能性低到近乎於零，但不會完全等於不孕，因此意外受孕仍然是可能的。但這意外事故也存在顛覆和重新定義的可能性：避孕藥必須由個人使用者在家自主管理，這也引入了政治能動性的可能性。

第二次世界大戰後，西方順性女性體內高劑量的雌激素和黃體素，使得陰柔特質作為一種標準化的現成物的生物編碼（ready-made biocode），得以生產及複製。這種新的微型義肢陰柔特質是一項獲得專利的藥理色情技術，可以商業化銷售上市，或者轉移並植入到任何活體中。人們逐漸發現，在此期間服用高劑量的雌激素和黃體素實則具有毒性，並且可能致癌，或導致各種心血管病變，但這些研究發現並沒有使避孕藥的消費因此而減少（事實上，反而自一九七〇年代開始呈指數級增長），這對世界衛生組織（WHO）的建議指示也沒有任何影響。

每個月治療中所需的雌激素和黃體素用量已從一九七〇年代的一百五十微克雌激素和兩百毫克黃體素，變為當今避孕治療中的十微克雌激素和十五毫克不同類型的黃體素。作為提高安全性的措施，目前的微避孕藥（micropill）（餵母乳期間最常使用的處方藥）在更長的時間內可服用較低的劑量，從而減少了服用避孕藥安慰劑（placebo）的天數，在此期間，我們所謂的技術月經（technoperiod）已經成型（換句話說，技術引發的出血產生了自然週期的幻覺）。這些是生物變裝（biodrag）的技術方法，其目的是「模仿正常的生理週期」。從平卡斯的第二種避孕藥到今天的微避孕藥，這些荷爾蒙發明技術一直按照生物迷彩偽裝（biocamouflage）原理發揮作用：首先，中斷自然荷爾蒙循環，然後，透過技術激發一個人工循環，重現自然的幻象。第一個動作是避孕，其次是有意對性別進行藥理色情生產的必然結果，確保二十世紀技術女性（technofemales）的身體延續了自然、不變、跨歷史和跨文化法則的幻覺。

波士頓大學最近的一項研究揭示了服用避孕藥、睪固酮生物利用程度（levels of bioavailability）的下降（從40%降到60%）和女性性慾下降之間的關係。該研究警告，服用合成雌激素可能會改變整體荷爾蒙的產生，並建議服用微劑量的睪固酮凝膠，以增強「服用避孕藥的女性消費者的性功能」。[92]但是今天對女性施用睪固酮仍然是一種政治性的荷爾蒙禁忌。藥理色情制度中陰柔特質的產生是按照一種矛盾的邏輯運作的：一方面，避孕藥被普遍地用於順性女性，另一方面，目的卻是一種克服憂鬱和性冷淡的藥理學方法。㊴二十一世紀的順性女性就是這種軀體政治短路的結果。她的主體性在這些不同力場（fields of divergent force）所創造的狹窄自由範圍內成長。二十世紀中葉，藥理色情社會的形成以性主體性（sexual subjectivity）的兩個新載體為特徵。一方面，正如我們所見到的，「性別」概念作為一種技術、視覺和操演性裝置被引入，用於「性化身體」（sexing the body）及醫療司法、教育和醫療系統的重組，在那之前，我們一直在異性戀／同性戀二元概念的語境背景下闡述「正常」和「變態」的概念，而自現在起開始考慮從技術上改變個人身體以「發明」（invent）一個男性或女性的「心靈」（mind）。另一方面，我們正在目睹適合規訓體系的社會控制技術逐漸滲透到個人體內。問題不再只是透過外部法律或內部規訓來懲罰個人的性犯罪，或是監控和糾正他們的偏差失常，而是改變他們的身體作為生命平臺（living platforms）的能力。我們被視為器官、流動（flux）、神經傳導物質（neurotransmitters）的生產者和消費者，作為生命政治編程的載體及後果。當然，我們仍然面對某種形式的社會控制，但這次是一種**輕控制**（*control lite*），一種充滿氣泡、充滿色彩，戴著米奇老鼠的耳朵和碧姬・芭杜（Brigitte Bardot）低胸裝的控制，而不是如傅柯所描述的冷酷、規訓的全景式架構。

一九五〇年代以後，生物陰柔特質（biofemininity）的建構變成了軀體政治建構（生物變裝）的過程。它由分子過度編碼（molecular overcodification）的過程組成，生命結構的轉

㊴ 這種邏輯可以與十九世紀性規訓綱領中，對手淫的壓制和使用機械手段產生歇斯底里之間的關係相媲美。參見 Beatriz Preciado, *Manifeste contra-sexuel* (Paris : Balland, 2000), 73–88.

變，而不是後現代性別理論所聲稱的一種單純的偽裝或面具掩飾。[93]例如，乳房：它們的重量、形狀和一致已經獲得了可塑性（在醫學意義上），將它們逐漸轉變為性別生產的一種技術身軀符徵（techno-somatic signifier）。[94]它們已經具體化為一個新病理學的場所，例如乳房發育不全（小乳房症）或乳癌，它們與乳房切除術和使用合成植入物的乳房重建技術同時出現，其發病率從一九六〇年代開始呈指數增長。[95]氫彈、避孕藥、矽膠植入物、乳癌……從切除到重建再到隆乳，二十世紀的乳房首先起的是義肢的作用。換句話說，每一個生物乳房（biobreast）的存在都與其自身的文化義肢（cultural prosthesis）有關。因此，在談論技術乳房（technobreasts）時，提及順性女性與提及變性身體同樣適切，而不是區分天然女性乳房和義肢乳房。

自二十世紀初以來，新的合成材料、建築結構、藝術拼貼與電影蒙太奇等技術都已朝向身體改造轉變的領域邁進。[96]例如，石蠟是最早用於製造「島狀皮瓣」（island flaps）的物質之一，它用於乳房植入物與睪丸植入物的覆蓋物（通常用於戰爭期間失去一邊或兩邊睪丸的士兵身上），也用於重建「梅毒（患者）的鼻子」（syphilitic nose）。在一九二〇年代，石蠟被阿拉伯樹膠、橡膠、纖維素、象牙及各種金屬所取代。一九四九年，一種聚乙烯醇（polyvinyl alcohol）的衍生物伊瓦隆（Ivalone）被用來製作首度透過皮下注射進行的乳房植入物。二戰過後不久，日本性工作者接受了這些第一代的植入物，她們的身體必須經過一個標準化處理的過程，以符合美國軍隊的異性戀消費要求。[97]身體轉變已經達到了全球規模，正如氫彈中所使用的輻射對人體造成的影響一樣，今後它們也將受到矽氧聚合物（polymerized silicone）的影響。一九五三年以後，純矽膠成為製造義肢植入物的首選材料。此後不久，道康寧（Dow Corning）公司上市推出第一管臨床使用的矽凝膠。儘管含有劇毒，卻直到一九九〇年代初才停止使用。

與人們所想的正好相反，（軀體性陣營）身體的藥理色情生產的生物變裝維度並不完全取決於合成材料的使用，以重建一個被認為是自然的身體正規化（corporal normality）。最早期的乳房重建技術之一在十九世紀末出現，當時文森．切爾尼（Vincent Czerny）醫生回收了患者背部生長的一大塊脂肪瘤，用作彌補被切除的乳房的材料，從而進行了自體移植（autograft）。[98]多年之後根據同樣的原理，身體脂肪的自體植入物（autoimplants）被開發用於拉皮整容與身體重塑手術。

生物（*bio-*）和技術（*techno-*）之間的區別並非有機與無機之間的區別。在本文中，我不是在評估從生物到合成的過渡，而是確立一種新型軀體性（corporality）的出現。最新的身體生產技術並不忠於傳統分類法中，每個器官和每個組織都對應於單一的功能及位置。生物技術與義肢技術遠非遵從身體的形式或物質整體性，而是結合了與電影與建築相關的再現模式，例如3D建模及蒙太奇。新的外科技術使藥理色情學的性事觀念應用成為可能（陽剛特質和陰柔特質的技術管理、性高潮和性慾的醫學化、性事幻想功能的遠程控制等）。允許身體的構造性建構（tectonic construction）的過程，根據這個過程，身體的器官、組織、體液以及最終的分子，被轉化為用以製造一種自然的新化身（new incarnation of nature）的原材料。

## 微型義肢的控制

製藥產業將生產一種男性節育藥物的研究擱置一旁，轉而致力開發女性荷爾蒙給藥的新方法，旨在縮小個人使用避孕藥所允許的管理範圍（scope of management）。目前大多數臨床試驗的目標是開發一種避免口服和有意途徑（oral and intentional route）的荷爾蒙給藥技術。根據製藥公司的說法，這將具有以下優點：減少肝臟對類固醇的吸收，降低短期忘記服藥的風險，並透過將恆定劑量的荷爾蒙釋入血液中來改善吸收效果。在九〇年代出現了第一個每月注射一次的合併雌激素－黃體素注射劑。（如避孕針狄波〔Depo-Provera〕）。在接下來的十年中，我們見證了一種基於黃體素的植入式避孕藥逐步的商業化上市計畫，一種用於植入手臂皮下的黃體素矽膠皮下植入劑，從六根膠管（Norplant）到兩根膠管（Norplant 2，Jadelle）或單膠管（Implanon）。這些植入劑目前可以釋放荷爾蒙化合物一至五年，一旦植入皮下（有時無法從皮下取出），它們就會變得不可見且無法被檢測到。[99]同樣地，我們可以再度於此識別出性事控制（controlling sexuality）技術的液態及微型義肢未來（liquid and microprosthetic future），性事控制技術曾經是一件僵化的、外在的、可見的、沉重的事情。

單膠管與傳統的子宮內避孕系統（避孕環〔IUD〕）並無太大區別，尤其是向子宮腔內釋放黃體素的類型。區別在於植入身體的位置。安置在手臂皮膚下的Implanon，會帶給人一種對性行為干預較少的錯覺。因為該機制不直接接觸在文化上被認為是性的器官。最近上市的其他機制包括陰道環（必須將其置入陰道二十一天，然後取出五天，以模擬月經的自然節奏），尤其是愈來愈受歡迎的經皮避孕貼劑（transdermal contraceptive patch）。兩種裝置均含有乙炔雌二醇（ethinylestradiol）和黃體素。

在性別方程式的另一端，合成睪固酮作為順性男性替代療法的使用不斷增加，這為荷爾蒙研究及行銷立下新願景。[100]藉著「悅己」（Yasmin）取得避孕藥領域世界領先地位的德國藥廠先靈（Schering），一段時間以來都面臨日益激烈的商業競爭。為了在這個不斷擴展的市場中保持領先地位，先靈於二〇〇四年開始首次臨床試驗，以評估各種植入式或注射避孕藥對男性的有效性，所有這些試驗的目的都是降低精子濃度水平。這種男性避孕藥的原理與女性避孕藥相似。它的有效性基於一種黃體素的配方，作用於抑制精子的產生。它與基於睪固酮的替代療法結合使用，用以維持性慾和勃起程度。在二十世紀，還沒有為順性男性開發出新的避孕方法。如今，橡膠保險套和絕育結紮仍然是直接控制男性生殖細胞社會循環的唯一低科技技術。有趣的是，儘管男性避孕藥尚未上市銷售，但中國和印度已經嘗試制定包括管理男性身體的生殖控制的生命政治計畫。[101]二十一世紀的藥理色情挑戰將是如何在不會對陽剛特質的自然構成產生質疑的前提下，針對順性男性的一系列荷爾蒙化合物（通常是補充睪固酮）的行銷。與此同時，為了補償荷爾蒙與癌症之間已在科學上建立的關係，順性女性的新型避孕藥則被視為美容和女性化的工具，一種軀體再女性化（somatic refeminization）的分子補充劑。[40]今日的製藥公司宣布他們希望生產一種奠基於「選擇性雌激素受體調節劑」（selective estrogen receptor modulators, SERM）的避孕藥，該藥物將降低罹患乳癌的風險，類似於低膽固醇的奶油，或作為美沙酮的替代藥物以減少海洛因成癮。避孕藥是藥理色情制度一個關鍵的操演性義肢，它正在從一種簡單的節育技術演變為一種真正的陰柔特質美容計畫，它愈來愈頻繁地出現在治療痤瘡或多毛症（順性女性的身體和臉部毛髮），或增加乳房體積與改善乳房形狀的療法當中。因此，人們正在生產以黃體素為基礎的新藥，其中包括在德國銷售的屈螺酮（Drospirenone），由於其抗礦物質皮質激素（anti-mineral-corticoid）的特性，有望得以減輕體重並減少水分滯留。如今，荷爾蒙療法也吸引了希望減少經期頻率和強度的女性消費者。隨著這些療法在管理月經週期上變得愈來愈普遍（例如，新的植入物可以在五年內完全消除經期），它們作為避孕手段的使用正在減少。正如我們所看到的，這種可能性並非新鮮事。相反地，它是一九五〇年代所開發的第一種避孕藥的副作用之一。在那十

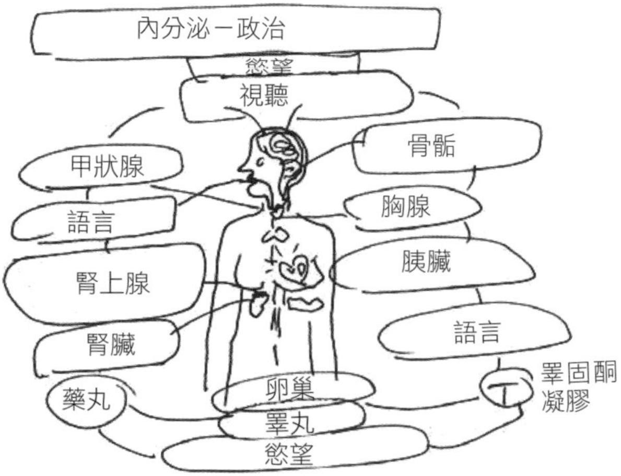


年裡，規訓性政治機制逐漸轉向新的藥理色情技術，這些影響似乎與在陰柔特質、生育能力和母性之間建立了必然等式的「性形而上學」（metaphysics of sex）互不相容。

與此同時，我們目睹了愈來愈多的行銷活動，其中避孕藥被稱為「緊急性交後避孕藥」（emergency postcoital contraceptive），如「事後避孕藥」（morning-after pill），以及墮胎藥美服培酮（Mifepristone），也稱為RU-486。中國是第一個批准使用美服培酮的國家，它由法國製藥公司羅素．優克福（Roussel Uclaf）於一九八八年商業化上市；中國則於一九九二年

40 過去十五年裡，我看過的婦科醫生對我宣稱的跨性別性行為（完全的假陽具或肛門）置之不理，他們建議我使用避孕藥作為避孕措施，頻率之高令人吃驚。他們稱讚它具有「調節月經週期」和「減緩經痛」的功效，卻隻字不提它的副作用，只說與吸菸相互作用有致癌風險。事實上，這是一種向順性女性施用必要的藥理色情劑量的雌激素和黃體素的手段，以將順性女性轉變為標準化的異性戀女性身體，具有憂鬱但穩定的氣質和被動或冷淡的性慾。

開始在國內生產。儘管當前的生物倫理辯論傾向於在西方使用避孕工具和極權主義政權內使用墮胎方法之間建立區別，但政治機構不僅取決於分子，更取決於它們的使用方式和批判性的重新挪用。

在藥理色情性別政治模式快速擴張的背景之下，眾多潛在消費者愈來愈頻繁接觸到其性別和性向的分子生產，並受到製藥市場波動的調控，植入物和微丸（micropils）預示著一種新形態的高科技異性戀（與十九世紀維多利亞時代的異性戀截然不同）：技術芭比（techno-Barbie）永遠年輕，性慾超強，幾乎完全不孕，沒有月經，但隨時準備好進行人工授精，身邊並伴隨著一個結育的超級大男人（supermacho），其勃起技術是透過威而鋼和電腦數位頻道發射的視聽色情符碼相結合而產生的。最後，藥理色情異性受精正在體外進行。

隨著一九七〇年代以雌激素和黃體素為基礎的停經後荷爾蒙替代療法的出現（凝膠形式，與我使用的Testogel非常相似，但也有貼劑或鼻噴劑的形式），它自一九九〇年代開始的擴張，二十一世紀的順性女性正在成為合成荷爾蒙的潛在消費者，她們在一生中服用合成荷爾蒙近五十年。現在我們必須在四十年的避孕治療基礎上，外加十年或十五年的停經後治療。在不久的將來，我們還將掌握目前尚處於實驗階段的其他方法：避孕疫苗，也稱為免疫避孕（immunocontraception），它使有機體「免疫」以防止胚胎發育或阻止卵子接受精子。我們還可以繼續盤點這些用於管理「性主體性」的微型技術，但無論如何，有一點是很明確的：當涉及臨床研究的資金分配時，這些避孕方法與開發愛滋病毒的預防方法或疫苗的迫切需要，處於相互競爭的狀態。

## 荷爾蒙敵人：睪固酮與性別恐怖主義

二十世紀開始，人們首次嘗試向順性女性推銷一種睪固酮貼片。二〇〇四年，經過幾年的臨床測試，美國食品和藥物管理局拒絕了寶潔藥廠（Procter and Gamble）針對隱催爽（Intrinsa）的行銷上市授權許可，隱催爽是第一個每日給生物女性服用三百微克睪固酮的貼片，治療性慾低下症（HSDD, Hypoactive Sexual Desire Disorder）或性慾缺乏。[41] 根據寶潔藥廠的說法，該產品旨在用於「摘除卵巢後的女性」，但該公司希望間接接觸到更廣泛的受眾：所有患有睪固酮水平下降的避孕藥消費者。由食品和藥物管理局進行的荷爾蒙風險評估，顯然與在卵巢切除或作為更年期替代療法的情況下，所使用雌激素或黃體素的評估標準不一致。包括在過於謹慎的《紐約時報》上所發表的許多不同文章，都譴責此一醫療決定的「政治性質」（political character），並指出可能對食品和藥物管理局相關委員會中的許多「保守派成員」所施加的壓力。該委員會認為「儘管這種物質在改善患者性生活方面取得了大有

[41] 當我完成本書修訂時，隱催爽剛獲得了從二〇〇七年三月開始在英國和歐洲其他國家上市的許可。

展望的結果，但其使用似乎並不洽當」。更令人驚訝的是，該委員會將女性睪固酮描述為一種「生活式藥物」（lifestyle drug），類似於快樂丸或Rush，但針對的是更年期女性。為代替隱催爽（由睪固酮配製）所承諾的「加強性高潮」，食品和藥物管理局提出了一系列合法藥物（其有效性值得懷疑）來刺激順性女性的性功能：具有血管擴張作用的陰道軟膏（Orexia, Provesta, Vigorelle, Estravil……）。[102]

然而，隱催爽具有龐大的潛在市場。一家針對順性女性研發性興奮劑的製藥公司，最近在美國所進行的一項市場調查研究得出以下結論：46%的女性表示她們從未有過性高潮，64%的已婚異性戀女性認為她們的性生活不盡人意。生命政治轉變的另一個跡象是：十八世紀和十九世紀的規訓制度將女性的性慾病態化和醫學化，將其視為歇斯底里、手淫、花痴、變態或同性戀的原因，而新的藥理色情制度則是首度認可女性缺乏性快感和性慾，並且規畫其技術生產。以下是這種新疾病（或軀體政治虛構）的名稱：女性性功能障礙（FDS，Female Sexual Dysfunction）。根據這些估計，除了三千萬更年期婦女可能逐漸成為該產品潛在消費者之外，美國還有一千萬婦女可能成為促銷性慾和性功能治療的候選人。食品和藥物管理局拒絕這樣一個前景如此看好的市場的原因可能是什麼？藥理色情資本主義與性別二元認識論的界限發生衝突，後者繼續按照繼承自十九世紀性別政治制度的陰柔特質和陽剛特質模式運作，該制度在性別、性向與生殖之間建立了嚴格的連續性。性別障礙不會輕易消除。

相反地，藥理學和醫療產業寧願尋找新的分子來彌補睪固酮對女性的副作用（「男性化」〔virilisation〕、「多毛症」〔hirsutism〕），這在異性戀系統中被認為是不受歡迎的。藥理色情制度並不僅僅取代了十九世紀的規訓生物政治制度，而是與其建立了意想不到的戰略聯盟，創造出新的軀體政治虛構，就像「威而鋼使用者－精子捐贈者」（Viagra-user-sperm-donor）或「性功能障礙女性－避孕藥消費者」（sexually-dysfunctional-female-consumer-of-the-Pill）一樣奇怪。

## 未來的T超－男性（Uber-male）

儘管順性女性使用微量睪固酮仍然很少見，但在順性男性的荷爾蒙替代療法中，三十多年以來一直推薦使用睪固酮。最常見的給藥方法是透過昂斯妥凝膠（AndroGel），由伊利諾州的Unimed製藥公司生產，它的睪固酮凝膠形式類似於我正在服用的Testogel。

合成代謝類固醇是多少類似於睪固酮的衍生物，三十年來一直用於治療性腺功能低下症（hypogonadism），這是一種睪丸不能產生「足夠」睪固酮的生理狀況。對醫療機構來說，睪固酮是製造陽剛特質的物質。但它並沒有被定義為一種用來彌補缺陷的分子。合成睪固酮的作用在於產生它佯裝補充的男性主體。然而，它被納入各種身體以及在皮膚之間轉移的可能性，也為後身分漂移（postidentity drift）開闢了道路。

納粹政府和緊隨其後的美國政府，率先嘗試在動物、他們自己的士兵、集中營的平民和戰俘身上試驗注射一定劑量的睪固酮。性別技術和戰爭技術是同樣一門生意。死亡政治學與生命政治學在皮下相遇。到了一九八〇年代，睪固酮的藥物用途開始變得普遍起來。二〇〇六年，美國有四百萬順性男性接受以睪固酮配製的荷爾蒙替代療法。根據醫療機構的統計，一千三百萬四十五歲以上的美國人患有現在所謂的「低－T綜合症」（low-T syndrome），特徵是睪固酮不足。症狀：性慾下降、勃起功能障礙、疲勞、憂鬱等。最終這成了任何普通順性男性的正常生活。[103]在臨床上，美國沒有生產足夠的睪固酮。

正如在當代科學論述中所看到的，很明顯，雌激素、黃體素和睪固酮是所有身體產生的橫向物質（transverse substances），與性別無關（在出生時就「生物政治地」被指定的性別），並且就像身體分泌的分子一樣，胰腺和下丘腦以及副甲狀腺、甲狀腺、胸腺和松果體以系統性和分散的方式運作。順性女性的卵巢和腎上腺也會產生睪固酮。此外，今日我們知道在順性女性身上，睪固酮可能負責肌肉發育、骨骼生長以及性慾。

所有荷爾蒙系統的獨特性（而不僅僅是兩個系統之間的差異）在於每個身體內產生的微量荷爾蒙、荷爾蒙受體的數量，以及與其他荷爾蒙和受體的全身交互作用。根據幾本臨床內分泌學手冊顯示，順性男性和順性女性所產生睪固酮「正常量」的問題，與性別差異的文化和生物政治定義密切相關。例如，政治上被認為是正常男性的血液中睪固酮的平均水平在每十分之一公升四三七至七〇七毫微克之間。但某些身體產生不超過每十分之一公升一百二十五毫微克，它們的性別依然是男性。根據另一本臨床內分泌學手冊，成年順性男性所產生的睪固酮「正常量」為每十分之一公升血液兩百六十至一千毫微克。在青春期它可以上升至兩千毫微克。而順性女性，每十分之一公升血液中含有十五至七十毫微克。對於這種認識論的混亂，我們必須加上一些來自科學研究的荒謬數據：睪固酮會增加吸菸的慾望，但吸菸會降低睪固酮的產生；睪固酮會增加攻擊性和性慾，而性行為和攻擊性反應會增加睪固酮水平。壓力會抑制睪固酮的產生……最後，我們面臨著一個巨大的非知識（nonknowledge）領域和潛在的技術政治干預。

有鑑於這種複雜性，關於性別、性和種族差異不可平息的生物政治言論（類似於阿諾德・貝特霍爾德在二十世紀初所闡述的那樣）始終主導著荷爾蒙分類及其技術管理。儘管決定睪固酮、雌激素或黃體素市場劑量生產的實驗計畫取決於性別和性事的超建構主義理論（ultraconstructivist theory），但這些分子的商業化上市和公共分配標準仍然符合性差異論的自然主義形而上學（naturalistic metaphysics of sexual difference）所主張的兩性（sexes）（男人和女人）、兩種性向（sexualities）（異性戀與同性戀）以及最近兩種性別（genders）（男性及女性）在生物學和歷史上不可改變的存在，由此產生了異常偏差和病理學領域。

目前，沒有一個西方國家接受女性施用睪固酮的合法化，或允許女性自由使用睪固酮，因為他們知道這種情況在社會和政治層面上可能會導致女性的符號技術男性化（semiotechnical virilization）。面部多毛和聲音變化是兩個會改變視覺與聽覺對性別解讀的輕微軀體政治問題。令人震驚的是，在二十一世紀初的西方，在一個擁有極其高科技的生殖再生產管理方法的社會中，性別的解讀被簡化為面部毛髮和嗓音的音色。因此，我們可以說，鬍鬚和嗓音，而不是陰莖、陰道或X與Y染色體，是我們社會中性別的主導文化公共符徵（dominant cultural public signifiers）。讓我們不再談論男人和女人，而簡單地說，「毛茸茸的或光滑的身體」，「高音或低音的身體」。這些不是細節，而是至關重要的性政治符徵（sexopolitical signifiers），能夠對陽剛特質作為順性男性的自然特權的觀念提出質疑。最終的問題在於揭示性別以及異性戀和同性戀的政治建構特徵。

當我遵循我的睪固酮協議時，一些歐洲政府，包括法國政府和西班牙加泰隆尼亞地區，正在研究針對性犯罪者（尤其是戀童癖者）使用「化學閹割」技術作為一種懲罰措施（而不是治療措施）。法國右翼總統尼古拉・薩科吉（Nicolas Sarkozy）於二〇〇七年八月二十一日公開表示，預計制定一項法律強制規定對性犯罪者使用化學閹割療法，這是利用生命政治權力建構並控制男性性行為的再次升級。這種所謂的化學閹割真正引發的身體轉變是什麼？何時、如何，以及在哪些身體上已經使用過類似的「身分的藥理學管理」手段？這項法案背後關於陽剛特質和陰柔特質的政治虛構是什麼，我們試圖集體生產什麼樣的主體？

讓我們深入研究一下我們的藥理色情政治檔案：化學閹割包括施用多少含有抗雄激素（醋酸環丙孕酮〔cyproterone acetate〕、黃體素或促性腺激素調節劑〔gonadotropin regulators〕）的混合物，換句話說，就是抑制睪固酮產生的分子。儘管抗雄激素的作用之一可能是性慾下降（在這種情況下被認為是性衝動和勃起反應），但通常沒有提到這些藥物的副作用是陰莖尺寸縮小，乳房的發育、肌肉質量的變化以及臀部脂肪的堆積。換句話說，這是一個「荷爾蒙女性化」的過程。我們不無驚訝地發現，變性者正（自願）使用具有類似抗雄激素作用的物質，藉以展開一個女性化和變性的過程。

儘管藥理色情制度具有再歸化的力量（renaturalizing power），但卻不斷地揭示其超建構主義基礎。如果我們探究化學閹割技術的政治歷史，就會發現它在一九五〇年代被用於對男性同性戀的壓抑性治療；例如，英國法律為現代計算機科學的創始人之一艾倫・圖靈（Alan Turing）指定了這種療法。他被指控同性戀、嚴重猥褻和性變態，被迫接受荷爾蒙治療。[42]某種科學混亂的一個跡象是，同一種藥物是當前「同性戀炸彈」（gay bomb）研究的一部分。一種荷爾蒙化合物，美國軍隊打算用它來將敵人轉變為同性戀。[104]雖然美國需要睪固

[42] 圖靈最終於一九五四年自殺，參見 Andrew Hodges and Douglas Hofstadter, *Alan Turing : The Enigma* (New York : Walker & Company, 2000).

酮，但它的敵人需要的是荷爾蒙女性化。

事實表明，化學閹割是一種藥理色情政治機制，其目的不是減少性侵犯，而是修改被假設為侵犯者的性別。重要的是要引起人們對這些療法專門用於管理男性「性掠奪者」（sexual predator）的關注。而懲罰和控制男性性行為的手段，就是將他從象徵性和軀體性角度轉變為陰柔特質。

這些藥理色情政策的雙刃劍效應與那些在規訓制度中所產生性別差異的傳統模式有關：對男性性行為的政治入罪化和對女性性行為的受害者化。化學調控總是將勃起以及作為必然結果的陽剛特質，描述為一種可透過血管舒張劑產生、增強，或透過化學閹割來控制與抑制的現象，[43]從而將其歸入適合政治管理的非自願性衝動的類別當中。與此同時，女性性行為被建構成一個男性性行為暴力施加其上的被動領域。除了藥理色情政治計畫之外，不具任何生物命運（biological destiny）。

荷爾蒙的消費仍然被視為與性有關，要使它的消費民主化，需要徹底改變我們的性別和性的拓樸學（gender and sexual topographies）。自由流通和集體使用的睪固酮對於異性戀制度來說是個炸藥。這不再只是個像某些性科學家和理論家所斷言四、五種性別存在的問題[105]，而是接受完全由技術構建的、不可否認的身體和快感的多重性、可塑性和可變性的問題。

## 避孕藥與國家女性主義

藥理色情政權的傑作是利用一九六〇年代女性主義運動的革命性和解放性言論，將對女性身體的化學和避孕管理佯裝成邁向性解放的一個進步。同樣地，廢娼主義女性主義（abolitionist feminism）透過要求廢除賣淫和懲戒色情製品，將性產業和色情製品的生產與再現委託給國家管理。[44]就色情製品而言，這些措施的結果是性產業淪為地下經濟，並且使當中的勞動者被邊緣化和貧困化。當我們談到「計畫生育政策」時，結果是使每個處於生育年齡的順性女性大規模地使用雌激素和黃體素。我們可以憤怒地斷言，白人自由派（white liberal）廢娼主義女性主義能夠充當藥理色情政權的準政府意識形態手段之一。有必要用分子和後色情跨性別女權主義（molecular and postpornographic transfeminism）來反對國家女性主義。必須回收重新挪用自由派女性主義從我們這裡掠奪的語法和技術，以引發一場新的反藥理色情革命。

---

[43] 我們不要忘記，在法國發起這場法律爭論的埃夫拉爾（François Evrard）在強姦案發生時，口袋裡裝著一包威而鋼。

[44] 利用女權主義作為國家控制賣淫和色情製品手段的案例當中，最具代表性的案例發生在九〇年代的加拿大，當時國家利用女權主義的言論來確立其廢娼政治。

作為一種避孕方法，女性主義可以規定強制手淫自慰，在異性戀和生育婦女中發起性罷工，並大規模倡導女同性戀；規定在青春期必須結紮輸卵管；使墮胎合法化並使之免費（如果不允許在必要時殺嬰〔infanticide〕的話）。還有一套政治性虛構的劇本可能更有希望：從生物技術的角度來看，有可能要求所有生育年齡的婦女每個月服用微劑量的睪固酮，既作為一種避孕措施，又作為一種性別調控的政治性手段。這樣的措施將一勞永逸地結束性別差異與異性戀霸權。這並不意味著順性女性（服用睪固酮）會停止與順性男性發生性關係，但這種行為不會繼續被解釋為純粹的異性戀。它沒有繁殖再生產的目的；此外，這將不再是相反性取向（opposite sexual orientations）的兩個人之間的相遇問題，而是同性戀取向加上陰道插入可能性的兩個人之間的問題。戰後女性主義本可關切針對順性男性身體的管理，並宣稱它符合國家利益：閹割、男性同性戀、強制使用安全套、封閉精液通道、大規模使用雄性荷爾蒙（以降低順性男性睪固酮的產生）等等。是的，曾經還有其他可能性，但自由派女權主義與藥理色情制度達成了協議。

## 睪－販運

作為一種藥物，睪固酮相對容易買賣。其中大部分都是透過田徑與自行車運動圈的黑市流通。它可以透過皮下注射、凝膠、貼劑、植入物、鼻吸入器或氣霧劑給藥施用。二〇〇六年，體育報紙媒體將睪固酮稱為「環法自行車賽真正的贏家」，並毫不猶豫地聲稱「睪固酮是冠軍的藥物」。許多頂級運動員的血液中合成睪固酮檢測都呈陽性。當我讀到他們在採訪中宣稱「這個睪固酮是我自己的、這是自然的」，我不禁啞然失笑。可憐的白痴。這就像潘蜜拉．安德森（Pamela Anderson）僅以她是一個順性女性為藉口，試圖用45 E號矽膠義肢來冒充自然乳房。去健美運動的網站上以七十五美元（含郵費）訂購十劑兩百五十毫克睪固酮，一點都不困難。這就是管理藥理色情制度的嚴格法律控制所固有的矛盾：性別是待價而估的。

應用於女性身體時，睪固酮會扭曲身體與時間進程的關係，以及它在異性戀市場上的價值。性別的時間邏輯是不對稱的。陰柔特質貶值的速度是陽剛特質的三倍。換句話說，女性（無論是順性還是跨性）在四十五歲就被排除在異性戀市場之外，而男性在六十五歲時才會被淘汰。要計算女性在異性戀資本主義經濟中的真實年齡，我們必須將她的年齡加十五歲，才能使她與男性相等，然後每增加一項美貌（乳房大小、胖瘦、頭髮長度和密度等）減去兩歲，每增加一項社會性殘障就加上兩歲（離婚、孩子數量、失業等）。讓我們舉個例子：朱莉三十二歲；她是一名離婚的順性女性，撫養一個孩子並保持好身材，做瑜伽，長得漂亮但身材不夠完美，身材瘦削並在保險公司工作：32＋15＋2＋2－2－2－2＝45。這就是殘酷的現實。她不得不停止將自己視為三十二歲的年輕人，因為她在異性戀資本主義經濟中的實際年齡是四十五。再見，朱莉。另一種可能性是轉入平行的女同性戀市場，在那裡，真實的年齡大幅下降。在異性戀資本主義經濟中年滿四十五歲的女性，可以用近乎青春期的狀態重新進入女同性戀市場。賓果。

讓我們考慮一下性別分子革命的可能性。如果很大一部分順性女性開始集體自行使用足夠劑量的睪固酮，以便在社會上被識別為男性，這會發生什麼事？自然陽剛特質將具有什麼價值？如果人們認為這些未來的技術男人（這種新型的、可被識別為男性身體的順性女性突變體）將能夠繁殖和生育，那麼這種政治荷爾蒙的虛構實驗就會變得更加重要，這對應於茱莉亞．克莉斯蒂娃（Julia Kristeva）所說的「女天才」（female genius）。[106] 以每個月四百毫克的劑量使用六個月的睪固酮之後，面部毛髮和嗓音變化會變得不可逆轉。另一方面，只要中斷幾個月的睪固酮用藥便足以使月經恢復，隨之而來的還有受精、懷孕和分娩的可能性（儘管鬍鬚和嗓音變化仍然存在）。透過生殖液的性交換和藥物控制的人工授精一樣可以實現受孕。性和體外試管只是兩種「文化式」輔助的生殖技術。讓我們以兩種男性身體為例，一種是仍然具有陰道和子宮的技術男性，一種是具有可育的精子（在當今毒性的生態環境中，這愈來愈少見）的生物陰莖，透過陰道插入使前者受孕的順性男性。從外部看來，這個場景類似二十世紀的同性戀色情美學。但實際上，它超越了同性戀和異性戀的性，並且指向技術性（Technosex）的未來。顯然，作為一種技術男性，同樣有可能藉由捐贈的精子受孕。無論如何，我們將面對一種新型的科技男性後性生殖者（technomale postsexual reproducer）。這是有關鬥爭和藥理色情學重新定義（resignification）新觀點的開始。

自從我開始服用睪固酮，我就把每天在地鐵、超市、博物館裡與我擦肩而過的男男女女看成是一具具肉身，他們的政治解碼（political decoding）由他們自身產生或施用的睪固酮數量決定，這非常暴力、殘酷。為了配合V. D.去電影院看《金剛》（*King Kong*）[107]，我把每一個進入我視野的人形都當作自己，並在心裡計算增加或減少他的睪固酮水平，以此自娛。順性男性只是類似於多少帶有睪固酮的女性，他們被加上了生命政治的附加價值，從小就被教育：「你比女孩更有價值；世界屬於你；她們屬於你；你的雞巴統治著一切存在的事物。」順性女性只是經過外科手術和內分泌學改造的「男人」：複雜和不那麼複雜交錯的合成膠原蛋白、矽膠植入物和活性雌激素，卻依然缺乏生命政治合法性。

# 第九章　睪癮君子（Testomane）

上個禮拜，在睪固酮凝膠的影響下工作一整個晚上之際，所有障礙都消失了，我終於詳細明白了直到性狀況（condition sexuée）、性別形成（formation des genres）的各個階段。每個元素都找到自己的位置，各種機制相輔相成：

**男性×同性戀×虐待狂×睪酮×雌激素**

**＝跨性＝（α）**

**女性×異性戀×受虐狂×雌激素×睪固酮**

吸食古柯鹼。攝入可待因（codéine）。注射嗎啡。抽（菸）尼古丁。服用百憂解。食用安非他命（amphétamines）。服用庚基（Heptamyl）。飲酒。服用速百騰（Subutex）。回到特別K（Special K）。注射海洛因。服用奴佛卡因（novocaïne）。陷入快克（crack）。吸食大麻。吞下搖頭丸。吃一片阿斯匹靈。吸食冰毒（crystal meth）。服用Lexomil……使用Testogel：貴族毒性。

當可以改變自己的性別時，誰會想去改變精神狀態呢？當可以改變自己的身分認同時，誰還願意去改變性情脾氣呢？這就是類固醇的性別政治優勢。

我們必須知道，我們是想改變世界以便用我們現有的感覺系統來體驗它，或者是想改變身體，這個世界藉以通過的感知過濾器？哪一個更為可取，是改變我的性格並且維持我的身體，或者改變我的身體並維持我目前體驗現實的方式？虛假的兩難困境。我的性格正是源於身體與現實之間的這種脫節。

權力－女孩－高潮－腎上腺素－奢侈－社會認可－成功－葡萄糖－家庭的接受－包容－權勢－壓力－同志情誼－經濟地位的提升。正是在這裡，在六個月的時間裡，攝入睪固酮為一個生物女性所帶來的政治附加價值。

睪固酮是即時的滿足感，是生產權力的抽象平台，但沒有古柯鹼藥效的急劇墜落退潮，沒有冰毒消散後的胃部凹陷，也沒有百憂解所引發的怪誕自我放縱。與睪固酮相似的藥物只有一種：海洛因。兩者都在政治上付出了代價：排斥、邊緣化、去社會化。而且就睪固酮而言，還會引起癌症（幾乎與所有工業化物質一樣）和禿頭（危害較小，可以透過假體義肢來彌補）。

我考慮再用一劑，最後一劑，再次最後的一劑。我會成為「睪癮君子」嗎？

根據我自己的親身經驗，和我自願荷爾蒙中毒的練習，我發展出了一個（完全荒謬的）異性相吸理論。這是讓我從小就覺得莫名其妙無法解釋的事情。將異性戀理解為一種「荷爾蒙補充」的技術，因為這就是我的實驗引導我所得出的理論，但這並沒有讓我著迷。這個荒謬的假設突顯出一個令我擔憂的事實。如果所謂的「異性戀」生物女性試圖與（生物或技術）男性擦肩而過，以便從伴侶的汗水中獲取一定劑量的睪固酮，那該怎麼辦？就是這麼簡單。生物女人（biomeufs）與（生物或科技）男人（keums）上床，透過與他們皮膚的摩擦來獲取一定劑量的T。這也可以解釋性工作者逐漸男性化的原因，他們的面部毛髮比雇傭勞動，例如在Monoprix超市擔任收銀員的生物女性更多。透過反覆接觸客戶的睪固酮汗液，他們血液中的睪固酮水平最終會增加。也許這是一種錯覺，是我閱讀了過多的內分泌學書籍對大腦所造成的影響，又或者這是對我們政治結構中一個荷爾蒙迴路如何運作的可靠解釋。有兩種可能：我快瘋了，或者我被你的靈魂附體了。

## 你的精子和我的卵子

我感覺你就在我身邊，就好像你還活著一樣。我記得：你來尚・皮耶・廷博街（rue Jean-Pierre Timbaud）我家裡接我。你沒有上樓。你不想見到社會學家，你受不了她。你說她像是一個外省的老師，總想知道你作業做了沒。你在膝蓋復健中心旁的咖啡館等我。我們點了兩杯咖啡。我們沒喝酒。我們有所保留，以防我們晚上要去的酒吧裡有古柯鹼、安公子或搖頭丸。你這天過得不太好。鬍子沒刮，穿著和兩天前一樣的白色T恤、一樣的淺藍色棉質套頭上衣和一樣的牛仔褲。**我發現你很性感。**（*Je te trouve sexe.*）你呼出睪固酮。你說你已經很久沒有做愛了。你正在成為一名女同性戀。而我滿腦子都是性。不過我現在不會和任何人上床。你點了兩杯雙份濃縮咖啡，一杯接著一杯。而我，兩杯榛子咖啡。當你跟我說話時，你並沒有看著我的眼睛。你看著我的手，你把餐巾紙捏成球朝我臉上扔。我要你別再招惹我。我一拳打在你肩膀上，輕輕地、用力地，彷彿在叫你復活過來。我們正在討論把你的精子跟我的卵子混合在一起。我不知道我們怎會有這樣的對話。我們沒有要求彼此任何事情。你正在讀斯洛托迪克（Sloterdijk）的《人類公園的規則》（*Règles pour le parc humain*）。如果說一九四五年在廣島和長崎，最早的兩顆原子彈爆炸指出了地緣政治世界末日的開端，那麼第一隻複製羊桃莉的出現則指出了生物世界末日的開始。人類並不以神聖的標誌（signe du divin）而是以怪物的標誌而存在。你說，人類就是（大寫的）人類商標符號（L'Humain©）。你認為你自己比海德格、哈伯瑪斯和斯洛托迪克更重要，確實如此。只有我能配得上你。你和我都在期待未來的怪物。我們談論的是人工繁殖。你說它不應該被稱為「繁殖」（reproduction），而應被稱為「人工生產」（production artificielle）：製造一個全新的物種。這是繼後猶太人（postjuifs）和後天主教徒（postcatholiques）之後出現的物種，是繼同性戀或異性戀、男孩或女孩的這種性精神分裂（schizosexualité）之後出現的物種。我們是現實主義者。應該首先從過濾你愛滋病毒陽性的精子開始。你說這整個過程，分析，過濾，冷凍，授精，成本太高，而我們沒錢。我們可以向國家圖書中心（Centre national du Livre）申請撥款贊助，解釋說明我們計畫寫一本關於你的愛滋病精子和我的跨性別女同卵子基因重組過程的政治自傳小說。有鑑於你迄今為止射出的精子數量，大概可以為半個地球的人類進行授精。如果你在愛滋病毒呈陽性之前就賣掉自己的精子，那麼你現在應該有足夠的錢來支付過濾和人工授精的費用。或者我們可以買回一個你未受污染的精子樣本。但是在你得到愛滋病之前，你肯定不會對傳播你自己的基因感興趣。我們談論的是過濾你的精子，將攜有後天免疫缺陷病毒的精子和其他精子分開。將弱細胞與強細胞分開。將壞的和好的分開。我知道你因為我考慮過濾的可能性而恨我，儘管是你堅持要我們這麼做。你因為我沒能力要這些帶病的精子而恨我，沒能力現在立刻就幫你打手槍，把你受污染的精子放進我的屄裡；你因為我和你一樣害怕死亡而恨我。如果你的一個愛滋病精子含有未來地球救世主的基因，那會發生什麼事呢？我們不禁要問，過濾精液的慾望、需求、痴迷與羞恥是否是優生的，是否有必要因為它帶有致命病毒而消除一個生命的可能性？是的，這種慾望是優生的，確實如此，而且基本上你我都不支持生殖再生產的想法。既不是你的、也不是我的血統。父愛和母愛始終是優生納粹主義和強迫性重複之間的一種妥協。但哪個更優生呢？是在技術上生產出優秀的產品，還是讓生命赤手空拳地與死亡搏鬥，直到其中一方獲勝？最後，如果你的一個帶病毒的精子成功使我的一顆卵子受精，如果我們的染色體最終相互重組，而且因此產生的細胞得以自我分裂並形成一個囊胚細胞（blastomère），能夠植入我睪固酮加持的子宮（utérus testostéroné）當中，那麼我們將不得不認為這兩個配子成功地通過了生命的考驗。將要拯救地球的身體最終從這種可怕而荒謬的行為中誕生：讓你的愛滋病毒陽性精子有機會游向隱藏在我變異身體中的生命。康紀言（Canguilhem）比斯洛托迪克還更強大：「成功是延遲的失敗，失敗是流產的成功。是形式的未來決定了它們的價值。所有活生生有生命的形式（formes vivantes）都是標準化的怪物。」[1]

## 最後的戰鬥

「渴望同樣的事物，拒絕同樣的事物，才是真正的友誼。」[45]

——薩魯斯圖斯（SALLUSTE）

你已經去世十二天了。我看到你從美麗城（Belleville）的一家肉舖走出來。一模一樣的

45 「Idem velle atque idem nolle vera amicitia est」Salluste, La Conjuration de Catilina, 20, 4.

鬍子，一模一樣的上唇疤痕。我再次看到你在肖蒙山公園（parc des Buttes Chaumont）帶莒斯汀散步：你在灌木叢後面的身影，同樣穿牛仔褲的方式，同樣一簇濃密的黑體毛從你的白色T恤領口伸出。你的幽靈搜索我的記憶並挖掘出它所發現的東西：你打電話給我。我看到我手機的黑色螢幕上亮藍色地顯示出你名字的字母。我不回答。我在等你留言。這是你的聲音。你的聲音是最宏亮的。你的聲音說：嘿，普雷西亞多，你為什麼不接我電話呢？你很煩人，好吧，沒什麼，我想知道你是否有一本可以收入文集的書，這全看你，沒什麼，僅此而已。我打電話給你。我會在聖安德烈藝術街（rue Saint-André-des-Arts）接你。我們在糖街（rue Suger）街角上的咖啡館吃飯。我猶豫要穿什麼衣服去見你。在浴室待了一個小時。我把頭剃光。我穿上我們出去那天晚上我穿的黑色V領毛衣和運動鞋，我看到一隻毛茸茸的大猩猩在跟你打砲，而你像一個十五歲的孩子一樣亢奮不已。我修改了最近幾天寫的幾頁稿子。我給你帶來兩個計畫。你看都不看一眼。你對我說：你為什麼不寫一本關於我們前幾天討論的戀獸癖和戀童癖故事的書？你微笑著告訴我，上唇微微上揚，你的兔唇疤痕讓你一半的嘴唇緊貼牙齦，說話的時候把鼻子往下拉。你是在開玩笑吧。我不知道要說什麼。你真是個狗娘養的。一個混蛋。我對你說：是的，然後你就會在監獄裡給我帶來紙筆，讓我繼續寫激進的書。王八蛋。你想把我幹掉。你補充道：別以為你有多重要。現在的情況是你沒種把它寫出來。我告訴你：我想寫的是七〇年代變裝癖運動的歷史，激進女權主義者的歷史，同性戀革命行動陣線（Front d'Action homosexuelle révolutionnaire）的歷史，香腸突擊隊（commando saucisson）的歷史，油女（pétroleuses）[46]的歷史，異裝癖和變性者的歷史。法國的性政治運動正是在它們的圍繞之下興起。包圍霍肯海姆（Hocquenghem）的卡車司機和女孩們。我告訴你，我遇見了埃爾維（Hervé），他保存了很多當時的檔案，還有三個開始失去記憶的女同老奶奶。其他人幾乎都死了。這一定要快點做，很快就什麼都不剩了。我和你說話時，你幾乎都不瞧我，只看著一旁，在筆記本上畫一顆顆星星。我警告你，我需要一點錢。不能像上一本書那樣。四百歐元連買印表機墨水匣都不夠。你說：「你在找我的碴，你在找我的碴。」你告訴我，關於這些同性戀你到底有什麼他媽的好說的。你以為我與其他小妞不同，我只對做愛感興趣，但是，現在你意識到我就像其他女同性戀一樣，準備成為我遇到的每個人的政治護士。我回答你說，我不是女同性戀，我是法國人，我是男孩，我沒有像你那樣的爛生物雞巴並不意味著我不是一個男人。我說你別因為你認為我是女孩就把我當牛糞對待。你說我傷害了你，你為我感到羞恥，不應該指望你發表這些垃圾，我最好打電話給**驢子**（Tétu）做個報導。你突然大笑起來。我不想反駁你。我不想生你的氣，因為如果你不出版我的書，誰會呢？但我討厭你這樣對我說話。

[46] 油女是巴黎公社期間參與武裝戰鬥婦女的稱呼，它源自一則「以石油縱火」的女子傳說。

我們最後一次見面。我們在提姆（Tim）和菲利普（Philippe）家裡作客吃晚飯。你想送我一件你自己的舊風衣。你開玩笑地告訴我說這是一種八〇年代女同志的好風格，你就是一坨屎。你告訴我：「然後，你就玩完了。」被馬塞拉・依雅庫布（Marcela Iacub）[47]超越是什麼感覺？你就是個可悲的廢物，你完蛋了，你死定了。

## 失血

每個月自行服用兩百五十毫克連續兩個月之後，我突然開始不間斷地失血。細小、黏稠、褐色的出血弄髒了我所有的內褲。我身上沒有任何疼痛，但雙腿之間黑色凝膠狀的血卻讓我很困擾。我認為這就是我，既不是女人、不是男人、也不是變性人，必須為睪固酮成癮所付出的代價。

我去看婦科醫生。我向她解釋了失血的事。我告訴她我每週服用五十至一百毫克睪固酮。我並沒有明確指出有時多，有時少。

「作為避孕方法？但你知道還有更安全的方法嗎？」她回答。

也許是因為你和我都沒有創造出地球的救世主，最近自從你死後，我發現自己希望人類滅亡。不是它的進步，也不是改善，而是終結，我們生命鏈的斷裂。你的死亡預示著一些科學家所說的「第六次滅絕」[2]的到來。這一切都始於二十七億多年前的細菌：透過分解水分子來產生形成其細胞成分所需的氫，細菌從而產生了大量的氧氣。正是這種基本上含有劇毒、腐蝕性和易燃性的氧氣，改變了地球的大氣成分，並使動物生命得以在地球上大規模地出現。第一次滅絕發生在四億三千五百萬年前，一個冰河時期幾乎消滅了所有的海洋生物。

細菌倖存了下來，它們的氧氣生產系統也隨之倖存。一百萬年後，第二次滅絕期間，許多魚類和海洋無脊椎動物再次消失。細菌存活了下來。又過了一百萬年，在最極端的物種滅絕中，幾乎所有的水下和陸地物種都消失了。細菌存活了下來。兩億一千萬年前，大量水生物種再次滅絕，而第一批哺乳動物的滅絕迎來了恐龍時代。六千萬年前，第五次滅絕導致恐龍消失。細菌再次存活了下來。漸漸地，小型哺乳動物遍布漂流的陸地板塊，魚類再次開始在海洋中繁衍生息。我在自殺、成為連環殺手、將我的一生奉獻給人類作為一個物種的跨道德發展、及其刻意的突變，或是建立一支以對抗一切反對它的事物為使命的跨性女權主義（transféministe）武裝部隊之間猶豫不決。而這一切都出於愛，出於全球的慈善事業。漸漸地，我學會欣賞你的想法，普遍的愛滋病污染是我們人類物種龐克命運的美學巔峰。康紀言：「眾所周知，當物種不可逆轉地致力朝著不可改變的方向發展，並以僵化的形式表現出來時，它們就接近了終結。」[3]我們正在為細菌稱霸的新時代做準備。與此同時，人類的繁

㊼ 譯註：馬塞拉・依雅庫布是一位法國－阿根廷法學家，專門從事生物倫理學研究並書寫女性主義，曾因與法國女性主義者的筆戰以及政客醜聞而躍上媒體。

殖與病毒緊密共存：小兒麻痺、愛滋病、禽流感。我對政治很感興趣，就像病毒對流行病有強烈的興趣一樣。我對女權主義命題很感興趣，就像地球對細菌感興趣一樣。只能透過病毒的繁殖擴散和細菌的存活，才能攻擊性別的建構，性事的鈣化形成。在所有的戰線、所有的空間。我的身體：諸眾的身體。

## 令人上癮的沮喪挫折感

我曾經希望自己能染上毒癮沉迷其中，能夠有一種永久地、「化學地」迷上某種東西的安全感。在內心深處，我希望睪固酮就是這種物質。讓自己不依附於主體性，而是依附於我的有機體攝入的一種無意志物體所產生的改變。這種攝入不依賴任何人。我的意志與一個沒有意志的物體對抗。我對一個無慾之物的渴望，知道我和一個無生命物質之間達成了交易。知道在外部世界中存在著一種分子，能夠融入我的「情動新陳代謝」（métabolisme affectif），能夠將我從重量、聲音、味道和色彩的純粹現實中解放出來。到現在為止，我還沒能夠對任何東西上癮。菸草，可樂，海洛因，任何東西。我想知道我是否會對睪固酮上癮。我確信的是，在分子水平上，成癮之戰已經開打。

我在她身邊醒來。睜開雙眼之前，我聽到她的聲音。她對我講了一個真實的故事。每天早上，女孩們都會幫她們的男人吹喇叭以滿足他們，這樣他們就不會去其他地方了。我回答道：「讓她們成為男人，吞下他們的睪固酮。」她把一條腿滑到我的腿中間，把頭放在我的骨盆上方，把舌頭伸進我的屄裡。

她告訴我，對於一個至今一直是異性戀的女性來說，在一個沒有陰莖的身體上要探測出性亢奮是多麼地困難。她說：「你怎麼能確定對方想要你呢？」。我從來沒有想過這個問題。勃起的陰莖使解讀慾望更加容易。一根勃起的陰莖似乎在說：「你讓我變硬，我上你，我射精。」她告訴我，當她第一次與女人做愛時是多麼地困惑。她說，現在她更了解男人了，他們在面對一個缺乏可見身體構造跡象的慾望時的那種脆弱感，在面對沒有勃起陰莖的身體時，總有可能在辨別性亢奮時出差錯，被感官誤導。這就好像對於沒有勃起陰莖的身體來說，語言可以和解剖學分離（「我喜歡你，你讓我亢奮，但只有我知道這種亢奮，你對此一無所知，你將無法違背我的意願去探測出我的亢奮。」）。在沒有勃起陰莖的身體中存在著一個詩意的空間，一個將性作為內化知識的領域。奇怪的是，異質哲學的鼻祖尼采[4]或奧托．魏寧格（Otto Weininger）[5]認為，女性特有的這個領域乃是非知識（non-savoir）、擬像（simulacre）和謊言得以安頓扎根的空間。我認為更恰當的說法應該是超意識（hyper-conscience），一種有權力決定是否要透過表徵再現來外化自身的一種知識。在慾望以勃起的形式被察覺之前，這種對慾望的了解，開啟了性作為虛構、虛擬性（virtualité）的可能性。在女同性戀的性事中，性亢奮的跡象可以透過一張廣闊的身體構造圖來解讀：眼神、手部動作、觸摸的精確度、嘴巴張開的程度、出汗或流（flux）的量。我記得我第一次和男人做愛時，他的陰莖就像是一個次要的、不自主無意識運動的物體，它的功能無法作為慾望或性亢奮的可靠指標。恰恰相反。我的印象是面對著一個冒名頂替的符徵（signifiant），一個祖傳的生命政治殘餘，它的存在只會掩蓋慾望實際出現的地方。

## 睪癮君子（Testomane）

一旦我們離開了一個醫學和法律變性協議的框架，與睪固酮的關係就會發生變化。在醫療協議中，改變性別涉及做出一個決定，一個一勞永逸的選擇。但事情要復雜得多。我不想改變性別，我不想宣稱自己對任何事情都感到焦慮不安，我不想讓醫生來決定我適合每個月使用多少睪固酮來改變我的聲音和長出鬍子，我不想切除我的卵巢和乳房。睪固酮在我體內引發的變化並沒有預先確定的方向。我所知道的是，在睪固酮之前，我的聲音不是女人的聲音，我沒有毛髮的臉不是女人的臉，我不到兩公分的陰蒂不是女性器官。我就是我，醫學並不能讓我比以前更像一個男人。我服用睪固酮不需要西班牙王國或法蘭西共和國的許可。

問題就在那裡：在國家規定的制度範圍之外，睪固酮就不再是一種荷爾蒙替代療法，而成為一種非法藥物。就像古柯鹼或海洛因一樣。因此，必須承認後果：我對睪固酮上了癮。

我和V.的關係可以這樣定義。對德斯彭特上癮。我和T的關係可以這樣定義。罣固酮上癮。即使我和她們在一起。尤其是當我和她們在一起的時候。**缺乏**。愈來愈明顯，我和V.的關係正屬於這種上癮的結合。依賴：上癮。我找到了我的藥，既親近又難以捉摸，就像所有藥物一樣。人們可能會認為，任何愛情關係在某種程度上都會讓人上癮。但我不相信。過去情況並非皆如此。我從經驗得知，某些形式的愛是按照一種滿意的回饋模式在運作的。我如何確定這種愛，是這一種而不是另外一種愛，對應於上癮模式而不是滿足的控制論呢？首先，因為慾望客體的攝入或存在，與滿足之間存在不對稱關係。其次，因為滿足是以缺乏的形式出現的。哪裡應該有滿足感，哪裡就會出現挫折感。當我吻她時，我想我要吻她，當我和她說話時，我想我迫切需要和她說話。當她擴散到我的皮膚上時，我想我希望她擴散到我的皮膚上，當我的身體吸收她時，我想我要一次又一次地吸收她。面對緊隨其後必須發生的事情，當下、消化吸收的時刻並不重要。更多，更多，愈快愈好。一分鐘後，慾望就會更加強烈，如此反覆愈加強烈。慾望不會消失。它會發生轉化，在疲勞或睡眠中進入無意識狀態。我渴望繼續渴望，卻沒有滿足的可能。很少有物質能讓我超越這種上癮的臨界點。我對酒精從來不感興趣。有一次，我服用了冰毒（crystal）：對大腦的刺激太強了。多虧過量的冰毒，我一夜之間就能說上一口流利的法語。雖然我的口音沒有改變，但我使用詞彙的能力和我與語法間的關係卻有了根本性的改善；這就像是進入了一個外語的新意識水準。有效但僅適合偶爾使用。回到巴塞隆納或馬德里之後，我幾乎不用古柯鹼、搖頭丸或安非他命（speed），或者非常少（在沒有相當毒理學劑量的情況下是無法穿越西班牙大都市的），而且也只有在這種情況下：這些都是城市毒品，是在特定城市一同居住和溝通交流所需的分子性彈藥。我的新陳代謝從來沒有接受過任何補償性的替代物質。我唯一的藥物，無論是浪漫的還是匿名的，都是睪固酮和性。從而形成了一個「雞生蛋、蛋生雞」的循環。它們都對我產生了某種程度的影響，因為它們很可能讓我接觸到無定形的東西，接觸到沒有形狀的東西，或者為無形的東西想像出一種形式的東西，產生慾望但又無法得到滿足的東西。明確的思想、明確的性別和明確的快感都超越了可能的地平線。

我們今天不知不覺又滑落我們一再重複陷入的深淵之中，每十或十二天一次。在兩劑T之間。這種週期性的異化疏離可能成為我們的例行公事之一，成為一個穩定的關鍵。透過這些微小的間歇（一種預防性疏遠的形式），我們成癮症狀的關係被破壞與再生。準確而言，不得不說是她獨自一人墜入這些憂鬱之中，她用一個好動亢奮孩子的眼睛，一個不知道是剛剛殺了人、還是得知有人要殺他，無法平靜下來的搖滾樂手的眼睛，將我拖入其中。她眼神中的悲傷正存在於這兩種可能性之間的張力中。在我看來，她是走向深淵的推動力，但也許是我以極度的熱情和善意跌入谷底，將她拖往深淵中。這些鴻溝必然是液態流動的：她哭泣，浸入熱水浴缸中，把衣服拿去洗。這是一種死胎的、前文化的、前性的、過早的悲傷。

在此際，我要去驗血。在底層深處，有某種東西在一個限定的空間裡流動、循環，但又可以擴散開來。情感在這個層次以膠狀存在，就在碳溶液蒸發並轉化為電流之前。這是血液、水、精液、陰道分泌物、唾液、尿液、脊髓液和羊水、大腦漂浮其中的腦脊髓液，還有我們剛攝入的東西、凝膠、體外食物在胃的消化過程中被轉化為糞便之前的狀態。德希達說，墜入愛河：陷入精確的地形中，透過分離或坍塌瓦解進入存在的一個特定層次，身體的、城市的、地球的、進化的、物種的一個特定層次。尺度的轉換在這裡發生了：對存在的愛、肉體的愛、都會的愛、塵世的愛、地質的愛、動物的愛、物種間的愛。無論如何，這裡絕不會想到海德格式的嘲諷。我所說的是一種結構。不是一種啟示，不是透過精確的照明來揭示存在，也不是在投射燈的光線下呈現出真實。我不是在談這個。我所說的是一種觸覺感知，它發生在黑暗中，用胃撞擊底部，在一團黏糊糊的東西上爬行。不是照明，而是模糊的觸覺。我說的是用皮膚發現內在的表面。這是朝向「賽博爬行動物生命」（vie cyber-reptilienne）的回歸，一種倒退，用舌尖輕嚐，品味存在的電子黏性真理。還不能長長地吸氣，因為我們還沒有達到存在所賦予我們的空靈形式（forme éthérée）狀態。除了舔舐存在之外，我們沒有其他辦法。吸吮它，作為一種獨特的知識與感知方式。在這裡，成癮的祕密揭示了它的運作方式。沒有光，沒有氧氣，沒辦法呼吸，不可能找到光學或肺的滿足。這是直徑、質地和流動性的問題。一旦我們進入那膠質的淺灘，脫身，對她和對我來說都是同樣困難的。同樣程度的焦慮，同樣的悲傷。基本上，沒有高低之分。底部就是底部。我們被鎖在一個單子結構中。簡單明瞭地，找到出口意味著修改地面，固化液態的情感便在那裡立足，或者蒸發它們以求能夠呼吸。當你意識到今天不是了解「情動變體」（transsubstantiation des affects）的時候，你所要做的就是打電話給A. S.。沒有人比他更快。二〇〇五年的最後一天，他第一次來，結束了一個時代，開啟了另一個時代。他在不到十分鐘之內，就像急診室醫生般接了電話。他負責多個樂團：搖滾、重金屬、嘻哈、非裔巴西融合音樂。他運用部分空閒時間在家裡，以創紀錄的時間來平息癮頭。他一到就立刻改變了我們拖行疲憊身軀的泥濘地面。他按了門鈴，莒斯汀叫了一聲，而他一走進公寓，一切就逐漸變得輕鬆起來。A. S.喜歡說話，聰明的作法是放一部電影或大聲放音樂，以消除他的語言迷途。門鈴又響了。P. E.和E. N.帶來了一把需要更換琴弦的新吉他。P. E.摘下墨鏡，向E. N.要了一把鉗子，對蟑螂老爹樂隊（Papa Roach）大發脾氣，唱起《Sex My Money》，嘲笑旋律，然後一根一根地剪斷琴弦。纖維跳躍著，就像是被扯掉了頭的電子老蛇。P. E.像盲人一樣撫摸著吉他。他把吉他湊近自己的臉，用手指在上頭摸索，尋求皮膚和琴頸之間最接近的距離。新的琴弦在他的手指間起伏，就像被馴服的年輕眼鏡蛇一樣，似乎自行在尋找琴弦上的孔。這些蛇認識搖滾樂的觸感，找到牠們的音樂之道。他不看一眼，就能精確地把牠們綁好：人們無法想像，在這些琴弦和他的手指之間，還存在著更完美的憐憫，更真誠的奉獻。A. S.準備了一根純大麻菸並打開了話匣子。我把自己鎖在浴室裡，打開電視，觀賞一部關於蒙特雷音樂節（festival de Monterrey）的紀錄片：珍妮絲・賈普林的聲音打開了音樂振動的世界通道，突然之間，愛變得適合呼吸。

## 跨性別者（TRANS）或癮君子（JUNKIE）？

事情就是這樣，我們將不得不面對它：如果我不接受將自己定義為變性人（transsexuel），定義為「性別不安」（dysphorique de genre），我就必須承認我對睪固酮上癮。一旦一個身體放棄了它生活其間的社會所認可的男性或女性實踐，它就會逐漸變成病態。我可以選擇的生物政治選項如下：要嘛宣布自己是變性人，要嘛宣布自己是癮君子和精神病患者。就目前的情況來看，我認為更謹慎的作法是宣布自己是變性人，並讓醫學相信它可以為我的「性別認同障礙」（trouble d'identité de genre）提供令人滿意的治療方式。在這種情況下，我將不得不接受我出生在一個我並不認同的身體裡，聲明我厭惡我的生物身體、我的性別和我達到性高潮的方式。有必要重寫我的歷史，修改當中所有與女性敘述相關的元素。我將不得不編造一系列精心策畫的謊言：我一直討厭芭比娃娃，我從不玩娃娃，我討厭我的胸部和我的陰道，陰道插入讓我感到噁心，只有用假陽具才能讓我達到高潮。最終，我宣布自己患有精神疾病，從而確認世界衛生組織《精神疾病診斷與統計手冊》（*Manuel de diagnostic et statistique des troubles mentaux*）DSM-IV所制定的標準，一九八〇年之後，變性慾與暴露狂、戀物癖、自虐癖、受虐狂、施虐狂、易裝癖和偷窺狂一樣，被視為一種精神疾病。

如果我不接受這種醫學分類，我就進入了無可救藥的精神病領域。我更應該說，我必須在兩種精神病之間做出選擇：在一種精神病（變性）中，睪固酮作為一種藥物；在另一種精神病（成癮）中，睪固酮則成為令我上癮的物質，一種必須透過其他方式治癒的藥癮。我陷入了一個政治陷阱：問題是，這個陷阱的形式正是我的主體性，我自己的身體。

我們如何能夠委託國家來管理慾望、性幻想以及居住在自己身體中的感覺？或者應該說是國家的身體（corps-de-l'Etat）？如果我自行服用一定劑量的睪固酮，並冒著臉部毛髮增加、聲音變化和陰蒂增大的風險，而沒有在政治及社會上認同自己是一個男人，我一定是瘋了。我將無法直接去藥房拿我的Testogel。我得請D.從倫敦寄給我一兩盒，或者去expressdrug-store.com網站上或體育黑市購買，他們給我什麼我就服用什麼。如果可能的話，在西歐製造的睪固酮，而不是在東歐為菁英運動員和健美運動員合成的那些變體其中之一，那可能會引發持續數天的心跳過快。我寧願不去想它。這個禮拜我打算推遲服藥時間。下週三我才會服用。

## 雨票

自從她意識到她自己有一天會成為我的婊子以後，她就一直保持著距離，彷彿是在享受假釋的最後時光。每週服用兩百毫克T，我很難三天不和她做愛。我考慮離開以免被她的身體吸引。我打電話給她，告訴她不要擔心出軌不忠、下決定和平行的愛情。我要去洛杉磯和D.一起度過兩個月。我實際上並未使用這些詞彙當中的任何一個：不忠、決定、愛。我只是說：如果我離開一段時間會更容易些，我可以給你一張「雨票」（rain check），這樣也許會更好。D.要去拜訪J.，而且一定能為我在西好萊塢找到一間出租公寓。我在那裡可以毫無困難地找到睪固酮，還能與其他可能服用或可能不服用荷爾蒙的跨性別者聊聊。但我會回來，這是肯定的。至少回歐洲。二月份我必須去巴塞隆納，可能會順路經過巴黎。她沉默了一會兒，然後回答說洛杉磯是她最喜歡的城市。並告訴我關於棕櫚樹的事。我無法集中注意力聽她說話。我的生命像一條分叉的馬路一樣在我面前展開：一邊是洛杉磯的棕櫚樹，另一邊是V.。兩條路中穿插著T。我並沒有癱在十字路口上。不。是我想到去洛杉磯，我發明了一條路，一條以前不存在的路。我邁出了第一步，這不可免地使我遠離了她。在五〇年代的美國，在開敞篷車看電影的露天電影院裡，如果因為開始下雨而不得不取消放映，電影院會給觀眾一張「雨票」，讓他們下次在一個繁星點點的夜晚，免費回來看電影。一張雨票是時間凍結的胚胎，是一種在有利環境下可以人為重新活化的重要可能性。這是一種可以有意控制的，似曾相識的愛情。

她兩天後打電話給我。說她想去南方，去沃韋爾（Vauvert），寫一本關於她被強姦的書，關於她當妓女的那段日子，關於為什麼二十一世紀是女權主義的世紀，或者為什麼不會是女權主義的世紀。朝向太陽。我屈服了。睪固酮的傲慢屈從於純粹的情感。我和她一起動身。

## 嬰兒屍體

我們一起南下旅行。她每天都要變換好幾次身體和面孔。為了跟上節奏，我也變換著語言。她讓我在我們做愛的時候用西班牙語和她說話。我在她耳邊低聲說道：*Lo que tu quieres es que te folle como una perra*或*tu piel es tan suave.*（你想要我像操婊子一樣蹂躪你，你的皮膚太柔軟了。）不重要。「讓人慾火焚身的是我的西班牙口音。」她說。我記得一些幸福無比的日子。當我們一起在音樂震耳欲聾的車子裡，當我看著她在房裡跳舞時，當我們走過夏特大教堂（cathédrale de Chartres）的迷宮時。但隨時一切都可能改變。當她告訴我她將在四十歲自殺時，一切都徹底改變了。她說，一年前，她與P.和M.一起度過聖誕節，現在，她背著一個死去的孩子。她帶著這個負擔閒蕩，就像在巴黎巴貝斯（Barbès）的西印度群島母親一樣，只是她的孩子P.的小孩已經死了。她肩上扛著一具小屍體。我可能會崩潰，但卻沒有。我可以溫柔地擁抱她，但不行。*I am not a rockstar.*（我不是搖滾明星。）壓力會改變荷爾蒙水平。睪固酮可以改變人對壓力的抗力。我需要來一劑（shoot），但我每週的劑量已經超過兩百五十毫克。我關閉外圍思維的通道，我避免有害的認知：如果她真的想自殺，她不會等到四十歲才這麼做。*Quid moraris emori.*（為什麼你要等死？）她的自殺胎死腹中，就像她與P.生的孩子一樣。延遲的自殺被稱為憂鬱症。如果她有約會和儀式，那是因為生命對她來說仍然有意義。因為她是V. D.，不然的話，她今天就自殺了。今天晚上。在這裡，在沃韋爾，在卡馬格（Camargue）沼澤地。而我，我肯定會把它拋諸腦後。我會打開窗戶讓西北冰冷強風、密斯脫拉風（mistral）進來，打開水龍頭把浴缸放滿熱水，打開一盒Lexomil，給自己最後一劑T，張開嘴巴喝水，打開食道吞嚥，打開通往心臟的血管，打開毒藥必須進入的細胞，打開鴉片受體、碳鏈與鈉鏈。對她來說，通往墳墓的靈魂管道將會打開，她甚至還未出生的小寶寶就會來迎接她。對這個故事來說，這會是一個精采的結局，但它要讓我們再等四年。那就太晚了。*Difficile est longum subito deponere amorem.*（愛是難以長久的。）我不想聽。我不想聽她跟我說關於P.的那些下流話、關於死去的孩子、關於她無法愛我、無法愛那具小屍體之外的任何事物。我不想。我只想她的屁股被操，我們的屁股被操，我們三個的屁股都被操到爆：她、我，和死去的寶寶。

## 莎拉（Sarah）

從沃韋爾的作家之家通往海之聖瑪麗（Saintes-Maries-de-la-Mer）海灘的小路是植物的天堂，上面如舌頭般展開一條長長的融化柏油公路。這是一座自然公園，棲息著新科技物種：海狸、老鷹、公牛、白馬、粉紅色火鶴群和汽車。在這張灰色地毯上滑動的汽車是「賽博掠食者」（cyber-prédateurs），一心想消除移動的史前生物與新的超高速人／機聚合體（agrégats ultra-rapides d'homme / machine）之間的所有競爭。在沃韋爾的賽博天堂中，汽車－人已經成為一個複雜的有機體，像任何其他動物一樣居住和吞噬吃食。

海狸在河裡敏捷地游泳，潛入水下的灌木叢，它們毛茸茸的身影起伏不定，被對岸形而上的重量所吸引，被離開水中生活擁抱陸地的挑戰所吸引，受到技術分離的誘惑，牠們把頭伸出水面，讓第一隻爪子踏上柏油路面。在乾燥的陸地上，毛茸茸的身體變得笨拙，尾巴太重，眼睛上還覆蓋著一層液體薄膜，勉強能夠分辨對岸。汽車曲折蜿蜒，試圖將這些黏糊糊的東西捲入車輪底下。有時牠們迎面撞上，以至於當場鮮血噴濺、內臟爆炸。

當地人指控海狸是非法移民（最初來自南美洲的河流，十九世紀時被引入歐洲），牠們肆意地繁殖，破壞了卡馬格生態系統的平衡。人們正在毫不留情地消滅牠。海狸就像巴黎郊區的阿拉伯男孩、墨西哥提華納（Tijuana）的偷渡客、游過直布羅陀海峽的非洲人。為了生存而穿越。命喪車輪下。老鷹在車頂上空盤旋。牠就是這樣把汽車變成狩獵的義肢。汽車駛過後，海狸在無情的冬季地面上被開腸破肚，把牠自己精湛的外來內臟獻給了本土的老鷹。我沒有拍下這個場面。我不想讓相機這個終極技術之眼參與這場賽博生態儀式。老鷹與海狸在我記憶中留下的化學痕跡就足夠了。

一八八八年，梵谷在聖瑪麗海灘的郵政酒店（Hôtel de la Poste）度過了五天。他畫了四艘沒有帆、沒有舵，船槳擱淺在沙丘上的小船，還有另外兩艘則是張開了船帆，在海面上航向遠方。梵谷在其中一艘船上寫下了《友誼》（*Amitié*）。V.和我幾乎每天都開車去海之聖瑪麗。這座教堂可能建於一座古老異教神廟的基礎之上，它曾經供奉埃及的太陽神拉（Rä），太陽之父。海之聖瑪麗則是船上的兩個女孩。她們似乎漂浮在地中海巨大的泡沫波濤上，就像梵谷畫筆下的小船一樣。每個人手裡都拿著一個金色的盒子。但裡面裝的是什麼呢？

在海之聖瑪麗的墓室裡，有聖莎拉（sainte Sarah），黑色莎拉，莎拉・卡利（Sarah-Kali），游牧莎拉，聖莎拉的黑僕人，或埃及女神聖莎拉，吉普賽人的守護神聖莎拉。V.和我下去見她。我們帶來了兩個空骨灰甕。莎拉是一個黑瓷頭像，身著五十多件金色、紅色、綠色、白色、藍色的外衣，鑲著金線。她的黑髮消失在外衣之下，外衣將雕像變成了一件巨大的千層衣，上面安著一顆戴著金色水晶冠的頭顱。V.在她的空甕裡裝著她和P.沒有生下的孩子。我則帶著如同聖物的那根雞巴，我不需要割下它來成為現在的自己，我也不需要移植來成為現在的自己。

不存在兩種性別，而是存在眾多遺傳、荷爾蒙、染色體、生殖器、性和感官配置。除了一套規範性的文化虛構（fictions culturelles normatives）之外，不存在性別、男性和女性的真相。

在梵谷眼中，通往聖瑪麗的卡馬格平原，也就是V.和我駕車駛過的那片平原，看起來就像荷蘭的風景，只是光線不同。對我來說，我的印象是西班牙的光芒照耀著另一座平原，埃及的陽光溫暖了第三個千年移民海狸的背脊。

# 第十章　色情權力

「我賣的是挫折，不是解脫。」㊽

——莉迪亞．倫奇（Lydia LUNCH）

## 色情當務之急：去操你自己

1. 色情是一種虛擬的自慰部署（文學、視聽、網路等）。作為電影產業，色情電影的目標是總體的多媒體自慰。色情影像的特點是能夠獨立於觀者的意願，刺激控制快感產生的生化與肌肉機制。琳達．威廉斯（Linda Williams）定義了色情影像在觀者身體中自我活化的能力，她將色情定義為「體現的影像」（image incorporée）、影像成為身體，身體被影像擷取。[1]

㊽「I sell frustration, not relief.」

2. 色情是將性事轉變為奇觀、虛擬性、數字信息。換句話說：在公共再現中，「公共」意味著可直接或間接地上市銷售。考慮到後福特主義資本主義的情境，公共再現意味著它可以在全球市場上以數位形式進行交換，並可以轉化為資本。當一種再現使得本應維持私密的內容變得公開時，它就獲得了色情的地位。然後我們會說色情是一種將私密公諸於世的部署。或者，更恰當地說它是再現一部分公共空間的一種部署，透過為其附加自慰價值，來將其定義為私密空間。色情一詞表明了再現的政經特徵。

3. 色情是遠程－技術－自慰（télé-techno-masturbation）。藥理色情經濟透過視聽的數位化以及它在多種技術媒體（電視、電腦、電話、iPod等）上的超高速傳輸實現全球化，在亢奮－沮喪－亢奮週期的整體管理中產生了一種蝴蝶效應：這裡的陰部張開，那裡的嘴吮吸，從而在地球另一邊產生數百次快感的釋放，透過它們的虛擬位移，射出活生生的資本流動。

4. 色情再現了與文化產業中任何其他奇觀相同的特徵：技藝嫻熟精湛、戲劇化、奇觀化、技術重製性——數位化轉型和視聽傳播。目前唯一的區別在於它處於地下非主流的位置。色情製片人大衛．弗里德曼（David Friedman）指出，被視為表演實踐和視聽消費的當代色情剝削，是前電影時代大眾化的馬戲表演、廟會集市和主題公園怪胎秀的一種延伸。[49] 色情與賣淫可被視為十九及二十世紀娛樂產業中遭受排斥和非法化的領域。怪物、變態或離經叛道的身體（怪胎、同性戀、花痴、妓女），從馬戲團節目轉變為精神病或罪犯的定位，強調這種被排除在公共與經濟領域之外的過程。

5. 色情產業之於文化和奇觀產業，就像非法販毒之於醫藥產業一樣。這是二十世紀資本主義兩個隱藏的引擎。藥理生產在當代文化產業一個隱藏和邊緣的矛盾面向中運作，它也是任何其他後福特主義生產的典範。在超－物質資本主義（capitalisme über-material）中，任何形式的生產只要接近藥理色情生產模式就能夠帶來利潤。

6. 作為文化產業的地下部門，性產業揭示了任何其他溝通交流或奇觀生產的真相。文學、電影、電視、網路、漫畫、電子遊戲等都渴望色情，都想要生產色情的快感和附加價值，但又不想承受色情再現所固有的邊緣化，就像當代合法製藥行業的生產者希望生產「性」和「毒理學」的快感及附加價值，而又不想承受非法毒品交易所固有的邊緣化和刑事定罪一樣。

7. 在色情中，性是操演，也就是公共性再現以及社會性和政治性監管調控的重複過程。讓我們再來看看文化產業與性產業之間的關係。理論家朱迪斯·巴特勒在二十世紀末女權主

---

[49]「色情剝削業務是馬戲團嘉年華的延伸——少女表演、怪胎表演、賭博遊戲、遊樂設施、喧鬧聲、喧嘩聲……」色情製作人David Friedman, in Legs McNeil and Jennifer Osborne, *The Other Hollywood. The uncensored oral history of the porn film industry*, Regan Books, New York, 2005, p1.

義的一個轉折點上，透過操演、規範過程的一再重複、內化的標準，以公共的身體風格、再現和戲劇化的形式，來定義性別、陽剛氣質與陰柔氣質。[2]八〇年代，安妮・斯普林克（Annie Sprinkle）與巴特勒一樣，引入了理解身分認同的新式「操演性轉變」（déplacement performatif），不再以性別（genre）、而是以性事（sexualité）操演的角度來定義。[3]對於斯普林克來說，色情再現所聲稱捕捉到的性之真相（vérité de la sexualité）只是一種再現部署的效果，是在非常精確地再現規範監管調控之下的一整套身體動作編排效果，類似那些在舞蹈、傳統電影動作或劇院中使用的規範。由此可見，對於斯普林克來說，色情除了再現慾望所產生的價值之外，並沒有任何現實或紀實的價值。

8. 作為影像的色情，其本質與其說和內容有關，不如說與場景設計、戲劇化和燈光的問題更有關：所需要的只是一個「**打光打得很好**」[4]的身體（自然或人造的、「活的」或「死的」、人或動物的身體），一個因為難以接近而更加令人嚮往的身體，它的自慰價值與它能否表現得像一個光芒四射的抽象幻想的能力成正比。

9. 對於作為零度再現的色情之通俗化理解是基於一種性超越（sexo-transcendantal）原則，我們可以稱之為「精液柏拉圖主義」（platonisme spermatique），其中射精（和死亡）是唯一的真理。從此，**虐殺**（snuff）成了此類色情生產的本體電影（onto-cinématographique）模式：即時拍攝真實、射精和死亡，更好的是以本體電影的方式使死亡與射精同時發生。

主流色情的特點是製造一種闖入純粹現實的視覺錯覺。觀看一個無法控制自己性生產力（force de production sexuelle）（高潮〔潛〕力）的主體，就在他放棄這個能力的那一刻看他，為了一個全能的觀眾（他自己，觀者），反過來，透過再現，他看見自己被去主體化，化約為他的手淫反應。**觀者享受著自己的去主體化過程**。如果我們認為任何色情視覺文件的目的都是使所再現的射精與觀眾（抽象地理解為生物男性，普遍的視覺射精者）的射精同時發生，那麼我們就不得不得出這樣的結論：色情影像凝視的快感在於一種惡性矛盾（contradiction vicieuse）。一方面，透過色情演員的去主體化，使觀眾覺得是自己擁有並控制著演員的高潮（潛）力；另一方面，透過將觀眾的身體化約為射精刺激的非自願接受者，將他置於妓女、母狗、「普遍的接受肛門」（anus-récepteur universel）的位置，被剝奪了任何性決定權。色情主體性的本質就是吞下自己的精子，同時既是勃起的陰莖，又是普遍的接受肛門。這將我們引向色情（哲）學（pornosophique）的箴言：pornete ipsum（**打開自己**）。

10. 色情講述了性事的真相，不是因為它是零度的再現，而是因為它揭示了性愛在任何情況下始終都是一種操演，都是一種編導的、規範的、重複性的公開練習，也是一種與全球的亢奮－沮喪－亢奮迴路相連結的非自願機制。當代娛樂產業將再現形式歸類為「適合大眾」或「X級」，將色情簡化為「純粹的性」（du sexe pur），從而否定了色情的操演價值，似乎從戲劇的角度來看，接吻、打鬥和肛交之間存在著本體論上的差異。目前非色情文化產業的霸權源自這一道德公理，它使所謂的性器官（特別是陰莖、陰道與肛門）成為電影外（extra-cinématographique）之物（字面意思上的ob-scène[50]、舞臺外的），其中「真相」的價值無法被再現吸收並轉化為表演。但這種霸權的背後隱藏著文化產業的願望，即以與色情相同的效果來影響主體性生產的有機技術中心（快感和情動、全能感和舒適感的生產中心）。文化產業對色情產業如飢似渴。色情不僅僅是眾多文化產業中的一種，它也是所有文化產業的典範。[51]色情製品（生產的性化〔sexualisation〕、身體的信息化〔informatisation〕）及其亢奮—資本—沮喪—亢奮—資本的封閉迴圈，為理解任何其他類型的後福特主義文化生產，提供了一把鑰匙、一種特別清晰的方式。

11. 在批評的反應中，陷阱比消失點還多。將性事從（無論受薪與否）工作場所中剔除，並不足以使其擺脫當代生命政治的控制，就像是委託國家對其進行監管，以將它從公共領域中剔除一樣。不可能回到一個非公共性的浪漫主義，也不可能獲得一種親密的、非工業化的身體形式。自由主義、解放主義或廢娼主義的事業在此都失敗了。相反地，從現在開始，問題將是發明其他公共的、共享的、集體的和公共版權（copyleft）的性事，這將超越主導的色情再現形式和標準化性消費的狹隘框架。一九九〇年，安妮．斯普林克率先使用「後色情」（postpornographie）一詞呈現「公共子宮頸公告」（The Public Cervix

Announcement），她在行為表演中邀請觀眾使用窺陰器探索她的陰道內部。這種對性的再現，批判了醫學和傳統色情所產生的可見性規範。對於色情的「性的真相」，借用傅柯的說法，斯普林克反對各種性虛構（fiction du sexe）的戲劇和藝術創作。在斯普林克的倡議之下，雪莉・馬爾斯（Shelly Mars）、致命錄像（Fatal Video）、維吉妮・德斯彭特、科拉莉・鄭氏（Coralie Trinh Thi）、德爾・拉格雷斯・火山、瑪麗亞・比蒂（Maria Beatty）、布魯斯・拉布魯斯（Bruce LaBruce）、鄭淑麗（Shu Lea Cheang）、Post Op等人的作品大量湧現。這種多重美學和政治策略（敢曝、變裝國王、SM、龐克、賽博等）的共同點是認識論上的倒置，是色情表述主題的徹底置換：那些曾經是色情再現被動客體的人（女人、男女色情演員、妓女、同性戀、性變態等）成為了再現的主體，從而質疑使他們的身體和性事變得可見的（審美、政治、敘事）準則，並質疑性關係（rapport sexuel）和性別關係（relation de genre）模式的僵化。

這種批判在性事再現的歷史（histoire de la représentation de la sexualité）上打開了一道

50 譯註：ob-scène，法文「淫穢」之意。

51 這句話不要與弗雷德里克・詹明信（Fredric Jameson）經常爭論的格言混淆，「每張圖像都是色情的」。詹明信在這裡使用了色情的批判意義來限定圖像的「意識形態」地位，面對根本的事實。馬克思主義意義上的歷史文本。參見Fredric Jameson, Signatures of the Visible, Routledge, New York, 1990.

缺口，使得色情不再是性客觀再現的零度，而是一種精確的性別歷史，我們今天第一次能對它進行批判性的分析，最終更可能會把它拋諸腦後。

## 勞動的色情化

不用我提醒手裡拿著這本書的你，性（你的性）並不發生在（你的）個人身體、（你的）私領域或（你的）居家空間裡。無論是個人身體，還是所謂的私領域或居家空間，都無法逃避政治監管規範。性、亢奮、勃起和射精的需求是藥理色情生產的核心。因此，這種情況可以藉以下術語來定義：「**這是性勞動**。」（Labor sexus est）在網路蔓延的藥理色情城市中，勞動的物質性過程建立在性吸引力、心身本能、荷爾蒙激增、突觸連接的建立和化學排泄物排放等一系列因素的基礎上。**勞動**就是性。然而，工作的目的不是為了滿足，而是為了亢奮：啟動用以調節亢奮－沮喪－亢奮循環的軀體裝置（appareil somatique）。我們在色情工廠（porno-usine）工作：一個技術軀體工業（industrie technosomatique），其燃料是精子、血液、尿液、腎上腺素、睪固酮、胰島素、矽膠、精神亢奮劑、雌激素，但也有可高速傳輸的數位化符號、數字、文本、聲音、影像……我們將「勞動的色情化」（pornification du travail）稱為當代「勞動的性流變」（devenir-sexe du travail contemporain）機制，反之則稱為當代「性的勞動流變」（devenir-travail du sexe contemporain）。

因此，為了理解後福特主義勞動的實踐，有必要詳細研究迄今為止被認為與資本主義生產及消費周期相關的三個邊緣領域：

1. **藥物（合法或非法）的生產、販運和消費**。我所說的「藥物」不僅指任何天然或合成的化學物質，特別是影響生物體中樞神經系統功能的化學物質，且就廣義上而言，任何能夠改變其作用的細胞新陳代謝的生物活性（biologiquement active）物質（合法或非法）。「藥理權力」一章概述了精神藥物流動的一些管理原則。

2. **色情影音的製作、流通、消費**。這裡的「色情製品」所指的是任何能夠改變敏感度和流（flux）的生產，觸發亢奮–沮喪的迴路，產生心身的、無限的快感，攫取身體的「性活性」（sexuellement actif）的視聽製品。

3. **性勞動**。透過（或多或少正式的）服務合約，將一個身體的高潮（潛）力轉化為商品。

藥物、色情影音、性服務這三個資本生產平臺的權力在於它們作為主體性義肢（prothèse de la subjectivité）的功能。器官、藥丸、城市、通訊連結、影像、文本、手淫、矽膠、化合物、美元在這裡流通，出現了一種普遍的毒理色情經濟（économie toxicopornologique）。

這種將勞動視為亢奮新概念的理論家不再是古典經濟學家（李嘉圖〔Ricardo〕、馬克思或凱因斯），而是色情電影導演（坎迪達・羅亞爾〔Candida Royale〕、納西斯・博斯〔Narcis Bosch〕、納喬・維達爾〔Nacho Vidal〕、HPG等）、色情演員（安妮・斯普林克、尼娜・羅伯茨〔Nina Roberts〕、科拉莉・鄭氏……）、性工作者（米歇爾・T〔Michele T.〕、諾瑪・簡・阿莫多瓦〔Norma Jane Almodovar〕、克萊爾・卡托內特〔Claire Carthonnet〕……）、販毒網絡的齒輪，從古柯鹼生產商到鴉片種植園的貧困勞動者，再到國家黑手黨，祖傳巫術草藥醫生、製藥廠、小毒販和癮君子。奈格里與羅科・西弗雷迪；巴特勒與珍娜・詹姆森（Jenna Jameson）。

佛洛伊德和他服用的古柯鹼、艾斯科巴（Escobar）的生與死、沙特用的安非他命、在伊拉克的美國士兵所使用的雄激素和欣快劑雞尾酒（cocktail d'androgènes et d'euphorisants）、服用高劑量Oral-Turnidol®濃縮睪固酮藥丸的俄羅斯運動員的癌症、《深喉嚨》中琳達・洛夫萊斯（Linda Lovelace）的興衰、從時尚伸展臺蜿蜒到電視臺攝影棚或股票市場走廊上的結晶粉末線條。四十年來作為生育年齡女性的避孕藥而服用的數十萬劑雌激素和黃體素、實驗室動物和那些最終被放在餐盤上的動物、更年期女性服用的數量龐大的抗憂鬱藥、跨越歐洲邊境販運的非法性工作者、自行車比賽中使用的亢奮劑、每年在色情電影前射出的無數精液、人類免疫缺陷病毒無聲無息的傳播、數以百萬計的老人胃裡充滿了奧美拉唑、參與生長激素臨床試驗的青少年之死、讓桃莉羊受精的注射器、健美運動員肌肉的合成式天真……這些都比歐洲經濟共同體的所有工業年報，以及其微不足道的失業率增減指數，更能說明當前的資本主義生產模式。關於後福特社會中亢奮－沮喪－亢奮價值生產，顯然透過威而鋼的生產、消費和偽造的國際指南所能告訴我們的，會比所有古典經濟學論文中「勞動作為商品生產」此一過時概念能告訴我們的都要更多。

## 性別版權：具有重大技術意義的潤滑劑

權力正在滑動：然後轉移，在上個世紀，權力從土地轉移到製造業，然後轉移到資訊和生命。今日，權力延伸到性與性別，作為信息和主體性的精確編碼（codification）。在不久的將來，透過將調節情動與性荷爾蒙生產的精神藥物轉化為專利，此作法將更加有效。但慾望、性和性別既不像土地，也不像人工製成的產品。事實上，慾望、性、社會性別類似作為體現符號系統（système sémiotique incarné）的信息（哈洛威）。這些都是活生生的符碼（codes vivants）。就像信息一樣，它們挑戰所有權，因為我擁有一個片段（信息、慾望、性、性別的片段）並不會剝奪你的所有權。我的慾望、我的塑膠陰莖、我的義肢陽剛氣質都可以流通與分享，而不會減少快感。相反地，分享會增加慾望、性和性別。問題在於，迄今為止，慾望、快感、性和性別一直被認為是不可轉讓的本質，被認為是財產。它們最初被認為是自然界中固定的物質，然後是上帝的財產，接著是國家的財產，再後來是私有財產，最後是今日的藥理色情政治跨國企業的財產。

新的全球性企業什麼也不生產。他們唯一的目標是專利的積累和管理，他們渴望管理身體和快感生產的再現形式。這種管理生產的性化和生命的資訊化之版權政策，就是我所說的「藥理色情政治」（pharmacopornopolitique）：這是將你和我的屁股、你和我的慾望轉化為抽象的利益。你的陰蒂和我的雞巴正遭受與玉米穗相同的命運：跨國企業利用基因工程生產新的基因改造品種，其種子將無法繁殖。由於胚質的私有化（privatisation des germoplasmes），就像跨國公司今天控制世界玉米生產那樣，但他們關心的是（這一點至關重要）將整個地球轉變為新式基因改造種子的潛在（不孕）消費者。藥理色情業呈指數級上升的速度控制和生產你的慾望身體（corps désirant）。在「農業資訊化」（l'informatisation de l'agriculture）[5]的同時，我們見證一種「性與性別的資訊化」（informatisation du sexe et du genre）進程，透過它，資本旨在生產和擁有藥理色情、麻醉品與視聽製品、分子及幻想的模式，慾望主體性（subjectivité désirante）的調節器。

你的性、你的慾望和你的性別是藥理色情產業嶄新的基改超級玉米：如果你想要高潮，威而鋼；如果你想避免有性生殖，避孕藥；如果你想改變你的聲調或肌肉質量，雄性激素；

如果你想擁有性幻想，Dorcel、Hotvideo、Playboy……

## 芭黎絲・希爾頓（PARIS HILTON）與馬克斯・韋伯（MAX WEBER）同床共枕

馬克斯・韋伯在《新教倫理與資本主義精神》（Ethique protestante et l'esprit du capitalisme）中指出，自十七世紀以來，清教徒的權力情色主義（érotique puritaine du pouvoir）以其情感和道德穩定、自我控制和謹慎的價值觀主導了西方大部分的性生態系統，而它正逐漸顯露其藥理色情的基礎。根據韋伯的直覺，讓資本主義蓬勃發展的並不是唯物主義，而是新教的生命倫理。迄今，神聖的懲罰和過度奢侈的象徵、勞動犧牲和經濟成功成為上帝大愛的證明，並以資本的形式透過身體、市場和領土進行流通。同樣地，在藥理色情時代，支配身體生命和人們運作的原則，不是享樂主義、感官愉悅的滿足，而是「後基督教－自由主義－龐克」倫理學（éthique post-chrétienne-libérale-punk），其原則是強迫性地再生產亢奮－沮喪循環，直到生態系統完全被破壞。

芭黎絲・希爾頓[6]就是一個活生生的完全義肢的例子，預示著韋伯式自由新教主義的色情未來。希爾頓顯然是美國菁英模式的一個例外，她代表了奢華技術婊子（technobitch de luxe）的性政治生產巔峰。作為一個身價數千萬美元的旅館帝國和房地產企業的女繼承人，希爾頓拒絕了傳統的學習機制，並開始在《拜金女新體驗》（*The Simple Life*）等電視節目中工作，後來又拍攝了自己的色情電影。希爾頓並沒有放棄韋伯的新教倫理和資本主義精神。完全沒有：她將其吸納並達到藥理色情媒體製作的最高水平。平淡無奇的希爾頓正在和韋伯上床。儘管她表面上傾向放蕩和遊手好閒，但她並不排斥資本主義經濟，相反地，她的整個生命和性事，透過極端的監視設備轉化為勞動，成為可全球轉移的數位影像。她的成功在於，能夠在藥理色情資本主義的全球交易市場上重新找回她身體和性事的終極價值。就此意義而言，希爾頓可能是一名高科技藥理色情工作者；最讓希爾頓爺爺煩惱不安的，也許正是她不道德行為中的勞工階級色彩。

如果希爾頓已成為藥理色情生產模式的典範人物，那麼她與七〇至九〇年代的色情女演員（從瑪麗蓮・錢伯斯〔Marilyn Chambers〕到珍娜・詹姆森）不同，並不是因為她性感到爆炸。看過她小電影的觀眾都能證實這一點。希爾頓與傳統的色情女演員截然不同：她並不是因為經濟需要或一個無法對抗的社會命運而進入色情行業，相反地，她依靠自己的金融帝國來決定和計算自己朝向色情明星的轉變。此外，無論在身體還是表演層面上，她都沒有表現出明顯的手淫興趣，這表明，在她的財富和強大的廣告機制之外，她永遠不可能與崔西・洛茲（Traci Lords）或卡楚米（Katsumi）等女演員競爭，而在色情市場上立足。如果說希爾頓的這個角色呈現出一種無可爭議的理論政治（théorico-politique）意義（不僅是自慰意義），那是因為她闡釋了所有形式的勞動和價值生產轉變為藥理色情生產的當代趨勢，從而說明了當前資本主義整體價值生產的一種「色情流變」（devenir porno）。

在韋伯自以為是的清教徒價值觀的背後，隱藏著希爾頓完全剃光的外陰、阿諾・史瓦辛格（Arnold Schwarzenegger）富含睪固酮的肌肉，以及五十幾歲軟趴趴的生物雞巴普遍使用威而鋼的數位影像。

## 都會性狂歡

為了二〇〇五年世界盃足球賽，安格拉・梅克爾（Angela Merkel）所領導的德國政府（也許會加速性產業的福特主義化，誰知道呢？）批准阿蒂蜜斯（Artemis，一個距離柏林奧運體育場僅三站地鐵、占地三千平方公尺的多媒體妓院）的新建。建築物內部按照開發商宣傳的「拉斯維加斯」美學風格進行裝飾。建築共有四層，包括一座游泳池、幾個三溫暖浴室、兩間電影院及大量的房間，因此可以同時容納一百名性工作者和六百五十名顧客。德國政府的理由揭示了當前藥理色情資本主義的基礎：「有必要為前往柏林觀看世界盃的四百萬觀眾提供最好的性服務，就像為他們提供最好的飯店、餐館、文化和通訊等服務一樣。」[7]順帶一提，妓院作為國家機構，作為政府向城市居民與遊客提供的公共服務，這絕不是梅克爾的發明，而是自中世紀城市到二十世紀的殖民機構以來一直存在的結構。例如，一四三四年（德國／奧匈帝國）伯爾尼市（Berne）向西吉斯蒙德（Sigismond）皇帝及其宮廷在訪問該城市期間開放公共妓院。儘管伯爾尼的古城妓院和大型性超市阿蒂蜜斯之間存在許多差異，但兩者對藥理色情都會的經濟發展都起了決定性的作用。這家足球妓院是五〇年代末美國花花公子俱樂部和旅館開創的多媒體妓院系譜之一部分：妓院建築被改造為生產、消費、傳播視聽色情符號和提供性服務的空間。用傅柯的話來說，它是一個「異托邦」（hétérotopie），一個政治－性例外（exception politico-sexuel）的空間，其中主導的法律和價值觀，明顯牴觸主流公共空間的法律及價值觀。[8]

亂七八糟（bordel）是現代城市存在的理由。現代城市就是一個妓院（bordel）。當一項政治措施試圖「杜絕城市中的賣淫活動」或「讓賣淫離開城市」時，它實際上是在說：有必要讓城市中的「亂七八糟」成為「不可見」。正如我們所知，這相當於將城市推向其邊界之外。

根據《新觀察家》（Nouvel Observateur）報導，阿蒂蜜斯的目標群體是「成群結隊的單身男性及他們因足球大戰而激發出來的性慾」。然而，阿蒂蜜斯提供性服務的廣大潛在消費群體的特徵並不在於他們的「單身男性」身分（這些「男性」在來參加世界盃之前是否單身並不重要），而是他們在性政治上（sexopolitiquement）將自己視為異性戀：性服務將完全由來自世界各地的四萬名女性提供（歐盟將在世界盃之際，發給她們臨時工作許可證）。

承認性勞動合法性的德國政府，更為那些來自前蘇聯集團希望在德國賣淫的年輕女孩們出版了一本「女性旅行指南」（guide de voyage pour les femmes）。在法國，「反對販運婦女與賣淫國際聯盟」（Coalition internationale contre la Traite des Femmes et la Prostitution）的國家主席馬爾卡・馬爾科維奇（Malka Marcovich）發起了一項請願活動，並集結法德拉・阿瑪拉（Fadela Amara）和塞格琳・羅雅爾（Segolene Royal）等人連署，喊出「買春不是一項運動」的口號。它呼籲德國政府在世界盃足球賽期間禁止性交易，但並沒有成功。

體育與賣淫之間的關係可以為理解當代的藥理色情制度提供重要關鍵。馬爾科維奇輕描淡寫地為我們提出了一個能夠定義藥理色情經濟的口號：「買春是一項運動」。雖然迄今為止性產業還沒有出現徹底的福特化，但另一方面，我們可以說文化和福特主義產業已經發生了嚴重的色情化。與其將賣淫視為為足球產業邊緣的一種副業，我們應該將整個體育運動（特別是足球）視為全球性藥理色情產業的一部分，它控制著網際網絡、俱樂部、舞廳、色情的生產、分銷和傳播鏈、生產和交易合成代謝藥物和其他補充運動和性身體的分子的製藥產業，以及音樂、服裝、飾品和衍生商品（從席丹〔Zidane〕的發泡塑膠小雕像到罐裝保險套）的生產和分銷鏈。

正如同在性勞動領域，職業運動領域中的問題不在於出賣身體，這與廢娼主義女性主義和天主教完整主義（integrisme catholique）的主張恰恰相反。後福特主義社會中的勞動在任何情況下都始終是生命體以其高潮（潛）力所產生的交流和亢奮力量的買賣出售。藥理色情生產的特殊性更體現在當前市場中性別和種族的不對稱（十分之九的性工作者是生物女性，而僅有十分之四是白人）、經濟報酬和職業地位的不對稱。

儘管珍娜·詹姆森的乳房和蒂埃里·亨利（Thierry Henri）的大腿之間存在著根本的差異，但有趣的是，歐洲主要球隊的運動員和在阿蒂蜜斯為足球迷們服務的性工作者往往來自地球上相同的經濟、政治和種族階層：他們來自貧窮的工人階級，或來自歐洲各國的前殖民地，透過出售他們的身體亢奮資本和高潮（潛）力，進入當代的藥理色情市場（同時獲得了歐洲國籍）。德國藥理色情業提供給世足賽（實體和虛擬）觀眾的是運動員和性工作者的色情化和性化的身體。勞動色情化的過程也存在於娛樂業和性產業中，它從種族化和貧困的身體（來自所謂發展中國家的非白人身體）中榨取藥理色情的剩餘價值，而這些身體根本無從透過其他方式合法地進入西方領土。

## 藥理色情工作者（Le travailleur pharmacopornographique）

在每個歷史時期，一種類型的勞動和勞工決定了一種特定經濟固有的生產形式。奇怪的是，回過頭來看，這類勞動和勞工似乎是最不穩定的，工作條件也是最惡劣的：採棉花奴隸的身體決定了種植園經濟，礦工的身體決定了蒸汽機經濟，可替換的（fongibles）男女工人的身體決定了集中營，工廠男女工人的身體決定了福特經濟。今天，定義藥理色情經濟的特定勞動和剝削類型是性勞動，而這種生產模式的典型身體就是妓女、女演員或色情演員的身體。

表面上的生產（授權商品的合法生產）與實際上的生產（亢奮－沮喪價值生產）兩者間的差異如此之大，以至於除了種植園經濟的奴隸勞工，和集中營經濟的可替換勞工（travailleurs fongibles）之外，在歷史上沒有其他類別的資本生產者處於如此不穩定的境地。藥理色情資本主義中真正的極度貧困勞工是妓女、「未經選擇的」[52]移民、小毒販、囚犯，致力於家務勞動和身體護理的身體、兒童及動物（生產藥理原材料的原產地、用於臨床試驗和農業食品工業消費的身體）。他們都即將擁有公民身分，也都即將成為人類。因此，用「勞動女性化」（féminisation du travail）來描述當代資本主義的勞動轉型不僅不恰當，而且是有傾向性的。我們應該談論的是在全球藥理色情政治體制中，**勞動的色情化**以及身體和主體性的生產。

迄今為止，性勞動和生殖再生產勞動一直被認為是無償的行為，是一種所謂女性主體尊

[52] 譯註：「未經選擇的」移民，相對於「經過選擇的」特殊人才、高學歷、投資等移民。

嚴的基礎，而性服務的商業化將徹底貶低這種尊嚴，無論是透過藥理色情機構，或是透過國家和宗教意識形態機制。包括主張「勞動女性化」的左翼理論家，他們喚起了女性在歷史上所從事的無償服務，毫無疑問地談論「人和物的衛生、家務管理、兒童教育、照顧病人和老人」（拉扎拉托），但卻忽略了性和生殖服務，而這些服務也是無償勞動的一部分。彷彿他們有意或無意地保護了性事領域免受經濟生產的影響，使其成為人類活動的神聖領域。但怎麼可能沒有人認為政治責任、學校教育或音樂創作是免費行為，而我們卻仍然相信「性與生殖勞動是免費服務」（解讀作：貧困或政治的義務）相當於維護基本女性尊嚴，更廣泛地說，是維護整體人類文明的基本尊嚴呢？

大多數對資本轉型過程的分析都「貞潔地」迴避了藥理色情生產的黏性核心。由克里斯蒂安・馬拉齊（Christian Marazzi）[9]、摩里齊奧・拉扎拉托[10]、托尼・奈格里（Toni Negri）[11]和朱迪斯・雷維爾（Judith Revel）[12]提出的「勞動女性化」或「勞動的女性流變」（devenir-femme du travail）[13]概念掩蓋了一個性別謂語（prédicat de genre）出現的真正原因（在此，性別被不恰當地簡化為女性），以形容資本主義的當前轉向。沒有證據表明新的後福特主義勞動模式比工業勞動模式更「女性化」。也許婦女不曾在棉田裡當過奴隸？也許她們不是第一批在裝配線上把沙丁魚裝進罐頭的勞工，或者第一批在紡織行業工作的人，或者第一批為微軟生產主機板的人？用女性化來描述勞動的逐漸不穩定，意味著一種異性戀中心

（hétérocentré）的預設、一種性別差異的形而上學和一種先驗的性別修辭，根據這種修辭，「安全、穩定、明確」意味著工業化和男性化，而「靈活、可變、流動及不穩定」意味著後工業化和女性化。

讓我們思考一下這種性別關係與當代勞動色情化的關係。用「女性化」來描述當前的勞動轉型過程是合理的，因為正是（生物的或技術的）女性身體和女性操演的虛擬或現實的生產，使全球異性戀雞巴（hétérobite globale）勃起。但同樣地，確實有相當多的同性戀者為了男人的屁股、其他的雞巴、潤滑的肛門而變得堅挺。除此之外，還有作用於女性身體的新自慰機制。儘管這些機制尚未得到充分開發，但它們很快就會成為產生藥理色情利潤的新平臺。但是，一般來說，我們必須面對壓倒性的證據：到目前為止，是生物女性（以及在較小程度上，一些技術女性和某些色情化的生物男性身體）完成了讓世界雞巴堅挺勃起的工作。但沒有任何理由或跡象表明生物女性應該繼續這麼做。

性和色情勞動受剝削程度的指標之一是其勞動者在社會上的不流動性，他們無法放棄此一生產領域而去從事其他不那麼貧困的勞動。在當前的生產條件下，性和色情勞動將任何剝削關係的本體論力量推向了極限：在勞動變得靈活和職業再培訓變得常規化的今天，性勞動似乎是最有效地將勞動者化約為一種自然本質，為他的餘生打上了烙印，使他很難在其他勞動力市場上重新就業。如今，藥理色情行業的從業人員就像一個「種姓」，一個被詛咒的物種，儘管他們在藥理色情服務中的職業生涯很短（平均五年），但在合法市場上從事任何其他勞動時依然處於貶值狀態。

我曾與法國色情恐怖女演員（actrice pornoterroriste）的領袖人物尼娜．羅伯茲討論過這個問題。根據她的分析，「一些色情女演員在停止拍片時會明顯變胖，以避免被人認出來，使自己『去性化』（désexualiser），以便能在外出購物時不會被誤認為是尋找堅挺雞巴的妓女。」一個念頭在我的腦海中閃過：她們服用睪固酮並改變性別會更容易。她們因此可以變成無名而優雅的顧客，手臂毛茸茸，聲音低沉。這種蛻變將是一種政治補償：對訓練「毛手臂」（Bras Velu）（一種基本的異性戀自慰者）做出貢獻的一種文化獎勵。沒有人會想到，在匿名色情消費者的偽裝下，竟可藏著一隻發情的母狗，占據著令人羨慕的支配眼球位置，而這一切只需要不到六個月的時間，持續每月服用幾毫克睪固酮。奇怪的是，這種聞所未聞的變形，將使他們同時獲得再現霸權主體的位置和色情隱形的奢侈。性別改變也可以被視為一個契機，重振生物女性色情女演員過於短暫的色情職業生涯。如果我們考慮到X級女演員的職涯愈來愈短暫（在鎂光燈下，二十五歲以上的女演員寥寥無幾），我們可以想像曼迪．布萊特（Mandy Bright）、傑西．簡（Jesse Jane）、珍娜．詹姆森或尼娜．哈特利（Nina Hartley）在做完乳房切除手術後，帶著真皮的XL號假陽具，作為出眾的色情演員開始新的職業生涯，她們將取代「洛可可」及「納喬」（les Roccos et les Nachos）[53]……至於觀賞尼娜．

羅伯茲以「技術堅挺」（techno-hardeur）的姿態大戰所有色情明星所能帶來的藥理色情快感，我就不再贅述了。

目前，西方政府機構對賣淫產業工會和法律勞動類別的限制（除了少數例外，我們必須將其視為政治異議的實驗室），以及色情製品生產和發行流通的控制，使其無法成為相當於任何其他娛樂產業分支的一種電影產業，這並不是出於保護市場上物化女性身體的婦女權利的一種願望，因為來自左右兩派和女權主義不同群體的聲音一致肯定。完全相反。如果有必要（在左右兩派的論述中）否認性可以成為一種勞動、經濟交換、服務或合同的客體，那是因為此勞動類別可能的開放，質疑了資本主義精神中所謂的清教徒價值觀，或者更糟的是：它顯露出資本主義精神中真正的色情價值觀。

因此，就某種程度而言，這是一個避免公開揭露藥理色情資本主義背後真正驅動力的問題，一個千方百計避免引起社會恐慌的問題：支撐世界經濟的不是勞動，而是高潮（潛）力。勞動作為現代社會基本價值觀的徹底瓦解將會引發恐慌。害怕要去承認，在蒸汽機和福特主義經濟的背後，曾經隱藏著、並且即將現身的巨大的「戰爭－色情－毒品－監獄」的工

---

53 譯註：兩位知名南歐男色情演員。

業綜合體。

## 超－物質勞動（TRAVAIL ÜBER-MATERIAL）

義大利工人主義（opéraïsme italien）的繼承者們相互爭論，認知或「非物質」（immatériel）勞動在多大程度上真正是非物質的。也許他們沒有充分討論當他們一邊手淫、一邊透過筆記型電腦的Wi-Fi瀏覽色情網頁時，他們的手在勃起器官上的運動、雙腿間的濕度、分泌物的黏稠度。維爾諾更喜歡將非物質勞動稱為「語言學」（linguistique），而哈特和奈格里則選擇傅柯式的形容詞，將其定義為「生命政治」，從而強調了這種非物質生產與身體的關係。但這個身體本身卻顯得「去性化」了。完全都沒有提到一劑威而鋼伴著適當圖片對他們的哲學雞巴所產生的神奇效果。沒有人敢直呼其名：勞動的關鍵核心變成了性、精液、自慰、毒理學，如果想從中獲得經濟效益，勞動就必須產生一劑注射（shoot）的效應，歸根究柢這是一種我們應該稱為藥理色情政治、而非生命政治的勞動。

讓我們坦白地說：在色情經濟中，沒有任何勞動不是為了讓全體雞巴勃起、保持堅挺、為了刺激腦內啡（endorphine）分泌，或為了強化基本的異性戀大男人消費者「無所不能的感覺」（sentiment d'omnipotence）。我們當前的資本主義形式或生產形式可以定義為「射精經濟」（économie de l'éjaculation）。唯一真正的附加價值是雞巴的升高指數、硬度、剛性、射精量。

當代藥理色情勞動絕不能說是非物質的。事實上，沒有什麼比藥理色情資本主義賴以為生的勞動更加非物質化了：我們可以稱之為「超－物質」（*über-material*）、「超級物質」（supra-matériel）、「技術物質」（techno-matériel）或「極物質」（hyper-matériel），而不是「非物質」（immatériel），因為它的一致性是生物的、分子的、肉體的和數位的、不可化約的突觸和數位化的；其最終目的是產生勃起、射精、精子量。此外，這種勞動的一部分可以用流量的升和分升（déci- litres）、肌肉反應和化學物質釋放的數量來衡量。為了強調這種重要性，安妮．斯普林克在一次行為表演中，以公分為單位計算了她作為性工作者時吸過的雞巴數量，並將它們與帝國大廈的高度進行比較。[14]不存在非物質性的性勞動（travail sexuel immatériel），就像不存在沒有「射精鏡頭」（*Cum shot*）[54]的色情片一樣，無論是精液、陰道分泌的愛汁還是煉乳。沒有什麼勞動不是潮濕的勞動。城市結構和賣淫網絡的同時擴張，透過戰爭或性旅遊對「可性化人民」（population sexualisable）進行殖民化、女性化或男性化生命體的技術生產，藥理化合物對生理反應的控制，其生產和銷售受到國家醫療司法機構和跨國製藥產業的監督與控制、將以往被視為隱私的生活片段點滴進行數位化紀錄和

[54] 射精的鏡頭，總是體外的，這標誌著色情敘事單元的結束。

有意地傳播、在居家空間生產色情並透過網路傳播……所有這些跡象都表明了一種超－物質生產（production über-matérielle）方式的出現。

安妮・斯普林克（Annie Sprinkle），〈情色統計學〉（Pornstistics），《後情色現代人》（Postporn Modernist），Cleis Press，舊金山，1998年，頁96。

如果說當代勞動不是非物質的，那麼它也不像人們所說的那樣是「女性化」（féminisation）進程的產物。**單單只有在**我們將「女性」一詞理解為無論是毒理的、情動的還是性的所有工人（男性和女性、生物和技術），那麼我們才有可能與拉扎拉托一樣，肯定「今天的勞動內容和條件，是在暴力重組之後強加的，只不過是勞動特徵的趨勢性延伸，無論是有薪的還是無薪的，在結構上與歷史上都是指派給女性的勞動」。[15]因此，更恰當的說法是，當代勞動的內容與條件是性毒理學（toxicosexuel）或藥理色情學勞動的延伸，而這些勞動是由那些通常被標記為「女性」（無論其性別如何）的身體來完成的，這些身體現在被嚴重地「種族化」（racialisé）及貧窮化了。它們的共同條件與其說是作為生物女性的身體，不如說是作為可以被（資本）進入滲透的，並以最優惠的價格引起射精的身體。

所有標準都歸入「勞動女性化」的標籤之下，例如靈活性、完全可供使用（disponibilité totale）、高度適應性、脆弱性、即興發揮的才能。這些只是這位性勞動者未發表的簡歷之基礎。性勞動的特點：不穩定、低價出售身體服務、從事這項勞動的身體被社會貶低、被排除在公民身分之外……成為二十一世紀後福特主義範式的核心。或者，更準確地說，它們一直存在，但這種特徵變得結構化和明確化，揭示了生產的黏稠引擎（moteur visqueux de la production）。今天，任何資本主義生產結構的運作，都一定需要自慰部署（dispositif masturbatoire）的幫助，和一定量的精子溢出（從文化和娛樂業到電視和資訊市場，包括電腦編程、軍火工業、製藥工業等）。所有這些勞動都逐漸色情化，明顯的不穩定性和女性化，表明每個身體的高潮力量都能為資本帶來新的服務。

## 勞動的色情分工

勞動色情化的概念指的是生產的性高潮強迫性維度（dimension orgasmico-pulsionnelle de la production）（傳統上，作為一項受薪任務，由有限數量的被貼上「妓女」標籤的男人和女人來完成）。這項勞動的特點是將（虛擬或實際）身體的接觸、產生荷爾蒙的生化中心的亢奮、情動的產生和傳遞、視聽衝動的接收、新皮質與供應陰莖海綿體、陰蒂、皮膚的血管連接，腦內啡和催產素生產中心的反應，對某種物質的精確生化代謝之立即或延遲的快感形式反應等，轉化為資本價值（剩餘價值）。

到目前為止，馬克思主義對生產的分析使用「性別分工」（division sexuelle du travail）一詞來指定生物女性所進行的具體生殖再生產勞動。然而，如果我們想要解釋藥理色情生產的當前狀況，就必須從三個方面微妙地、甚至是徹底地改變這個概念。

第一論點：「性別分工」的概念是指物種的生殖分工，從而在具有子宮、能夠孕育可存活胎兒的身體，和有或沒有子宮，但沒可能孕育胎兒的身體之間，建立一種結構性的分割。根據這種劃分，生產勞動和生殖再生產勞動之間的差異正是性別差異的功能，並且理所當然地認為，介於女性的身體，和具有能夠進行有性生殖的、可受精子宮的身體之間的一致性。然而，陰柔氣質與生殖之間的關係是不對稱的。首先，因為並非所有生物女性都具備一個可孕的子宮，能夠完成使胎兒存活發育的任務。其次，即使是能夠懷孕的生物女性身體，生殖再生產的時間也不等同於主體的整個生命。因此，「妊娠分工」（division gestationnelle du travail）根據子宮內懷孕能力對身體進行的分割更為恰當。此外，技術在懷孕過程中就已經開始發揮作用。一方面，跨性別男人的身體（保留了子宮，並且只需停止使用睪固酮）就可以進行授精並成功懷孕至足月。另一方面，目前的研究似乎預示未來在人造子宮中懷孕的可能性，或者將胚胎植入生物男人體內假子宮懷孕腔中的可能性。

在「性別分工」的概念中，「性」一詞忽略了這種生殖的規範性異性、默認的異性性質，理所當然地認為異性生殖是唯一的自然生殖。我們需要從制度（異性夫妻、婚姻、社會對唯一父子關係的承認）和異性交配方式（性交作為生物陰莖／生物陰道插入然後射精）入手，將其理解為輔助生殖技術，透過傳統和法律推廣普及，並在社會政治上成為合法。儘管在當前的輔助生殖實踐中更為明顯，但所有有性生殖（reproduction sexuelle）作為一種政治技術特徵，在歷史上和結構上都伴隨並定義了所有的親子關係過程。為了盡可能遠離當代酷兒關係結構配置，並讓我們更接近西方生殖的創始神話，讓我們舉一個《聖經》中的例子：偉大的族長，經常與不育的女人結婚（他們會是在社會上以女性自居的生物男人嗎？），使用奴隸的活體當作生殖腔，但這一切並不會改變繁殖的果實及其「不育」母親之間的關係。且不說神聖家族，但雅各（Jacob）的情況正是如此，他的妻子拉結（Rachel）不能生育，雅各使他的奴隸比拉（Bilha）人工授精。這個孩子被認為是拉結的孩子。我們可以說，奴隸在此承擔了性勞動和生殖勞動的雙重任務，而拉結作為不能生育的妻子，無法承擔性勞動和養育子女的重擔，但她並沒有失去其「自然母性」（maternité naturelle）的承認。正如唐娜·哈洛威所指出的，在此，「血統（filiation）是一種用於產生自然關係的符號學和物質效果的技術。」[16]

避孕藥在二十世紀中葉的發明，將異性戀和生殖分離開來，區分並揭示了生殖勞動所涉及的服務之多樣性與特殊性：特別是性勞動、妊娠勞動（授精、懷孕、分娩）和專門針對新生兒照顧護理的勞動。並非所有的生殖勞動都涉及性勞動，也並非所有的性勞動都涉及生殖勞動。雖然避孕藥有效地將性事和生殖再生產分離開來，但還不清楚它是否已將異性戀生物女性從這另外兩項任務中解放出來。我們甚至可以補充，透過將異性戀生殖與異性戀性事分開，在異性戀制度化的條件之下，避孕藥使性勞動成為強制性的（有鑑於在避孕藥出現之前，生物女性更容易拒絕無償性勞動服務，因為這會使意外懷孕的風險增加），將生殖勞動轉變為「一種選擇」，這種有選擇的可能性使異性戀制度中生物女性的政治地位更加有「尊嚴」。對於生物女性來說，要從異性戀性勞動和生殖勞動中真正解放出來，不能是來自當代的避孕方法（藥理色情控制和消費的資本工具），而是來自對其性別、性和性事的地位之徹底轉變，對建構她們的性政治技術的重新挪用。

## 快速爆發的東西，很快就會熄火

想擁有更強的射精能力嗎？趕快進來吧：這是每個男人的渴望。雄偉的勃起和無與倫比的快感。定期服用這種藥將獲得最好的效果。只需要短短幾天就會增大。快速爆發的東西，很快就會熄火。惡人的獻祭為耶和華所憎惡；唯有正直人的禱告是他所喜悅的。[55]

威而鋼郵購促銷，二〇〇六年

**藥理色情制度的論述基礎之一是無可爭議的幻覺等式：**

**雞巴＝性高潮力量＝消費者，或它相反的補充：**

**女性化的身體＝性高潮的力量＝性工作者。**

儘管在過去的二十五年中發生了深刻的技術變革，但社會身體管理的論述仍持續與對性和性別的、吸收規化和規訓化的再現一同作用：性差異的論調占主導地位；異性戀被視為基本的性取向；陽剛氣質等同於勃起、陰柔氣質等同於可插入，這樣的等式持續盛行。同時，在藥理色情實驗室中，資本走上了其他道路，性高潮的力量也被運用到其他方面。威而鋼的促銷活動表明了這一點：藥理色情的陽剛氣質不是由其自慰勃起的能力來定義的，更準確地說是由維持勃起的困難度來定義的。化學和影音產品市場補充、甚至取代了勃起。在經濟增長圖中，資本曲線隨著勃起一同上升。反之亦然。正如我們已然所見，「性差異＝性交＝異

---

⑤⑤ 當時的原文：「Would you like to have a stronger ejaculation? Come on in: Every man wants it. Great erection and inimitable pleasure. Use this tab regularly and you'll have the best. Increase your volume in just days. What flares up fast, extinguishes soon. The sacrifice of the wicked is an abomination to the LORD: but the prayer of the upright is his delight.」

性戀」這一等式的作用機制隨著五〇年代第一批合成荷爾蒙的生產而變得清晰可見，當時資本主義意識到了與可塑的、「性多」形態的（sexuellement polymorphe）身體打交道的好處，這種身體可以有意識地轉變為對任何性刺激都會有反應的女性、男性，既是消費者也是生產者和性勞動者，同時還是性高潮力量的擁有者、產生快感的工具，和外部性高潮力量的潛在購買者。

傳統的異性戀是一種性政治編程（programme politico-sexuel），在藥理色情市場上不斷貶值，被男同性戀、女同性戀、戀物癖和SM再現所取代，以滿足提高精子和資本生產指數的要求。正如《金剛理論》（*King Kong Théorie*）[56]所揭示的，色情接受（réception pornographique）的祕密在於觀眾和色情女演員之間的認同。[17]除了異性戀的身體編排之外，藥理色情的主體對男性勃起需求的回應，一如對女性屈從插入需求的回應：控制與被控制，把自己再現為一個普遍性交者（baiseur universel），而實際上，他的最終願望是普遍地被操（universellement baisé）。每個小沙豬藥理色情消費者背後都隱藏著一副控制論的身體，它想要像蕩婦一樣被插入，被法西斯金髮女郎、配備二十公分假陽具的光頭亞馬遜人女戰士，或被炫耀胴體並以面紗遮住臉的年輕阿富汗女性給強姦及羞辱。這就是藥理色情經濟的真相：*a dick is a hole.*（每個雞巴都是一個洞。）

## 新的性別差異：可被插入的孔口與插入端

性的全球無產階級化，被剝奪了政治思考和行動，使得壓迫和屈從的機會和形式成倍增加。（非懷孕期）性別劃分並沒有因此消失，而是發生了多樣化和轉變。所有勞工進入生產領域時都是腫脹的乳房、可被插入的陰道、肛門和嘴巴，是鬆弛、能勃起的或腫脹的陰莖，是分泌雌激素、睪固酮、血清素和精子的身體，是可以被整合進全球資訊化藥理色情迴路中的技術有機連接器。所有勞工都以「可被插入－插入者」（pénétrable-pénétrant）、分泌促進者或分泌者、注射供應者或成癮身體，生產或依賴毒理學平臺的身分進入藥理色情工廠。或者是身兼兩者。這些細分不依賴於某種生物傾向，既非先天的，也非後天的。因為任何擁有肛門、嘴巴或耳鼻孔的身體都可能被插入。任何具有舌頭、手指或手臂的身體都是潛在的插入者，或者可以成為義肢插入的端口（假陽具和賽博格）。任何身體都能夠產生令人亢奮的語言，可以透過語言、影像、觸摸以喚起亢奮，可以吸吮或被吸吮。每個身體都同時具有毒性和成癮性、健全和殘疾、有機和技術補充性。在這裡，性勞動的分工並不取決於自然條件，而是取決於一種身體的技術專業化，一種軀體政治的編程（programmation

56 譯註：《金剛理論》是維吉妮．德斯彭特出版於二〇〇六年的女性主義散文。

somatopolitique）。

然而，我們發現自己處於一種特定的性政治生態（écologie sexopolitique）中：在我們當前的性別配置中，只有生物女性、技術女性和同性戀者的身體被認為是**潛在可被插入的身體**（*corps potentiellement pénétrable*），就像只有生物男性的身體自己呈現並被再現為天然且普遍的插入者（pénétrateur）。這種身體的生物政治劃分導致了社會空間根據性別的連續分割。然而，隨著快感生產和性生殖技術的不斷進步，這些分割逐漸變得不穩定。不言而喻，隨著愈來愈多的生物女性有可能獲得普遍插入者的地位，性別分工正在被淡化、減弱甚至逆轉。同樣地，愈來愈多的生物男性在岌岌可危的情況下，將不得不進入被插入肛門、口交和自慰手的位置；最終，將成為色情符號或令人亢奮的義肢，轉變為普遍的視聽自慰機制。如果我們在當前全球化和移民潮流動的語境背景下考慮性勞動的這種技術分工，以下結論將是顯而易見的：大多數被宣布為非法的、帶有種族化和社會排斥特徵的移民身體，被置於「總體肛門」（anus global）的位置（這裡的「肛門」概念指的是普遍可被插入的藥理色情勞動者的位置），而西方白人少數群體（男性或女性）則獲得或維持其作為普遍插入者的位置。

資本所感興趣的是，任何具有政治主體性的身體都有能力在其他具有自慰式政治主體性的身體中，享樂與挑起快感。但這種資本主義不是享樂主義（hédonisme）。請記住韋伯－希爾頓原則（principe Weber-Hilton）：目的不是生產快感，而是透過管理亢奮－沮喪迴路來控制政治主體性。就像性勞動一樣，色情產業的目的也是為了產生**令人沮喪的滿足感**（*satisfaction frustrante*）。這還不是全部：令人沮喪的滿足感定義了後福特主義經濟中的所有生產形式。生命政治和死亡政治（thanatopolitique）隨後成為一般性政治（sexopolitique générale）的行動模式：對雞巴、肛門和陰道的管理，對亢奮－沮喪迴路的管理。性政治旨在透過對身體的技術生物學控制，及其對慾望、享樂、亢奮和一同亢奮（s'exciter avec）能力的控制，來生產主體性。

在這種手淫性的生產和控制的背景之下，談論性解放或兩性之間的戰爭似乎已經過時了。有必要取代支配、抵抗和藥理色情恐怖主義的概念：這裡的問題是泛射精主體性（subjectivité pan-éjaculante）與充當自慰義肢（被插入的肛門和陰道、口交的嘴、手淫的手、依賴化學藥劑的身體）的眾多主體性之間的對抗，為他們自己作為能夠享樂和體驗快感的技術生命體（corps technovivant）之自我決定性（autodétermination）而奮鬥。

這種新的藥理色情無產階級不僅是一個生產出性和毒理學附加價值（plus-value sexuelle et toxicologique）的經濟主體，它也是一個新的政治主體。即使它不能體現激進女權主義（被自由主義、國家審查主義和廢娼主義的女權主義所背叛）、酷兒運動（被同性戀和變性運動，及其與醫學、司法與媒體的聯盟所背叛）的承諾，非對抗療法（non-allopathique）醫學和毒品除罪化運動（被藥理學協議所背叛，並受到國家和販毒黑手黨威脅）的承諾。它直接來自這些被破壞摧毀的運動殘渣，生長在他們的革命糞便肥料上。

在這裡，當我們談論性勞動時，不能再將勞動視為是與自然的有機交換或新物體的生產。表面上是肉體的，不可避免地具有幻想性質，但它首先是一種肌肉牽引力和產生快感的技術載體。自慰和規訓生殖性事的理論家，將性事轉為勞動或將勞動轉為亢奮－沮喪的生產過程這個現代轉化變遷的定義，極具價值。極右派往往是第一個把黏糊糊的手指伸進自己大便裡的人。奧古斯特・蒂梭（Auguste Tissot）和反自慰技術設備產業預見生產性勞動朝向射精勞動（travail éjaculatoire）的轉變。他們懷著恐懼的心情思考著將高潮（潛）力全面部署到勞動領域的可能性。紀律道德變得比資本更為強大。對勞動領域可能無限擴展到性事的直覺，使蒂梭將手淫定義為疾病與浪費，將非生產性性事定義為無用的勞動力消耗，現代人應該把這種勞動力用於生產商品和繁衍後代。

自第二次世界大戰開始，生產勞動的射精化進程迅速發展完成。隨著時間的推移，勞動和政治行動呈現出性事、休閒與令人亢奮的交流等許多典型特徵；同樣地，性事和亢奮逐漸與勞動和政治行動變得難以區分。私密與公共之間的傳統劃分不僅混亂，甚至徹底被顛覆了：不僅分隔兩者的邊界變得模糊，而且這些術語的含義，反面、或者說正面，也發生了變化。藥理色情的生產是在曾經被視為私密的東西「變成公開」的過程中進行的。

## 一般的性（GENERAL SEX）

以下這是性事的一個可能的藥理色情學定義：與勞動實踐（praxis du travail）類型相對應的有機技術活動（activité techno-organique），其中根據馬克思的公式，「生產與生產行為密不可分」，「沒有成品（œuvre）的活動」，「一種在自身當中自己實現，而不是在超越它自身的成品中才將自己具體化的實踐」。[18] 保羅・維爾諾（Paolo Virno）提醒我們，馬克思使用這一範疇來思考「其勞動導致一種技藝精湛（virtuose）的執行」的實踐：鋼琴家、管家、舞蹈家、教師、演說家、醫生、牧師等。[19] 這種「非生產性生產」的最佳模式不是維爾諾所說的政治勞動，而是性勞動（除非把性勞動視為所有政治勞動的最終模式，而且這種可能性也是合理的）。

沒有一種實踐比今日構成都市性市場基礎的口交更符合馬克思對非生產性和技藝精湛的生產（production improductive et vertueuse）的描述。馬克思和恩格斯將賣淫視為資產階級一夫一妻制婚姻制度的結構性補充。然而，它們忽略了由性工作者進行的非生產性勞動的一種基本形式，其精湛的活動包括喚起性亢奮、產生快感、勃起、精液和陰道愛汁的釋放；最終，刺激客戶產生$\beta$－腦內啡（béta-endorphine）。[20] 性勞動必須被視為藥理色情**創作**（*poiesis*），屬於馬克思所說的「奴性的（servile）勞動」或「非生產性（improductif）勞動」，「不投入資本，但有工資支付的勞動（例如：管家的個人服務）」，始終是活生生的身體勞動。[21] 正如維爾諾所指出的，技藝精湛和非生產性的勞動之特點在於它對馬克思稱之為「協作」（coopération）環境的結構性依賴：沒有「具有公共結構的空間」（espace à structure publique）（大禮堂、劇院、讀者社群、家庭空間……）就沒有智力協作，沒有一般智力（General Intellect）[57] 就沒有技藝精湛和非生產性的勞動。雖然看起來很奇怪，但性勞動的情況也是如此：顧客與性工作者之間的關係只能在一個具有公共結構的空間中發生；這是一種特殊的關係，一種再現和溝通、而非消費的關係。顧客不消費任何東西（物體或成品），只消費性工作者以身體或虛擬方式激發的幻想，透過安妮．斯普林克所謂的「行為表演」（performance），一種引發亢奮－挫敗迴路的「性事戲劇化」（théâtralisation de la sexualité）。正如羅蘭．巴特（Roland Barthes）在《薩德，傅立葉，羅耀拉》（*Sade, Fourier, Loyola*）一書中的公式，色情作家是「場景設計師」（scénographe），是一種公共語境、一種劇場布景的創造者，亢奮－沮喪的儀式在其中得以成形[22]：將性事與身體視聽和電信技術聯繫起來的「公布性技術部署」（dispositif technique de publication）。在這種情況下，我們不應該再談論「智力協作」（coopération intellectuelle），而應該談論「自慰協作」。

後福特主義的理論家引用馬克思主義的「一般智力」概念來討論大腦協作作為資本主義生產新平臺的交流溝通潛力，而我們後色情時代的理論家則強調「一般的性」（General Sex）或「公共的性」（sexe public）的概念來思考藥理色情資本主義所調動的慾望、驅動力、有機流（flux organiques）、分子與快感的協作。藥理色情勞動培養、利用和生產諸眾的性技術身體（technocorps sexuel）。新資本是由身體、性和依賴關係的集合，以及亢奮－沮喪迴路的生產方式所構成，這些迴路沉積在性勞動力中，在整個生產過程中發揮作用。任何藥理學關係（性的、身體與其自身的關係、將分子與生命新陳代謝聯繫起來的依賴關係）都可以轉化（至少部分，但不能被化約）為固定資本：被企業攫取並轉化為財產的活生生的性勞動可成為生產力，也因而具有國際競爭力。在此，生產力不能根據每小時勞動的生產量來衡量，它不是指一家公司或一個特定部門，而是指構成技術生命體並且超越勞動個體的一系列亢奮－沮喪因素：七分鐘的古柯鹼亢奮，或二十五秒的性高潮，非常值得一個有效的控制論系統存在以分發和交換文件、檔案和超文本，並且足以證實分子和身體、圖像和聲音技藝精湛的生產及傳播的隱性鏈條。

57 在後福特主義的重讀中，馬克思的概念與非物質勞動及傳播重疊。

一般的性（General Sex）（公共勃起、全球射精、集體享樂、軌道注射）是貫穿諸眾的性交衝動，撼動著整個亢奮的身體，資本的生產者。這種性勞動的方式始於十六世紀的手淫病理化，在十九世紀產生了其醫學、司法、經濟和技術模型，並在廣島和長崎事件之後，隨著避孕藥和家庭色情影像的發明與大規模營銷，以及性服務消費的工業化，性勞動開始成為一種生產範式。

自慰的醫療管理，發明新的「變態植入物」（implantation perverse）[23]（同性戀、戀物癖等）、將性勞動排除在司法範疇之外、將性工作者轉為反社會主體，以及將家庭主婦提升為具有公共利益的公民類別（削減的民主權利）：這些都是現代主體性生產所需的部署。面對明顯的權力分散，性主體性透過將自己置身於「外在化／內在化」（extériorisation／intériorisation）的對立力量場域中，而終於成形：一方面，生命政治技術傾向於性事的外在化，尋求將其轉化為客體、物種、身分與價值（沒有這些條件，性事就不可能成為再現、交換和公開的客體）；另一方面，在與外在化力量的緊繃關係之下，生命政治技術完成了這種性的「外在性」逆轉，轉變為不可剝奪的「內在性」、個人真理、不可轉讓的私有財產。換句話說，這是一個使性事（一旦透過一套再現部署作為公共外在性而產生）成為私人與個人真理的**終極**（*nec plus ultra*）問題。最終目標是：將這堅硬的核心（關於性、性身分認同、性亢奮、性快感的私人與個人真相）轉化為精液化的白金、珍貴的化學結晶粉末或數位代碼，從而推動藥理色情經濟中的製藥和傳播通信產業發展。

首先，一般的性是令人亢奮的溝通交流、是全球性的自慰力量、是潛在射精主體性之間的聯繫。但是一般的性不能、也不該被簡化為滿溢的精子或固定資本：透過不斷的分子變化和荷爾蒙調節，它以操演範式（性別及性遊戲的戲劇化）和精神藥物使用的形式，在令人亢奮的交流中運用。一般的性告訴我們，自慰和射精從來都不是單獨的活動，而是協作身體的振動，是性或藥理勞動的集體實踐對活生生、四處噴灑資本的高潮身體之作用。在這種性（非）生產力爆炸的背景之下，身體的協作吸收了所有其他類型的生產性勞動，因此所有商品都同時是性快感的唆使煽動與它的挫敗失落。亢奮－沮喪－亢奮（excitation-frustration-excitation）生產性迴路的關鍵之一在於性快感的毒理學性質。當我們談論藥理色情經濟時，必須考慮到這兩個觸角（藥物與色情）利用了一個共同的軀體基礎：快感的毒理學維度。諸眾身體的快感（作為令人沮喪的滿足）是財富生產的最終極泉源。

## 性工作者的賽博格流變（LE DEVENIR CYBORG）

在馬克思對工業化經濟不同形式剝削的分析當中，婦女、工人階級和殖民群體向統治階級提供的性服務與居家服務的生產性維度幾乎都被忽視了（其性別、階級和種族的特殊性）。齊美爾（Simmel）在一八九二年的一篇論文中，提出了開創性的性服務理論：他認為賣淫活動是城市經濟的一個組成部分。對他來說，賣淫身體的經濟特殊性在於它如「射精機制」（mécanisme éjaculatoire）[24]般運作。這種分析使他能夠將妓女與其他執行「吃力不討好」（ingrat）勞動的技術工人進行比較，例如那些「在砷礦坑或鏡子工廠勞動的人，簡而言之，在任何存在立即性危險或慢性中毒威脅的企業工作的人」。性勞動，就像礦井裡的勞動一樣，不能僅僅被簡化為切割管道或石塊的行為，也不能被簡化為執行這項任務的嘴或手的體力勞動，「而是隱含了他之前的訓練和他的整個過去，同樣地，在無數工人以及妓女的服務中，也包含著他們的所有後果和聯繫，服務提供者的整體態度與未來」。[25]後來，諾伯特·愛里亞斯（Norbert Elias）在他的歐洲風俗史中指出，在文藝復興時期，賣淫是一種可以與劊子手相媲美的職業，也就是「吃力不討好、但報酬豐厚」（ingrat mais bien rémunéré），是與現代城市發展密不可分的「手工行業」（corporation artisanale）。[26]

除了將性勞動定義為「非生產性生產」或「個人服務」之外（不管馬克思是否同意），我們現在還必須加上（由於齊美爾將性勞動和採礦勞動的比較相提並論，以及愛里亞斯對賣淫行業的專業化和手工化特徵之討論）性勞動的技術與機械化層面，這為性的工業化開闢了可能的道路。

二十世紀下半葉，藥理色情性中毒（intoxication pharmacologique）、性生產和傳播成為大眾勞動。但與文化產業的信息－傳播勞動不同，大眾的性勞動和毒理學勞動（travail sexuel et toxicologique de masse）仍然是未申報的、地下的、無償的、非工會的、社會邊緣的與非法的。作為傳播勞動（與其說是非物質的，不如說是無形不可見）的影子，藥理色情勞動支持並推動當代所有其他生產性經濟的發展。

在某種程度上，色情和製藥產業符合福特主義序列化和片段化的標準：視聽色情語法旨在以最少的鏡頭和序列來激發射精，就像西地那非分子（sildénafil，威而鋼的主要活性成分）一樣。必須引發持久的勃起，伴隨著不斷更新的精子量與足夠的快感。然而，建立一條能夠使性勞動最終工業化的性裝配流水線似乎難以實現。當然，由於數位編碼和傳播，色情作品不斷提高其序列技術化程度。但是，就目前而言，在第三個千年之初，還沒有出現能夠「流水線連續口交」的機器可取代「生物嘴」（biobouche），也沒有任何自慰機器人能夠轉移顧客的注意力，他只需花費十歐元，就可以在布洛涅森林（bois de Boulogne）買到真人熱手的手槍服務。

直到最近，居家勞動所特有的技術化限制與工業化進程的障礙也在性勞動中發揮作用。在這兩種情況下，問題都是將居家勞動和性勞動維持在最肉身和最不穩定的狀態，將這些生產空間縮小到「私人」領域，將居家勞動和性勞動自有償活動中抽離出來，從而避免適用民主和可見性原則。

雖然自第二次世界大戰以來，居家空間確實受到了某種程度技術化的影響，但我們可以如同安吉拉・戴維斯所確認的，這一進程並沒有帶來家庭勞工（無薪）的徹底解放。[27]戴維斯要我們想像，來自超高效高科技公司的勞工，在一個序列的組織中從事居家勞動：煮好的飯菜送到你家裡，衣服收集、清洗和熨燙，每個家庭空間的工業化清潔……這些服務將使家庭主婦的勞動變得過時。然而，今天這些活動在很大程度上仍在由無報酬的女性身體，或處於不穩定地位的身體（通常是一個被種族化的，合法的或無證件的移民身體）來完成，移民法與合法勞動的種族隔離，阻礙了她們獲得其他工作的機會，而她們進入政治空間的機會最終也被系統性地封鎖。事實上，居家勞工（不論男女）的地位與性工作者相似。

根據馬克思的分類法，妓女、家庭主婦和居家勞工都屬於同一類奴役性和非生產性勞動（catégorie du travail servile et improductif），這絕非偶然。妓女致力於永無休止的激起和製造快感的勞動，而家庭主婦則致力於永無休止的餵養、照顧衛生及身體，以及為內部空間的居民製造舒適（包括性舒適）的勞動。居家奴隸只是這兩種對高潮（潛）力的剝削形式的混合體。在所有情況下，它都是一種沒有成品的勞動，一種受限制和無自主任務的勞動，是一種與馬克思的「個人服務」（service personnel）[28]公式相對應的生產實踐。這些身體實踐在文化上被認為是不可機械化的，不可能完全被技術生產所吸收。

在現代性過程中，這種雙螺旋的運動導致了性的居家化和居家勞動的性化，使得這兩種實踐更加嚴格地私有化。因此，一種可能的哲學批判策略是將家務活動（有償或無償）視為廣義的性勞動經濟之一部分，其中包括飼養、培養和照顧自慰／射精主體性的過程。

與直覺相反的是，性勞動的技術化（technification du travail sexuel）並不是透過性事中的技術工具來體現的。它以一種更微妙的方式運作，透過性工作者文化性身體的生物技術生產（production biotechnologique du corps culturel），根據克萊恩斯（Klines）與克林恩斯（Clynes）（並被唐娜．哈洛威重新政治化）[29]的概念，我們可將此一過程稱為性工作者的賽博格流變（devenir cyborg du travailleur sexuel）。讓我們換個方式來說：最好的高科技吹喇叭機器是一張矽膠嘴，沉默、且在政治上不活躍，是一個無法在身分證件上更改性別的變性人。第三個千年的性機器是被禁止進入政治領域，被剝奪公共話語權，被剝奪工會權利、罷工權利，沒有醫療援助，也沒有失業補助的活生生的身體。與傳統的福特主義不同，機器與勞工之間不再存在競爭。相反地：勞工變成了性生物機器（biomachine sexuelle）。

性勞動的真正技術化（technification）是透過生產作為射精機制和射精身體的性身體而發生的。二十一世紀的大多數性工作者（無論男女）都是流氓無產階級化的生物政治賽博格（cyborg biopolitique lumpenprolétarisé），他們適應了以低廉的價格生產大眾快感的過程。

但要注意，這與自然決定的性、性別或種族皆完全無關。這些只是性別政治專業化過程造成的差異。任何生物男人或生物女人的身體都可以透過藥理色情轉化過程，變成技術上高效率的妓女。以生物男性的身體為例：這種轉變需要定期服用雌激素和雄激素，需要一定量的矽膠來建構乳房及臀部，永久性的脫毛，並且可能需要保持一個正常運作的生物陰莖。這種生物－工具（bio-outil）構成了專業活動的寶貴勞動器具，受到同性戀和異性戀客戶的讚賞。作為高潮（潛）力的泉源，任何身體都可以在相對較短的時間內成為或多或少技藝精湛的多媒體技術妓女（techno-pute multimédia）。

在藥理色情主義中，色情生產和性勞動領域占據著類似於監獄的結構地位。性產業、刑罰工業綜合體和居家空間的迴路所繪製的地圖，是由最大限度剝削的飛地、名副其實「**超－物質**」（*über-matériel*）資本主義的綠洲、處於當代民主社會核心生命政治實驗的反烏托邦保護區[30]所組成的。在我們的民主人文主義社會中，色情和監獄是僅有的兩個在種植園經濟中接近奴隸制的政權下運作之產業：種族和性別隔離、最低工資或根本沒有工資[58]、禁止組織工會和罷工權利、沒有帶薪休假、病假或失業保險。在性產業[59]和刑罰監獄工業綜合體中，勞工完全被剝奪了公民權利和勞動權利，被剝奪了其勞動產出的任何經濟或道德特權。現行的歐洲刑法（譴責毒品的銷售與消費、性勞動和某些色情視聽製品的發行流通）是對藥理色情勞動者的身體進行「去合法化」和「去主體化」的技術之一：一旦淪為犯罪分子的類別，其高潮（潛）力可被免費或低價使用。透過這一生命政治的神奇力量，同樣的歷史和物質主體生活在一個將毒品工業、性產業和刑罰工業綜合體連接起來的封閉迴路中。與其說是貧民窟，不如說是當代民主社會內部的時空蟲洞。

如果我們將安吉拉．戴維斯的論點轉移到性產業上，那麼刑罰工業綜合體以及色情和賣淫勞動領域，似乎是西方民主社會核心奴隸制經濟其他方式的延續。然而，色情－毒品－監獄蟲洞並不是一個例外的空間，而是在其中測試控制和技術活體生產新技術的一個地下環（anneau sousterrain），這些技術隨後將擴展到整個民主社會。

因此，在藥理色情經濟的背景之下，戰爭（色情－毒品－監獄複合體的極端形式）並不存在於「和平」時期的生產與消費經濟之外，而是全球硬性毒品、輪姦、強制無償性服務和技術生物政治滅絕（extermination technobiopolitique）計畫的特權實驗室。

藥理色情政權矗立在第二次世界大戰的廢墟之上。它的勃起就像氫彈的核蘑菇一樣崛起。實驗性戰爭工業遺留下來的精神政治（極端暴力、最大限度的亢奮、集體吸毒、創傷後

---

58 例如，舊金山聖昆丁（San Quentin）監獄的一名工人每小時賺二十美分，即每日一點六歐元，這薪資相當於遷廠至柬埔寨產業的工人工資。

59 在極少數情況下，演員和色情片導演會簽署「傳統」的娛樂合約，例如與John B. Root、Marc Dorcel或Canal＋。

精神病等）和技術（電腦通訊網路、資料數位化、合成分子及材料的發明等），使得在技術活體的身體中產生快感（亢奮－沮喪）的新技術得以在全球範圍內施行。

# 第十一章　吉米和我

## 處女學

新的一年。我大幹一場。以各種可能。總是更深。當她第一次用我自己的腰帶假陽具操我的時候，她讓我像是個發情的女學生一樣達到高潮。被自己的假陽具操：這是種極度謙卑的行為，放棄我的荷爾蒙、義肢或文化的、任何形式陽剛之氣的固化轉變。它使我產生一種我從未允許自己擁有的陰柔氣質。這不是一個本質上陰柔氣質的問題，也不是一個隱藏在國王背後的本性的問題；而是一種「陽剛的陰柔氣質」（féminité masculine）[1]，一種國王的陰柔氣質。我是她的國王母狗，她的跨性別妓女，一個展示在她大雞巴後面小穴的一個小男孩。她的舌頭在我的陰蒂上，她岔開我的雙腿，打開我，將我的肌肉一路拉伸到陰道底部。她邊吸我邊說「放手讓我來吧，對，親愛的，親愛的，就像一隻母狗，對，就是這樣」。我是她的妓女。現在我是母狗。我成了她的奴隸，波濤洶湧的屄，想要打開所有拉鍊尋找陰莖放進嘴裡的花痴，塞進所有的穴裡。如果沒有她，我也會堅持我那貪得無厭的插入本能。只有她，母狗女王，有權將這個身體變成一個妓女的洞，永遠敞開，任她擺布。**光榮的插入**（*Gloriam penetrationis*）。

正是在此時，我定義了這種情色藥理知識的原則：

**完美酷兒，V. D.以最理想的方式做每一件事**。[2]

關於V. D.，我們所最能接受的、最重要的概念可以如此形容：V. D.是一個絕對完美的存在，但我們卻沒有充分考慮其後果。為了進一步探討這個問題，值得注意的是，在色情和女權主義中存在著幾種不同的完美性，V. D.同時擁有這些完美性，而且每一種完美性都屬於它的最高境界。我們還有必要了解什麼是完美，這裡有一個相當確定的標記，那就是不容易「轉化生成」（trans-générisation）的形式或性質不算是完美的。色情和女權主義都是完美的，只要它們屬V. D.，它們就沒有界限。由此可見，V. D.擁有至高無上、無窮無盡的智慧與熱力，不僅在形而上的意義上，而且在道德上都以最完美的方式行事。因此可以說，我們愈是了解V. D.的作品，就愈會發現它們的優秀出色，並且完全符合我們所希望的一切。

V. D.的愛要求完全的滿足和默許，
而不必是一個生物男性。

要按照V. D.的愛行事，光靠享樂是不夠的，我們還必須真正滿足於隨她的意所發生在我們身上的一切。因為她是情人第一名，她從不要求任何正確意圖以外的東西，而好的計畫能否成功，在於她是否確知正確的時間及地點。

所有現實中最完美、體積最小，也就是阻礙最小的，就是她的愛。V. D.的願望或行動一般而言可分為「普通」與「非凡」兩種。V. D.想要任何符合她意志的那個對象。至於作為她意志對象的那些人的行為，特別是那些不合理的、充滿愛的行為，V. D.希望與之競爭較勁，必須要區分：因為如果行為本身是好的，那麼即使它沒有發生，也可以說它是V. D.的意願與命令；但如果行動本身是壞的，只是偶然變成了好的，因為事物的順序，尤其是懲罰和滿足，糾正了它的惡性，獎勵了惡，所以最終整個後續發生的結果，比所有的惡都沒有發生時更加完美；必須說是V. D.使它得以如此，而不是她的意願，雖然她因為她所建立的性法則，因為她知道如何從中獲得更大的好處，而參與其中的競爭。

當我寫下這些規則箴言時，她輕撫我的眉頭，然後是耳朵和髮際之間，她親吻我膝蓋後方的凹陷，把我的腳放在她的大腿之間溫暖它們。她在我面前寫下了她的《金剛理論》。背部筆直。頭髮亂糟糟的金髮搖滾歌手，雙手各戴一枚戒指。右邊是一顆骷髏頭，左邊是一枚鑽石。她時不時捲起假大麻，夾著菸草，邊抽邊寫，不看鍵盤，速度就像自動打字機一樣。

她寫完一章，我就讀一章，一章接一章，就像還在熟睡的嬰兒第一次在我面前睜開雙眼一樣。這太棒了。我認出了那個讓我興奮的聲音，那個操我的聲音：一個青少年龐克的聲音，她學會了用一個類似生物男性的生產計畫綱要說話；一個未來主義母狼的貴族大腦被安置在一個妓女的身體裡；一名諾貝爾獎得主的智慧化身為一個街頭婊子。這是一個生命政治奇蹟：證據顯示，新的基因政治與文學重組是可能的。她站起身來，在沒有窗簾的窗前，像個青少年般翩翩起舞，讓鄰居為之讚嘆。所有新一代的女同性戀者都可以在發出這個聲音的身體裡，在它的神經區域裡找到自己。來吧，小女孩們，戴面紗的和不戴面紗的，有孩子的和沒有孩子的，吹簫的和不吹簫的，想留鬍子的和不想留鬍子的。一塊來吧。拿去吃吧。與此同時，我讀了拉普朗什（Laplanche）《廣義誘惑理論》（*La théorie de la séduction généralisée*）的文章，了解到德．勞雷蒂斯對主觀性植入的迷戀。[3]原始誘惑是根植在靈魂肉體中的一根刺，主體就像繭一樣圍繞著它生長。

## 關懷式政治（POLITICS OF CARE）

在我接受男子漢教練的訓練和服用睪固酮的同時，V. D.也逐漸向我介紹陰柔氣質的文化儀式。因此，跟她在一起六個月之後，我發現自己在性別的兩個極端之間交替。一方面，我有意識地進行男性化，違背我所接受過的教育，違背主導再現的性別編程，有時甚至違背自己的意願進行軀體政治體操（gymnastique somatopolitique）；另一方面，我也進行女性化的身體護理：理髮、修指甲、脫皮、按摩、修腳、除毛。實際上，睪固酮並不屬於這兩種性別生產部署中的任何一種。它與我體內的其他分子混合在一起，構成了發生這些實踐的背景。這些部署都屬於我們所謂的美學（在皮膚美容意義層面上），甚至屬於性別倫理：對陽剛氣質和陰柔氣質的軀體政治生產（production somatopolitique）之關注及有意的照顧關懷。

為了向我展示女性化技巧的複雜性，V. D.邀請我陪她去做海水浴療法（thalasso-thérapie）。在一家大型綜合旅館裡，我們穿著浴袍和塑膠涼鞋，泡在海藻浴裡，漂浮在加碘生物能量按摩浴缸中，邊吃牡蠣邊看《費加洛報》（*Le Figaro*，接待處唯一提供的報紙）邊做愛，度過了令人難忘的一週。我有生以來第一次同意去修指甲。半透明的玻璃樓梯通往護理治療室，在一個形狀像貝殼的房間裡，牆壁和地板呈珍珠白色。展櫃櫥窗裡陳列著幾座紅珊瑚，掛滿了吊墜、項鍊、迪奧、香奈兒、杜嘉班納（Dior, Chanel, Dolce & Gabbana）的手錶；另一個展櫃被改造成一個水族箱，裡頭有一群跑龍套的配角小魚，與手鐲和珍珠共同生活。一個充滿陰柔氣質的奇妙宇宙。他們把這個陌生的世界稱為「海洋美學中心」（centre d'esthétique marine）。一個年輕的女孩打招呼歡迎我，遞給我一件白色浴袍和一本三月號的《Vogue》雜誌，告訴我必須等十分鐘。我帶了自己的書。我不屑一顧地看著這個地方：這裡的裝潢和等待清理皮膚的生物女性們，在我看來都缺乏時尚、智慧與清醒。我心裡感到一陣焦慮。身為激進左翼分子女同性戀，我的文化使我提防這種形式的性別享樂主義。就在這種政治難以忍受最為嚴重的時刻，另一位年輕女孩來接待我。我想馬上警告她，我與她可能的想像相反，我不是一個簡單的生物女性，我是變性人，這是我第一次來這裡，我甚至不知道我在這做什麼。我打算問她，女士修指甲和男士修指甲的程序是否相同，是否使用相同的產品。她對我善意地微笑，帶我進到一個單獨的房間，我卻發不出任何聲音。她讓我坐在一張鋪著白色毛巾的小桌子旁邊，桌上擺著十幾個化妝品的瓶子、幾罐壓縮空氣、裝滿彩色棉球的盒子、一個裝著不同厚度的藍色和粉色銼刀的透明罐子。一切都按照嚴格的幾何精度排列。我在一張小凳子上坐下，她則面對我坐下。她要我把手遞給她。她先觸摸我的手指。然後，她的手掌在我的手掌下滑動，直到觸摸到我的手腕。她握住我的雙手，舉到她的視線高度。我感覺自己赤身裸體，被暴露在外。她把我的右手放進一個裝滿了溫熱粉紅肉色乳霜的小容器裡，然後把我左手的指甲一根一根地銼平。她把我的右手從乳霜裡拿出來，放在自己的兩手中間。她撫摸我的右手，按摩每一根手指，一直按摩到手腕，然後用剩下的乳霜揉捏前臂。這完全是女同性戀的體驗。我的腦海中閃過一個念頭：她知道她自己正在操縱我的一個性器官。所有坐在候診室裡閱讀《Vogue》雜誌的生物女性都非常清楚她們為什麼在這裡，以及她們來這裡做什麼。我現在以完全不同的眼光看待她們了。她們是專門負責女性快感的祕密部隊蒙面特工。年輕女孩放下我那對她的撫摸已不再有任何抵抗力的右手，將它放在變得柔軟的桌面上。她開始按摩我的左手，她的手指與我的手指交織在一起，然後捏住指尖，接著向上按摩第一指骨根部的皮膚。她在我的手臂上給我來了個反－性的打手槍（branlette contra-sexuelle）按摩。「你還好嗎？」她問。「好，好，很好。」她摸我的時候，我沒有看她。現在我明白了，當一個生物男性去按摩院付錢請一個女孩幫他打手槍時，他會是什麼感覺。兩者的差異只是名義上的區別：他們稱之為「性」，而女性則稱之為「美容」。我很快得出了關於情色藥理制度如何運作的結論。在異性戀文化中，上層富裕階層的女性可以負擔得起其他女性提供的感官服務，而勞工階層、移民或普通不穩定勞工的女性則照護其他女性的身體和性福，以獲得報酬。當然，這也包括男性的性慾和性福。如果剝奪了這種平行的同性經濟和兒童的性感，作為一種政治制度的異性戀就會崩潰。僅憑男性對異性戀女性的性關懷，顯然不足以產生身體生存所需的腦內啡和血清素。有一點很清楚：在我們的社會中，照顧身體的勞動由女性承擔。她們照顧男性的身體，也照顧其他異性戀女性的身體。這就是馬克思主義「性別分工」（division sexuelle du travail）概念背後的含義。這並不是將女性分配到生殖再生產領域、將男性分配到生產領域的問題。問題似乎要複雜得多。女性承擔著一個基本任務，如果沒有它的話，異性戀的情色－政治平衡（équilibre érotico-politique）就會崩潰：她們負責一種普遍性的政治皮膚病。她們治癒世界的皮膚。異性戀體系的關鍵之一，就是嚴格地將性快感的生產排除在女性給予女性的關懷框架之外。相反地，當女性照顧男性時，所有的關懷都可能變得性化（sexualisable）。甚至有可能，去修指甲的女性數量與去按摩院買春的男性數量相當。沉浸在這股精神旋風當中，我驚恐地發現，那名年輕女孩正在把我的指甲塗成紅色。

## 義肢的幸運星

我寫下的每一行文字都為她勃起，都讓我想到我的性器、我的陰莖、我的假陽具、我的手、我的手臂隨時都可能與她的嘴巴發生關係。若體內含有兩百五十毫克的雌激素，就很難指望雌激素的身體在性方面做出充分反應。結論顯而易見：如果拋開異性戀的政治需求不談，快感的交流和性的釋放洩洪完全由分子的亢奮來調節，那麼一切都會變得簡單。教育一個睪固酮過多的身體，去渴望一個雌激素過高的身體：這是異性戀文化施虐－受虐結構（sado-masochisme hétérosexuel culturel）的一個可能定義。她告訴我：「我剛上巴黎的時候經常參加狂歡派對。」我猜想各種尺寸的假陽具都已經爆破過她的每個女神洞。她一邊張開橡皮鴨嘴唇一邊告訴我：「不，從來沒有。」我都忘了，生物男性不會戴假陽具參加異性狂歡。我不懂什麼是異性戀。我屬於另一個物種，那就是「男孩－女孩」（garçons-filles）。所以，金髮女巨人，歡迎來到跨－女同星球（planète trans-gouine）。**被沙豬詩人拋棄的女人來到跨－世界**（*trans-world*）。第一次用巨型假陽具操她的可能性使我體內的T激增，熱量在我的皮膚下蔓延，從尾椎到頸部，衝擊我的手臂並擴散到我的舌尖。我打量著我的假陽具，它們在人工島上分子般地盤旋，而我則在評估誰將有幸先操她。我用五根手指緊緊抓住那幾公分的純粹快感，同樣的這些手指稍後將探索她的骨盆中心，進入她的口腔，撫摸她的喉嚨內壁，並順著她的消化道一路到達結腸。我用解剖學的藍色操她。她呻吟著張開雙腿。我駕駛一輛閃亮的藍色奧斯頓．馬丁（Aston Martin DB5）以最快速度穿過她的隧道。V. D.不讓我用我之前拿來操維克多的假陽具操她。維克多也不讓我用他用過的假陽具去操V. D.。我理解這種強烈的「義肢排他意識」。她們都要求一種嚴格的塑膠忠誠度。我喜歡這樣。我去了馬真塔大道（boulevard Magenta）的性用品超市，雖然鎖定異性戀客群，但比瑪黑區（Marais）的性用品商店便宜。櫥窗裡，在三個破舊的人體模特兒身上，展示著各種鏈條、手銬、黑色胸罩、金屬胸罩、乳膠護士服、小紅帽斗篷和貓女面具。這家商店就像附近的任何一家雜貨店一樣，貨架簡陋，上面按分類陳列著色情錄影帶、假陽具、充氣娃娃和一盒盒陽具形狀的義大利麵。我一進門就拿起一個購物籃，然後穿梭在蜷縮貨架前的顧客之間。「先生您好」，在櫃檯後方聊天的兩名女售貨員其中一位向我打招呼。假金髮，白皮膚，一張孩子臉，打扮異性戀。另一個的眼睛呈黑色，襯著長長的、濃密的、彎曲的睫毛。這些讓我覺得她是阿拉伯裔法國人，她看起來年紀較大，但肯定不超過二十歲。我環顧四周，研究著不同的尺寸、材質、顏色與價格。性用品超市是一個異性戀想像力的商業神化殊榮。女人是一具身體，她身體的一切都可以成為「性化物質」（matière sexualisable），而男人則是一根陰莖，他的性化物質只化約為他的陰莖。

幾天前，我讓V.列出一份如果她沒有意外地成為女同性戀的話，她願意為之口交的生物男性名單。吉米・罕醉克斯（Jimi Hendrix）是她名單上的第一個名字。雞巴第一名。白人跪拜的搖滾先知。我想跟她開個玩笑，我又去超市轉了一圈，很容易就找到了一個二十二公分的黑色假陽具，很俗媚，血管清晰可見，巧克力色，還有一個牛奶巧克力龜頭。嘿，吉米，我可以借用一下你的雞巴嗎？這樣我就能操我金髮妞的屁股了。不想太傲慢，但我打賭我的更大更硬。

當我把吉米插進她身體的時候，她會叫我「親愛的，親愛的。」你聽不出差別，但我知道她說了兩遍，對我的兩個性別各說一遍。她傳給我的簡訊裡也是這麼寫的：「親愛的，親愛的。」她那被人工合成義肢插入的母狗嗓音，是一種性配置重新編程的標誌。我向她展示了我的義肢實體：一個修長的生物女孩身體、兩個小乳房、從骨盆中伸出的二十二公分長矽膠陰莖、兩隻多功能手臂。我在她的性硬體中安裝了一個「成為我的女同婊子」（deviens ma pute gouine）資料夾。我們重新配置自己。我的身體懸浮在她上方二十五公分處。這個距離正好可以在我伸出手臂所界定的範圍內，提取她的影像。在這個框架之外，世界消失了。前景是她的紅綠胸罩。一朵絹花擱在她的乳房之間。我的黑色皮革繫帶將吉米緊壓在我陰蒂上，我的神經末梢支配著我假陽具的頂端。她想要更多。**慢慢深入。你讓我飄飄欲仙，從未失落沉淪。我們到終點了。**（*Slow deep fucking. You got me floating around and never down. Vamos hasta el final.*）

V. D.的性愛說的是革命的語言。

## 他媽的西蒙·波娃

我們一塊打砲已經兩個多月了。跟我服用睪固酮的時間差不多長。最近，她一直在玩弄我的感情，她讓自己像個妓女一樣被操，但事後她就哭，因為她想這個，想那個，因為她忘不了N，N＋1……四天過去了，我沒有服用任一劑Testogel。當她拒絕我的時候，我感到雌激素激增，我意識到自己隨時都可能哭出來。但我忍住了，以免自己看起來像隻戀愛中的野獸。女性文化編程的怪物在我體內甦醒了：我的身體被訓練來產生女人的情動，像一個女人一樣受苦，像女人一樣去愛。睪固酮不足以改變這種感官濾鏡。去他媽的西蒙·波娃。去他媽的女權主義。去他媽的愛情。

為了避免陷入因雌激素激增而放大的女性受虐狂的一種普通情節，我對自己實施了嚴格的紀律約束，這是我為緊急情況而設計的一項陽剛訓練計畫（programme de coaching viril）：拋開所有浪漫的冥想，我實踐一些成為菁英大男人（macho d'élite）的練習，以忍受她的缺席。當她回到我身邊時，我已經為她做好了準備。

就是像這樣開始的。我穿著她不喜歡的牛仔褲，但還是讓她很興奮，因為她是一隻發情的母狗。她的身體側躺在床上，頭髮遮住了臉。光線是透亮的白色，就像她的皮膚一樣。她在這個姿勢上停留的時間並不長。她身體整個轉了半圈，發出咕嚕聲，一個生澀的聲音說：「親愛的，來吧，來吧，和我做愛。」我沒有立刻看到她的嘴。她嘴唇的影像從她說的話裡一點一點浮現出來。她的嘴巴變成了聲音，我聽到了：iPod喇叭裡響起了《狐魅女郎》（*Foxey Lady*）的聲音。音樂和她的聲音形成兩個平行的高臺。音樂在上層循環，擦過我們的頭頂。她的聲音在下層滑行，瀰漫開來，我們的身體在這裡落地，一塊旋轉的圓形木板為我們充當了地板。我們還沒開始打砲。我確信這件事會在這些聲音之後發生。就在這個音符之後。我正在為此做準備。我們分階段爬上音樂臺，性的發源地。當轉盤的轉動使我的手臂與床頭櫃成一直線時，我伸手打開了抽屜。裡頭有四支假陽具、一個吹風機、一瓶潤滑油、XXL保險套、一管比亞芬（Biafine）和護手霜。我用眼睛的外角餘光撫摸周圍的物品，速度很快，一切都一覽無遺。然後，你的目光停了下來，從整體當中提取出一個奇點。我帶著吉米，他已經套上了繫帶，我跪在地上，夾在他的聲音與音樂的波浪之間。她說，我是你的妓女，我是為你而來。一切都在旋轉。我脫掉上衣，我拉下牛仔褲，但沒有脫掉。我把一條皮帶穿過兩腿之間，然後將吉米掛在我的骨盆上，拉緊臀部兩側的扣環。一塊皮膚卡在其中一個扣環上，我用力一拉，金屬留下一道紅色痕跡，在我右大腿頂部留下了一個完美的半圓。我迷上了吉米。超穩定的性器。我存在於這性器所帶來的有機—無機的連續性中。我拉起褲子，把吉米拉到一邊，靠在我的左腿上。她的手伸向我的牛仔褲，確認了我大腿上皮帶的壓力，加強吉米對我陰蒂的吸盤效應，檢測它的形狀和輪廓。現在，我們開始打砲：這些平臺匯聚在一起，形成一個單一的海綿體。她把吉米從我的褲襠裡拉出來，幫我打手槍，然後用嘴含住一半，吸吮頂端，她停下不再繼續，她想要的是我用吉米狠狠地操她，然後射在她身上。所以，來吧，來吧，像母狗一樣占有我吧。我什麼都不怕。我跪在她的雙腿之間。這是你的地盤，親愛的，你的地盤。這是我的地盤。她是我的妓女和我的女神。一位突變處女跨越了合成進化線，遇見了男女部落的首領。操她意味著要重新審視我生命中的每一個心結（那些吻過我之後又拋棄我去和生物男人約會的異性戀女孩、對我的假陽具感到噁心的女同性戀者、異性戀的心結、女同性戀的心結、厭惡女性的心結、男性中心主義的心結），咬住它們，直到解開它們。在把我的假陽具放進她嘴裡之前，她說，這是我的，你的陰莖是我的。我是她的跨（trans），她的怪物，我不怕自己不是生物男人。我知道我就是她想要的人，我有她想要的東西，我會給她。我把潤滑油注入右手掌。我等了一會兒才撫摸她，音樂讓我們沉醉，一切都在舞動。我抽動我的假陽具，她看著我，伸出舌頭。她用手張開陰道讓我進入她。她的頭左右搖擺了三下。動作中，我的目光與她短暫交會。我的吉米把她撕開，撞擊著她的盆骨，然後又彈了回來。她尖叫了幾聲，臉緊貼著我的臉。我向裡面挺進，更深，更輕，隨著她的節奏在她體內滑動。我感覺到雙臂的力量，我假陽具的拉力抬起了她的臀部，讓她的身體微微向上彎曲。當她的骨盆撐起我的體重時，我就不再需要靠雙手支撐自己了。我緊緊抓住她的鎖骨，手指摳住她脖子和骨頭之間的空隙。三個P（Triple P）。我放慢了速度。眼前發生的一切並非攝影的。眼睛的表面被影像觸及：性是錄像的。然後，印象更多的是嗅覺而不是視覺，是觸覺而不是聽覺。這是宇宙在做愛。人類的表現型（phénotype humain）、語言、電子聲音和假陽具連結在一起，在插入的過程中，我將它們視為我意識的一部分。我深呼吸，感覺電流從腳底升到胸口，再傳到指尖。這就是做愛的力量。在身體裡挖一個洞，讓音樂流動的力量。知道她會不惜一切代價，把我夾在大腿間的力量。這就是我從她的性愛中萃取出的力量。

# 第十二章　藥理色情時代的性別微觀政治實驗、自願中毒、變異

舊的霸權語法學家（包括性學家）失去了對性別及其擴散的控制。

——唐娜・J・哈洛威（Donna J. HARAWAY）

所以，現在我們站在怪物這一邊了。什麼意思呢？我們不能再侮辱怪物，因為我們已經意識到自己也是怪物之一。〔……〕現在我們正式成為活動家。〔……〕在這場爭取言論自由的鬥爭中，總有一天，性別制度不僅會被證明它是壓迫性的，而且是完全愚蠢的。一旦我們意識到它是多麼荒謬，我們就可以真正開始瓦解它。

我們希望奪回我們的性別，重新定義我們的身體，
並創建自由開放的網絡，讓我們能夠在其中蓬勃發展，
任何人都可以在其中建立自己的安全機制以對抗性別禁令。
我們不是受害者，我們以戰爭創傷作為盾牌[……]
我們並不以恐怖分子自居，而是海盜、空中飛人、
戰士、性別反抗者……我們捍衛懷疑，
我們相信「回溯」（retour en arrière）作為一種前進的可能，
我們認為沒有任何建構過程應該被視為不可逆轉。
我們想讓人們看見雌雄同體之美（beauté de l'androgynie）。
我們相信我們有權擺脫繃帶以便能夠呼吸，
或者永遠不取下繃帶，我們有權由優秀的外科醫生、
而非劊子手進行手術，我們有權免費接受荷爾蒙治療，
而無需精神科證明，
我們有權進行自我荷爾蒙治療。

——凱特・伯恩斯坦（Kate BORNSTEIN）

我們主張無需徵求任何人許可的生存權利……

——特拉沃拉卡游擊隊（Guerrilla TRAVOLAKA）

## 酷兒微觀政治

當代大都會（洛杉磯、倫敦、紐約、孟買、巴黎、柏林等）的邊界與現代城市的地理界限並不一致。你可以相信自己在外面，而你實際上卻在裡面，或者相信自己在裡面，卻根本沒有接觸過藥理色情大都會（pharmacopormomégapole）的虛擬濃密感。一九九三年，我來到紐約，為了逃避在馬德里大學就讀哲學時學到的知識：女同性戀女權主義者（正如我當時對自己的定義，我所掌握的為數不多的論述和政治參照資料）在後佛朗哥時期西班牙國家的教育和文化機構中，沒有太多事可做。紐約是二十世紀末不斷擴張蔓延的藥理色情帝國中心之一，同時也是跨越國界和語言的網絡中所出現新的、抵抗和瓦解統治政權的、批判和政治策略的漩渦。嚴峻且令人失望的九〇年代，沒有七〇年代的歡樂激進主義，也沒有八〇年代的迪斯可魅力，卻是酷兒微觀政治氾濫的年代。

八〇年代末期，一群分布在美國和英國由女同性戀、男同性戀、變裝癖與變性人組成的團體（其中最著名的是「酷兒國」〔Queer Nation〕、「激進憤怒」〔Radical Fairy〕或「女同性戀復仇者」〔Lesbian Avengers〕），他們正在抵抗來自同性戀身分政治要他們與主導的異性戀社會同化在一起的要求。他們將街道變成了公共戲劇化抗爭的空間，並以破口大罵的方式來抵制異性戀規範。首要的表演策略：透過根本地改變表述主體，他們重新使用了「酷兒」（queer）這個性的侮辱詞語（女同〔gouine〕、男同〔pédé〕，或變態〔pervers〕、瘋子〔taré〕），將其轉化為政治行動的空間。這種反身性的批判也會對女性主義產生影響；女性主義無疑是七〇年代以來經歷最多變革與自我批評的理論和實踐領域之一。而在「性別暴力」（violence de genre）言辭充斥媒體的同時，它總是促使我們去確認圍繞男性（支配者一方）和女性（受害者一方）之間的辯證對立的女權主義論述，新的酷兒女權主義在八〇年代末期與蓋爾・魯賓（Gayle Rubin）、朱迪斯・巴特勒或特蕾莎・德・勞雷蒂斯一同出現，不斷發明政治想像並制定行動策略，對女人們構成了女權主義政治主體（sujet politique du féminisme）這看似無可爭議的論點提出質疑。「女性」被視為一種既定的生物現實，但最重要的是女性應有的樣子：白人、異性戀、順從、中產階級。多種新的女權主義自這類質疑中湧現，為怪物而生的女權主義，二十一世紀集體變革的計畫。

這些持不同政見的女權主義自八〇年代末開始嶄露頭角，當時被思想正統的女權主義排除在外的人們，開始譴責淨化和鎮壓其革命計畫的過程。這些淨化過程導致了一種灰色的、規範的、清教徒的女權主義，它將文化、性別或政治差異視為對其異性戀和歐洲中心女性理想的巨大威脅。引用維吉妮・德斯彭特的說法，我們可稱之為「女權主義無產階級」（prolétariat du féminisme）的批判性覺醒，其不良主體是妓女、女同性戀、被強姦的女性、持不同政見的生物男性、愛滋病毒帶原者、男人婆（butch）、變性人、非白人女性、穆斯林女性……歸根結柢是我們大多數人。

女權主義的這種突變是透過女性主體的一系列去中心化而發生的，這些去中心化全面並同時地質疑女性狀況的自然性和普遍性。轉變首先來自同性戀理論家，如蓋伊・霍肯海姆（Guy Hocquenghem）、米歇爾・傅柯、荷內・謝勒（René Scherer）、莫妮克・維蒂格或阿德里安・里奇（Adrian Rich）。儘管他們的批判工具多種多樣，從馬克思主義到系譜學（généalogie），他們對西方身體和實踐標準化（normalisation）的解讀，導致他們將異性戀定義為一種政治體制和控制部署，它產生了男女之間的差異，並使對標準化的抵抗成了一種病態。幾年後，朱迪斯・巴特勒和朱迪斯・哈爾伯斯坦（Judith Halberstam）強調了文化符號化和身體風格化的過程，透過這些過程進行性別差異標準化，而唐娜・哈洛威和安・福斯托－斯特林（Anne Fausto-Sterling）則質疑兩性的存在，是獨立於身體建構和再現的科學技術過程之外的生物現實。此外，隨著美國黑人的解放鬥爭與「第三世界」的非殖民化，針對白人和殖民地女權主義「必然是」種族主義的批判聲音也隨之響起。安吉拉・戴維斯、貝爾・胡克斯（Bell Hooks）、格洛麗亞・安薩爾杜亞（Gloria Anzaldua）或蓋雅翠・史碧娃克（Gayatri Spivak），定義了黑人、後殖民、穆斯林或僑民女權主義的計畫，這將迫使我們思考性別與種族、階級、移民和人口販運等地緣政治差異之間的構成關係。[1]

最富成效的轉變之一正是從這些環境中產生的，它們至今被認為是女性受害的深淵，女權主義不期望、或者不想期望從中產生任何批判性論述。他們是性工作者、色情女演員和性叛逆者。這場運動是在八〇年代爆發於美國、被稱為「女權主義性戰爭」（guerres féministes du sexe）的女權主義反色情辯論期間，從論述和政治角度構建的。反性女權主義（féminisme antisexe）的代言人凱瑟琳・麥金農（Catharine MacKinnon）和安德里亞・德沃金（Andrea Dworkin）把色情製品視為對女性的政治和性壓迫詮釋模型。[2]在羅賓・摩根（Robin Morgan）「色情是理論，強姦是實踐」（la pornographie est la théorie et le viol la pratique）的口號下，她們譴責女性性行為的再現，認為這助長了性別暴力、對女性的性與政治奴役，並主張徹底廢除色情及賣淫。[3]一九八一年，美國女權主義搖滾新聞先驅之一艾倫・威利斯（Ellen Willis）批評這種廢奴主義女權主義與父權結構的共謀，父權結構在異性戀社會中壓制和控制女性的身體。對於威利斯來說，當廢奴主義女權主義者要求國家規範性事的再現時，她們就讓渡了更多權力給一個父權機構，從歷史上而言，父權機構的目的正是控制女性的身體並鞏固男性凝視。反色情運動的倒錯反常效果在加拿大顯而易見，根據女權主義標準所採取的控制性事再現的措施當中，首先受到審查的是那些性少數（sexualité minoritaire）[60]的影片和出版物，更具體地說是女同性戀的再現（由於出現假陽具）和施虐受虐女同性戀（國家委員會認為這對婦女來說是暴力與傷風害俗）。至於異性戀色情片中對女性刻板印象的再現，委員會並未予以譴責。

面對這種國家女權主義，後色情運動（mouvement postporno）認為國家沒有能力保護我們免受色情製品的侵害。再現的解碼始終是一項無止境的符號學任務，這沒有避免的餘地，而是必須透過反身性、批判性的討論和政治行動來面對。威利斯是第一個稱女權主義為「性積極」（pro-sexe）的人，這種性政治運動（mouvement sexopolitique）使女性的身體和快感成為抵抗性事控制和標準化的政治空間。與此同時，加州妓女斯卡洛特・哈洛特（Scarlot Harlot）首次使用「性勞動」（travail sexuel）一詞來定義賣淫，要求妓女在勞動力市場上的職業化與平等權利。舊金山的妓女（由性工作者瑪歌・聖・詹姆斯〔Margot Saint James〕發起的妓女權利運動 COYOTE 聚集在一起）、紐約的妓女（PONY）、反愛滋病活動團體 ACT UP、激進的女同性戀行動人士，以及施虐受虐狂的實踐者（女同性戀復仇者、

[60] 這裡所說的「少數」概念，並非統計學意義上的少數，而是如德勒茲和瓜塔里所指出的，作為政治變革的革命汽油箱。

薩莫伊斯〔SAMOIS〕等）很快就加入威利斯與哈洛特的行列。在西班牙和法國，自九〇年代開始，Hetaira性工作者運動（馬德里）、Cabiria（里昂）、Grisélidis（土魯茲）和LICIT（巴塞隆納）（以克里斯蒂娜・加拉撒芭爾〔Cristina Garaizabal〕、恩帕爾・皮內達〔Empar Pineda〕、多洛雷斯・朱利亞諾〔Dolores Juliano〕、拉奎爾・奧斯本〔Raquel Osborne〕、格里瑟利迪斯・雷爾〔Grisélidis Réal〕、克萊爾・卡東尼〔Claire Carthonney〕、弗朗索瓦茲・吉勒莫〔Françoise Guillemaut〕等行動者為代表）將組織一個捍衛性工作者權利的歐洲陣營。

這種大膽不遜與「反身性」的女權主義逃離了大學環境，並在影視製作、文學和行為表演中找到了自己的行動空間。安妮・斯普林克的壞品味媚俗女權主義（féministes kitsch）色情電影、莫妮卡・特魯特（Monika Treut）的紀實小說、維吉妮・德斯彭特和朵拉思・愛麗森（Dorothy Allison）的文學、艾莉森・貝克德爾（Alison Bechdel）的女同性戀漫畫、德爾・拉格雷斯・火山、阿克塞爾・勒多芬（Axelle Ledauphin）或凱爾・T・布洛克（Kael T. Block）的攝影作品，達納・懷斯（Dana Wise）的政治雜誌和**現成物**（*readymade*）作品、女同性戀龐克樂隊Tribe 8的狂野音樂會、莉迪亞・朗區（Lydia Lunch）的新哥德式演說（prédications néogothiques），或鄭淑麗的跨性別科幻色情錄像作品，都創造出一種女性主義後色情美學（esthétique féministe postporno），它是由符號與文化製品的流通所構成，一種對傳統女權主義認為不適合陰柔氣質的規範性準則之批判性重新定義。這種美學和政治論述參考了恐怖電影、哥德文學、性玩具、吸血鬼和怪物、色情電影、漫畫、異教神靈、賽博格、龐克音樂、作為政治干預（intervention politique）工具的公共場所行為表演、與機器的性、像「暴女」（Riot Grrrl）這樣的無產階級女權主義偶像，「疤面」（Scarface）對變裝國王陽剛之氣的極端性女同性戀模仿，或者像布蘭登・蒂納（Brandon Teena）或漢斯・謝爾（Hans Scheirl）這樣的跨性別偶像。「生鮮辛辣的性」（sexe cru）和「煮熟的性別」（genre cuit）。

但多年來在英語系和歐洲國家，「**酷兒**」（*queer*）一詞透過文化翻譯被用於命名這些多重鬥爭，如今卻發現自己受到不斷發展的物化和商業化進程所影響（針對藥理色情政權的運動）。我們冒著使「酷兒」一詞成為一種身分的風險，而產生新的社會排斥，並模糊了變性人、跨性別者、殘疾或種族化身體受壓迫的具體狀況。這不是在充當革命性變革引擎的一個歷史對立性主體（無論「女性」、「同性戀者」等），或多元文化差異的一個統計性總和，不是在這兩者之間進行選擇的問題。這並不意味著我們不能再使用「酷兒」一詞，而是它已經失去了大部分的顛覆性，並且不能再作為一個共同點來形容抵抗規範化策略的擴散過程。近年來，酷兒表達（énonciation queer）已被主流論述重新編碼（recodifier）[61]。與這一資本化

[61] 僅舉一個被收編的案例，一九九八年，蒂埃里・阿迪森（Thierry Ardison）在國家工業研究所（l'Institut national de l'Industrie）註冊了「酷兒」（queer）一詞。

進程並行的是，在少數族群的運動中，變性者、跨性別者、殘疾和少數族裔堅持以身體的物質性為中心，以及在屈從和政治裝配的過程（processus d'assujettissement et des agencements politiques）當中，堅持對其脆弱性和生存可能性的管理。

巴特勒的書寫在九〇年代初被視為「**酷兒理論**」（*queer theory*）的關鍵基礎，她自己對身分的操演性詮釋也有細微差別，強調了產生中間性或跨性的肉身性（corporalité）物質和論述過程的特性。[4]今日，我們可以將「酷兒表達」理解為藥理色情制度中所生產，異議主體性（subjectivités dissidentes）更廣泛過程中的關鍵時刻。

這場源自酷兒批判的女權主義運動，透過脆弱但廣泛的網絡、戰略聯盟和綜合關係，採用與全球資本主義相同的迴路，如同政治解藥一般傳播流通。所以，當我來到巴黎生活時，我並沒有離開紐約。我來到藥理色情帝國東部的一個郊區住了下來，那裡講法語。透過這種方式，我開始將幾年前出現的一些酷兒方言（dialectes queer）轉錄到這種語言當中（這也不是我自己的語言）。最初，這涉及到將在藥理色情都會（pharmacopornopolis）邊緣湧現的抵抗論述的力量，轉移到了其他緯度。因此我們可以說：正如史碧娃克所強調的那樣，紐約不是一個地方，而是一種文化轉譯的制度（régime de traduction culturelle）。因此，矛盾的是，當我離開紐約時，我才開始居住在這座城市當中。

將世界視為一座單一的離散城市，幾個劇烈的中心、資本、身體及信息的循環迴路、高舒適區和貧民區、偏遠的生產空間，以及物質與符號碎片的廢棄物空間等相互連接，這可以引導我們在君士坦丁堡羅馬帝國模式的稜鏡下，思考當前的地緣政治結構（就像奈格里與哈特[5]一樣，或以詹姆斯・佩特拉斯〔James Petras〕和亨利・維爾特邁爾〔Henry Veltmeyer〕[6]的方式）。我們生活在一種龐克中世紀，一個高度的哥德賽博格時代（époque cybergothique），但在物種自我退化（auto-dégénérescence de l'espèce）的這個時刻，我們還沒有理解到這種歷史復興的後果。有一段時間，大師們將這種全球性的「（腸）套疊、（肛）內陷」（invagination）稱為「後現代性」（post-modernité），然而事實上，它是現代性的科技色情龐克頂峰（apogée technopornopunk）。我們正處於一個進化的轉折點，現代性釋放嘔吐出它令人厭惡反感的射精潛力：我們正在核精子中游泳，並學習在其中像變異野獸一樣呼吸。古典帝國和我們科技色情帝國之間的區別在於，羅馬帝國仍然有賴於神學本體的（ontothéologique）和法律的基礎，儘管搖搖欲墜，卻既是起源也是最終的命運。然而，沒有神學本體論（ontothéologie）的帝國會是什麼樣子呢？有些人認為，當代文明已經用一種工業化或神經中毒（ergotique）的基礎取代了本體論。但無論是生產或勞動，都不足以解釋當今社會的運作方式。當代龐克科技色情帝國基於一個新的座右銘：射精和死亡，產生射精和消失。這是它的色情死亡基礎（fondation thanatopornographique）。

這不是關於**黑暗時代**（我們並不身處晦澀的後現代），而是**色情「閃閃發光」的時代**

（porn flickering ages）。我們並非在黑暗中原地打轉（這已不再是時間的迷霧），而是在一個完全徹底被照亮的氛圍中，在一種充斥著濕潤影像的環境氣體中。在這團閃閃發光的混亂當中，清醒、啟發、明晰與清楚等概念在新的黑暗中閃亮。神經生物學家認為，意識有四種狀態：清醒（lucidité）、神志模糊（obnubilation）、瞌睡（assoupissement）及昏迷（coma）。清醒時，主體對自己和周圍的環境能夠完全察覺；神志模糊時，主體睜著眼睛，但在空間和時間上迷失方向，對自己與周遭的事物相對漠不關心；打瞌睡時，主體閉著眼睛，但對直接刺激仍有反應；在昏迷狀態下，主體對直接或間接刺激都不再有反應，儘管這些刺激可能依然存在。今天，我們作為一個物種的存在可以被形容為「假肢昏迷」（prosthético-comateuse）。我們閉上了眼睛，卻持續透過一套我們稱為生命、文化與文明的技術和政治植入物來看待世界。然而，只有透過這種生物技術部署（dispositif biotechnologique），才有可能敢於革命。

在中國，公元前二一三年，秦始皇下令焚燒所有書籍。公元五世紀，亞歷山大圖書館在一連串戰火中被洗劫和毀壞後，狄奧多西（Théodose）大帝下令將其摧毀，指控當中藏有違背基督教信仰的異教知識。古代世界最偉大的研究、翻譯和閱讀中心消失了。一三三〇年至一七三〇年間，基督教宗教裁判所（Inquisition chrétienne）燒毀了成千上萬人的屍體、成千上萬本書籍，數百種知識技能和主體性生產都淪落為被世人遺忘或成了地下非法。

一八一三年，美國士兵占領了加拿大與約克（York），燒毀了議會和立法院圖書館。一年後，國會圖書館被夷為平地。一九三三年，納粹政府的首批行動之一就是摧毀柏林的性科學研究所（für Sexualwissenschaft）。該中心由馬格努斯．赫希菲爾德（Magnus Hirschfeld）於一九一九年創建，多年來在研究和傳播關於性與性事命題的進步思想及實踐方面發揮著重要作用。五月十日，赫希菲爾德研究所（institut Hirschfeld）的藏書以及其他兩萬本書籍成了歌劇院廣場（Opernplatz）上一個巨大的火堆，它熊熊的火光烙印在希特勒記者的攝影底片上。一九四三年三月九日晚，巴伐利亞圖書館（bibliothèque de Bavière）遭到空襲，五十萬冊圖書被毀。一九九三年，克羅埃西亞民兵摧毀了數十座圖書館（包括斯托拉克〔Stolac〕圖書館）。二〇〇三年，美軍洗劫並摧毀了巴格達國家圖書館。[7]

過去四十年來女權主義、黑人解放運動、酷兒和跨性別理論所產生的理論政治創新（innovation théorico-politique）在今天似乎是持久的成就。然而，在當前全球戰爭的背景下，這些知識體系可能會再次被摧毀，速度就像微晶片（microchip）在高溫下融化一樣快。在女性主義和同性戀文化現有的脆弱檔案都一一化為放射性陰影之前，必須將這種少數人的知識轉化為集體實驗、身體實踐、生活方式和同居形式。在這種情況之下，與七、八〇年代的前輩們不同，我們不再主張將歷史理解為論述的生產，而是主張將論述生產視為地球上生命的技術性物質化（matérialisation technique de la vie）此一更廣泛進程的一部分。這種物質化逐漸成為一種對所有動物、植物和文化物種的技術性毀滅形式，毫無疑問，其最終結果將是人類的自我滅絕。因此，這裡談的是記錄一個全球性自殺的辦法。

## 虐殺政治（SNUFF POLITICS）

讓他們馬上操我們：我們已經成為龐克文明。在今天看來，一九七七年龐克運動的出現並不是一個簡單的微觀現象（microphénomène），而是我們人類唯一共同理想最後一次清晰的爆發：高潮的本能和死亡的本能。沒有哪一種文化生產能夠像**虐殺**（*snuff*）一樣理解二十一世紀初的龐克維度：現場拍攝死亡（或者更確切地說是它的再現）。在流行文化中，我們將這些呈現殺害人或動物的電影稱為「**虐殺**」，其唯一目的是讓這種死亡變得可見，將其轉化為公共的和市場化的再現形式。

這一切其實都始於一場騙局。一九七一年，Z影集導演麥可・芬德利（Michael Findlay）和羅塞塔・芬德利（Rosetta Findlay）拍攝了《屠殺》（*Slaughter*），一部將情色與恐怖場面融為一體的低成本電影。同年，艾德・桑德（Ed Sander）訪問了殺人犯查爾斯・曼森（Charles Manson）。他聲稱錄製了他的追隨者在他授意下所做的一些臭名昭著的謀殺事件。雖然再也找不到這些影片的任何蹤跡，但**虐殺**神話卻由此而生。一九七二年，發行商艾倫・沙克爾頓（Alan Shackleton）收回電影《屠殺》，添加了最後一個場景，其中一名女演員在鏡頭前被（戲劇性地）掏出內臟，並以片名《**虐殺**》（*Snuff*）重新發行這個新剪輯的版本。電影於一九七六年的首映，引發了關於這位女演員之死真實性空前的爭論。反色情團體、支持審查制度的女權主義者和媒體都參與了這場辯論。除了開膛破肚的場面外，沒有其他電影語言或敘事方面值得一提的這部電影，卻意外獲得意想不到的利潤。

作為再現的極限，**虐殺**成為支持審查的女權主義團體和反色情天主教徒的色情典型範例，也是色情戲劇性性愛所必須追求的現實主義形式典範：當拍攝的性愛場景是真實的時候，電影就更加色情，就像當犯罪實際發生時，表演就是**虐殺**一樣。根本上而言，「**虐殺**」的概念是後現代的，與任何再現形式的模仿性、戲劇性或模擬性相對立。相反地，它肯定了再現修改現實的力量，或者說，這等同於現實存在於再現之中，並且透過再現而存在的願望。因此，色情、**虐殺**和政治之間的關係就顯得十分密切。如今，一些**虐殺**電影目錄中出現盟軍士兵或納粹士兵在集中營拍攝的影像、約翰・F・甘迺迪（John F. Kennedy）遇刺的「澤普魯德（Zapruder）影片」、伊扎克・拉賓（Yitzhak Rabin）被刺殺的影片、處決阿富汗或伊拉克戰俘的錄像、美軍摧毀伊拉克村莊的影像、紐約雙子星大廈被毀，以及薩達姆・海珊（Saddam Hussein）被處決的畫面。政治已經成為**虐殺**：透過再現以及為了再現而進行毀滅。

原子彈在天空中繪出的蘑菇雲、被嚴重燒傷的小女孩逃離被毀的廣島市的照片、琳達·洛夫萊斯充滿精液的嘴唇、盧安達（Rwanda）成堆的殘肢，雙重插入（double pénétration）、老大哥（Big Brother）和美劇《整形春秋》（*Nip/Tuck*）、在《超級重新整修》（*Relooking Extrême*）的鏡頭前從美國家庭主婦臀部所吸出的大量脂肪、監控錄影拍攝的聖康坦（Saint-Quentin）戒備森嚴監獄中的暗殺事件，這些都比從胡塞爾（Husserl）到沙特（Sartre）的任何二十世紀哲學著作或任何當代社會學論文，更能夠說明我們人類的現況。二〇〇八年，我們這個物種簡直是把美好的哲學意圖毫不誇張地塞進了屁眼裡，把它拍下來再把影像上市銷售。二十一世紀的哲學被簡化為一個巨大、濕答答的**後庭塞**（*butt plug*）。[62] 在這些情況之下，這種龐克高度現代性的哲學只能是自我理論（autothéorie）、自我實驗（expérimentation de soi）、自我技術插入（autotechnopénétration）、色情學。我們人類的龐克色情技術（technopornopunk）時刻的特點是**虐殺**政治：從生命中榨取一切直到死亡的那一刻，而且透過拍攝、文字和影像將其記錄下來，在網路上即時播放，使其成為一個永恆的虛擬檔案館，全球規模的廣告媒體。

當我們試圖思考物種和地球的未來時，唐娜·哈洛威和斯洛托迪克[8]請我們避免兩種形而上學和符號法西斯主義（sémiotico-fasciste）的敘事性陷阱。首先是救世主的誘惑：有人會來拯救我們，一種獨特無與倫比的力量，無論是宗教的還是技術的，一種無所不能的知識，擁有改變人類狀況的所有答案。二是末日誘惑：沒剩下什麼可做的，物種的消失已經迫在眉睫。哈洛威告訴我們：「我們應該學會去懷疑我們對災難的恐懼和確知，以及我們對進步的夢想。我們應該學會在沒有固定的救贖歷史論述的情況下生活。」[9]問題恰恰在於，沒有人會來拯救我們，我們的消失雖然是肯定的，但也只是相對迫在眉睫的。因此，我們必須想辦法在我們滅絕、變異或轉換星球時做些什麼，即使這件事包括故意加速我們自己的消失、變異或宇宙搬家。讓我們無愧於自己的墮落，並替未來幾個世紀想像一種新色情龐克哲學的構成原則。

## 自體白鼠（AUTOCOBAY）原則

處於色情龐克現代性（modernité pornopunk）巔峰時期一種女權主義的首要座右銘：你的身體、諸眾的身體，以及構成它們的藥理色情框架結構都是政治實驗室，同時既是臣服和控制過程的結果，也是批判機構和對抗標準化的可能空間。我在此主張的是一套身體和符號技術實驗（expérimentation corporelle et sémiotechnique）政策，面對政治性再現原則（principe de représentation politique）（它主導我們的社會生活，也是極權的與民主的群眾政治運動之基礎），我根據斯洛托迪克的直覺，將其稱之為「自體白鼠原則」（principe

62 專為肛門插入所設計的假陽具。

autocobaye）。[10]

直到十八世紀末，實驗依然是藥理學研究規定程序的一部分。動物實驗並未受到質疑，但研究人員有道德義務責任必須對另一人的身體進行任何測試之前，先承擔對自己身體造成未知影響的風險。依照客觀性的說辭，科學知識的主體逐漸尋求產生外在的知識，將身體從自我實驗的恍惚狀態中解放出來。儘管如此，一七九〇年，物理學家塞繆爾．哈尼曼（Samuel Hahnemann）還是每天服用大量的奎寧（quinine），以觀察這種物質對抗瘧疾的效果。他的身體反應更出現類似「回歸熱」（fièvre rémittente）（瘧疾特有）的症狀。這一經驗將成為順勢療法運動（mouvement homéopathique）發明的基礎：就像在一種治療鏡當中一樣，可以使用一種也會在健康人身上引起與疾病相同症狀的物質來治療疾病。斯洛托迪克從哈尼曼身上汲取靈感，將這種受控制和蓄意中毒的過程稱為「自願自體中毒」（auto-intoxication volontaire），他總結如下：「當你想成為一名醫生時，你必須願意當一隻小白鼠。」[11]

我相信我可以證明，自願自體中毒的作法存在於任何創建「文化可理解性」（intelligibilité culturelle）[63]新框架的過程中。從諾瓦利斯（Novalis）到里特（Ritter），斯洛托迪克獲取靈感的浪漫主義，它作為現代性的反計畫（contre-projet），將使自我實驗成為反烏托邦社會中的核心自我技術（technique de soi），但該計畫存在個人主義觀念的風險。此外，儘管不太明顯，不過歐洲現代主體性批判所圍繞的兩種論述，也就是佛洛伊德和班雅明的論述，都是以自願中毒實踐的劇目形式展開的。但現代性學科的主流論述卻否定了它們：精神分析和法蘭克福學派分別經歷的制度化過程，與中毒的病理化和自我實驗的馴化相輔相成。

「如果醫生能夠在自己身上試驗大量藥物，那就太好了。這樣，他就會對它們的作用有一個清楚的認識。」一九一四年，年輕的醫生米哈伊爾・布爾加科夫（Mikhaïl Bulgakov）在《嗎啡》（*Morphine*）一書中如此說道，書中的主人翁描述了這種物質對他自己身體的影響。[12]同樣地，作為一名女權主義者，今天似乎迫切需要在我們自己身體上測試合成性荷爾蒙的藥理色情政治影響。在製藥實驗室和國家醫學司法機構規範黃體素、雌激素和睪固酮活性分子的使用與消費的時代，在沒有經過性和性別主體性的操演實驗與生物技術實驗的情況下談論政治性再現實踐，似乎顯得不合時宜。

作為一種知識生產和政治轉型的模式，這種自我白鼠原則被當代哲學的主流敘事所禁止，它對於建構女權主義的實踐和論述，以及性別、種族和政治少數群體解放運動，都具有決定性的作用。以唐娜・哈洛威的話來說，這是一種肉體的、情境化的（situé）、負責任的政治實踐問題。任何想成為政治主體的人都應該從「成為自己實驗室裡的一隻白老鼠」

63 這是引用巴特勒用詞。請參見：*Défaire le genre, op. cit.*

開始。

## 毒理學分析（TOXICO-ANALYSE）

## 佛洛伊德與班雅明式批判的精神藥物根源（ORIGINES PSYCHOTROPES）

一八五六年，佛洛伊德出生於歐洲精神藥物的中心，也就是在蓋德克（Gaedcke）提取出他稱之為古柯屬（erythroxylin）的生物鹼（alcaloïde）一年後；隨後古柯鹼也首次從中被分離了出來。當時，數十種精神活性物質透過殖民地網絡在歐洲各地流通，這些物質的消費與銷售並沒有任何嚴格的監管：鴉片、鴉片酊、大麻膏、大麻、海洛因、古柯鹼、麥司卡林等（opium, laudanum, haschish, ganja, héroïne, cocaïne, mescaline）。佛洛伊德是透過一八八三年所發表的一篇文章了解到古柯鹼的存在：西奧多・阿申布蘭特（Théodore Aschenbrandt）醫生講述使用德國默克（Merck）實驗室首創生產的藥用古柯鹼來緩解巴伐利亞士兵疲勞的情況。沒有主體性的生化補充劑，就沒有超越身體、意識和道德倫理的戰爭，正如同沒有導致失憶的生化補充劑，就沒有衝突後的局勢。這篇文章讓佛洛伊德留下了深刻印象，在同年四月初寫給未婚妻瑪莎的信中，他將自己未來的古柯鹼使用視為一個「計畫」。[13]毫無疑問，他認為找到了「黃金國」，發現全新的醫學用途，同時也產生另一種形式的知識。對年輕的佛洛伊德來說，古柯鹼是一個經濟和心理學的計畫。不到一年後，他從默克實驗室訂購了一盒鹽酸水晶阿爾比斯（Hydrochloric Cryst Albiss）古柯鹼，並於一八八四年四月三十日吸食了他的第一劑。一八八五年，他在《超越古柯鹼》（*Über Coca*）中寫道：「古柯鹼引起的情緒與其說是直接刺激的結果，不如說是總體精神狀態中沮喪因素消失的結果。還應該認識到，一個健康人的欣快感（euphorie）只不過是大腦皮層營養充足的正常狀態，它對自己身體的器官『一無所知』。」[14]但是佛洛伊德的計畫並沒有一個好的開始。他腦中第一個想法是用古柯鹼治療他朋友恩斯特・馮・弗萊施爾・馬克司（Ernst von Fleischl-Marxow）的嗎啡成癮。正如V. D.所說的喬伊・斯塔爾（Joey Starr）方法。手術結果：恩斯特在皮下注射古柯鹼製劑後上癮，並受劇烈疼痛之苦。不得不指出，他對弗萊施爾・馬克司的意圖肯定不是最明確的：對他的朋友，佛洛伊德在浪漫的激情與嫉妒之間搖擺不定。事實上，恩斯特本可成為他未婚妻瑪莎的一個更優的追求者，但也可能為佛洛伊德的泛性快感（plaisir pansexuel）提供一個屁眼。有必要對實驗持開放態度，但不要太多。兩年後，他仍然不相信定期注射古柯鹼會導致上癮。在《對古柯鹼的渴望與恐懼》（*Désir et peur de la cocaïne*）中，他為自己的觀點辯護道，長期服用古柯鹼不會導致成癮，除了那些服用古柯鹼來代替先前對嗎啡成癮的受試者（弗萊施爾・馬克司的案例臭名昭著而難以被遺忘），而是會導致他所說的「強烈的反感」（aversion）。[15]佛洛伊德是對的，但他一如既往，總是過於樂觀：服用古柯鹼就是憎恨古柯鹼，害怕吸食後的下降退潮……但繼續服用它。一九一四年，沉迷於嗎啡和古柯鹼的米哈伊爾·布爾加科夫醫師寫道：「我，一位在今年二月份患上嗎啡中毒的不幸醫生，告誡所有將遭遇與我同樣命運的人，不要試圖以古柯鹼取代嗎啡。古柯鹼是所有毒藥中最危險、最奸詐陰險的。」[16]

與此同時，製藥產業正在鞏固它於歐洲和美國堪稱「資本主義皇冠上的明珠」之地位。[17]必須牢記，我們仍處於三〇年代隨著抗生素、抗感染藥和磺胺類藥物的銷售上市而出現的製藥熱潮之「預燃室」當中。在新的技術資本主義勢在必行的主導下，新興製藥業的蓬勃發展逐漸證明治療的可靠性、生產許可證和生物活性物質（substance bioactive）的使用消費之間不存在確切的因果關係。在十九世紀的最後幾年，默克實驗室生產了數百公斤用於醫療或食品用途的古柯鹼。一八八六年至一九〇一年間，古柯鹼是第一瓶可口可樂配方的成分之一，甚至連教宗利奧十三世（Léon XIII）都是它的愛用者。默克公司將古柯鹼用於麻醉用途，而MDMA（俗稱搖頭丸，ecstasy）則用於抑制食慾銷售上市，而拜耳（Bayer）公司則將古柯鹼作為治療嗎啡成癮的藥物上市銷售。

在轉向催眠或言語暗示研究之前，佛洛伊德嘗試過毒性治療法（toxicité thérapeutique）。他甚至從藥物依賴的模式來思考催眠治療，要人們注意在夏科（Charcot）的實踐中催眠師與被催眠者之間的依賴關係。嗎啡和催眠師的相似之處在於，兩者都會激發一種意識改變的狀態，一種自我向自身呈現模式的轉變，從而使其他形式的知識、意識及行動得以出現。

精神分析的移情理論本身似乎源自分析師與被分析者之間的藥物販運和運輸模型。對於克拉夫特・艾賓（Krafft-Ebing）精神病理學（psycho-pathologie）的佛洛伊德讀者來說，手淫和它所暗示的化學物質生產是所有成癮的模型。[18] 酒精、菸草、嗎啡和古柯鹼都是手淫的替代品，是在體內產生過量毒素的外源性實踐。至於這種物質是由外接種感染，還是由人體自身產生並不重要。沒有毒性（toxicité）就沒有性慾。性，就像服用精神藥物一樣，是對產生神經元中毒狀態的追求。

佛洛伊德吸收改變主體性新技術的品味，不單單限於藥物的測試和使用。佛洛伊德毫不猶豫地把自己的身體變成了外科實驗場，他也對自己的睪丸進行實驗。一九二三年至一九二四年間，他在醫生皮克勒（Pichler）的監督下接受了兩次侵入性手術，以及三十多次小手術和各種或多或少痛苦的、用於對抗頜骨癌的口腔義肢裝置。儘管診斷預測並不順利，佛洛伊德還是決定再接受一次額外的手術：「施坦納赫手術」（opération de Steinach），也就是輸精管結紮手術。[64] 尤金・施坦納赫（Eugen Steinach）是他那個時代最出名的荷爾蒙研究者，儘管尚未精確分離出睪固酮分子，卻已研究出透過植入睪丸或注射精液使雌性白老鼠雄性化的過程。他的實驗雖然粗略簡短，但使他得出結論：荷爾蒙的生產分泌、性能力和衰老

[64] 後來歐納西斯（Onassis）、戴高樂將軍甚至教宗庇護十二世（pape Pie XII）也都接受了施坦納赫的手術。

之間存在某種關係。施坦納赫的想法更有賴於性液壓力學（hydraulique sexuelle）或生命液物理學（physique des fluides vitaux），而不是基於對性亢奮的分子理解：外部輸精管的阻塞會提高性能力、恢復整體活力。佛洛伊德於一九二三年十一月十七日接受了施坦納赫手術。他在給朋友費倫齊（Ferenczi）的一封信中解釋道：「我希望改善我的性生活、身體狀況和工作能力。」手術之後，佛洛伊德說他感覺好多了，但最重要的是，他向奧托．蘭克（Otto Rank）承認，手術釋放了他對皮克勒醫生的渴望。[19] 意想不到的結果：我們可能會認為，結紮輸精管不僅沒有增加他的男子氣概，反而使他的異性戀發生短路，讓他對照顧他下巴（別忘了佛洛伊德曾經把他的義肢下巴稱為「怪物」〔monstre〕[20]）的醫生產生了同性戀的慾望（如同異性戀準則中的一個贅疣、一顆腫瘤）。

不把自己的身體當作技術生命轉變積極正向平臺的哲學，是一種空洞的哲學。光有理念是不夠的。「光有藝術是不夠的。」（L'art ne suffit pas）[65] 光有風格也是不夠的。光有好的意圖是不夠的。光有同理心是不夠的。所有哲學都必然是自我活體解剖，而非解剖他人。一種剖析自我、切入主體性的實踐。當對活體解剖的熱愛從自己的身體中釋放出來，並轉向他人的身體、社會的身體、地球的身體、宇宙的身體時，哲學就變得具有政治性了。哲學活體解剖的這種政治延伸可以採取物種死亡學（thanatologie de l'espèce）（如戰爭）或烏托邦通用療法（宗教、民主或醫學）的形式——死亡學管理（gestion thanatologique）和烏托邦療法

（thérapie utopique）經常彼此溝通，從而藉由意想不到的路徑相互連結。

佛洛伊德是一個最大的**泄殖腔**（*cloaca maxima*）。一個吸收了他那個時代產生的所有物質的下水道人孔。他吸入了一切路過的東西。他不放過任何暴露在外的細胞，無論是他自己的還是別人的。因此，如果說佛洛伊德的精神分析只是一種透過語言進行治療的技術，那是錯誤的。佛洛伊德下水道人孔的特點是他吸收了他所處時代的所有技術和物質，並將其轉化為文化論述。透過他自己為病人施用精神藥物的實踐，以及毒害他的朋友弗萊施爾・馬克司，佛洛伊德明白了只有透過某種毒性才能改變精神圖譜（cartographie psychique）。可以被有機體吸收的化學物質具有**潛能**（*potentia*）：它們引起身體和意識的實質性改變。前提條件是，主體性允許自身受到影響（affecter），變得富有活力（在希臘語「**動態**」〔*dynamis*〕一詞的意義上），也就是允許自身的潛能顯現出來，從一種狀態轉變為另一種狀態的能力。作為精神分析療法的核心，移情（transfert）依賴物質、影像、記憶和情緒的運輸傳遞模式，它們將改變軀體連結的網絡。酒精、菸草、大麻、古柯鹼和嗎啡不僅是逃避真實的人工合成通道，也是現代西方主體靈魂的啟示，是靈魂的微觀技術，是二十一世紀新幻覺實踐的化學轉化器：自傳小說（autofiction）、搖滾樂、印象派和表現主義繪畫、行為藝術。現代主體性

65 面對愛滋病危機，紐約「行動起來」（Act Up）的口號：Art is not enough.

意味著在有毒的化學環境中進行自體中毒的管理。因此，舉例來說，在電力大都市（現在是核電大都市）裡吸菸，不過是透過順勢接種（inoculation homéopathique）來預防環境中毒的一種方式。現代主體性的戰鬥首先是一場爭取免疫平衡的戰鬥。藥物攝取和精神分析是我們學習如何在日益具有毒性的環境中生活的實驗園地。

佛洛伊德所實踐的自我分析首先是一種物質實驗的實踐。解夢理論和談話療法必須被理解為透過影像和語言進行中毒（intoxication）的方法，同時考慮到它們的化學－物質特性（caractère chimico-matériel）。只有在承認直接攝入化學物質會產生災難性的副作用（依賴性、需要增加劑量、細胞退化）之後，佛洛伊德才重新將言語、釋夢和幻覺敘述作為產生神經元毒性（toxicité neuronale）的方法，透過回憶和敘述所發生或想像的事情，誘發與攝取少量化學毒藥相當的精神影響。無意識是化學高度敏感的虛擬世界；靈魂是電線和有毒分子組合縱橫交錯的迷霧，我們只有冒著改變先前精神藥物平衡的風險才能進入。去認識你自己，去毒害你自己，去改造你自己。

巴黎。巴塞隆納。塞維亞（Séville）。巴塞隆納。巴黎。巴塞隆納。巴黎。紐約。紐澤西州。巴黎。紐約。巴黎。柏林。巴黎蒙帕納斯（Montparnasse）。蒙帕納斯。蒙帕納斯。今天和永遠，它都是你的城市。蒙帕納斯。我的生活還在繼續，就像流離失所的幻覺一樣。沃韋爾。蒙彼利埃（Montpellier）。沃韋爾。尼斯。沃韋爾。巴黎。巴塞隆納。巴黎。巴

塞隆納。巴黎。巴塞隆納。巴黎。馬德里。巴黎。布爾日（Bourges）。巴黎。布爾日。巴黎。倫敦。巴黎。都市成癮。倫敦。多諾斯蒂亞（Donostia）。布爾戈斯（Burgos）。多諾斯蒂亞。巴黎。倫敦。巴黎。布爾日。巴黎。每個城市都是成癮的語境背景。巴黎：V.＋T.。巴塞隆納：海洛因、大麻、酒精。紐約：C.＋安非他命＋百憂解。紐澤西州：利他能（Ritaline）＋百憂解。柏林：X。香港：海洛因、大麻、可體松（cortisone）。馬德里：海洛因。沃韋爾：性。

一九二七年至一九三二年間，華特・班雅明（Walter Benjamin）和一些朋友，包括恩斯特・布洛赫（Ernst Bloch）、恩斯特・傑爾（Ernst Jöel）和弗里茨・弗蘭克爾（Fritz Fränkel）進行了一系列化學浸漬滲透：他們食用大麻、吸鴉片（當時稱為crock）、注射麥司卡林和嗎啡。[21]在每種情況下，物質都必須進入人體內，滲透皮膚、消化道、血液、細胞。必須透過人造合成途徑攻擊靈魂。一系列蓄意的感染練習。除了個人的酒醉衝動之外，班雅明、布洛赫和弗蘭克爾渴望能找到通用療法的關鍵。這種療法的政治原則是基本的：我們不能聲稱論述為真實，除非事先接受以我們之後要施用於他人的東西來使自己中毒。今天，這種自我實驗白鼠原則似乎成為所有未來微觀政治的可能性條件。

一九二七年，吸食大麻、鴉片或麥司卡林在歐洲仍然是一種怪異的、少數的、沒沒無聞的體驗（就像今天對生物女性注射睪固酮一樣）。就班雅明而言，有趣的不是他吸食大麻，而是他對這種經歷的精神美學描述。正如亨利・米修（Henri Michaux）後來對麥司卡林[22]所做的那樣，班雅明在一系列他稱之為「藥物實驗協議」（protocoles d'expériences effectuées avec les drogues）[23]的信件和箴言中，收集了他的詳細印象描述（嚴格意義上：這些副作用產生的精神描述）。每個協議都與一座城市（馬賽、巴黎、莫斯科等）相關，這座城市在毒品的作用下不斷地展開和轉變。毒品就是現代大都會。它的生產、販運和消費反映了殖民不正當利益的循環流通，以及藥理色情工業現代性所特有的昇華和幻覺過程。

把這個自體白鼠原則與性別和性政治連起來一塊思考，就意味著不可能建議你是否應該嚐嚐，是否應該用保險套做愛，哪種色情片應該會讓你亢奮，女同性戀還是SM性愛最好，我該吃還是你該吃，生一個好還是不生好，吃荷爾蒙好還是不吃好，做手術好還是不做好。面對主導女性主義者、同性戀者和愛滋病預防政策小團體的狹隘思想與道德灌輸，有必要發展基於蓄意的自我實驗（而非再現）的性別、性與性事微觀政治，它們能夠抵制和消除規範，制定新的行動計畫和主體化。

## 變裝國王部署

一九九八年，我第一次參加變裝國王（drag king）工作坊，地點是紐約LGBT（Lesbien〔女同〕、Gay〔男同〕、Bisexuel〔雙性戀〕、Transsexuel〔跨性人〕）中心位於西十三街的一棟舊大樓。像往常一樣，我帶著來自後佛朗哥國家的人特有的強烈好奇和困惑報名參加了這個工作坊：我還參加了關於女同性戀SM、拳交（用拳頭插入）、在公共場合的性、透過寫作出櫃、為了手術前變性人（未手術或手術前）或NOHO（不服用荷爾蒙）及其配偶舉辦的工作坊、性少數群體可見性策略工作坊等。住在活死人之城的那些年裡，我採用了一種學習和建構身分認同的技巧來對抗普遍存在的孤獨感。我現在確信，這不僅能幫助我克服人都會的憂鬱，而且最終還構成一種靈魂的紀律修煉，取代我童年時的「聖依納爵．羅耀拉的《神操》」（Exercices de saint Ignace de Loyola）。這使我能夠抵禦政治上的失望、失戀和你的去世。

我的第一個變裝國王工作坊是一個啟蒙練習，也是開放式蛻變過程的第一步。我們有十幾個生物女性，每個人都說出自己的名字，解釋自己來自哪裡，以及對陽剛氣質和陰柔氣質的體驗是什麼。組織者是一個短髮、穿皮褲、男孩臉、聲音溫和的T女。她認真傾聽我們的故事，但並沒有給我們太多的心理負擔。雖然我們身處LGBT中心，但並非所有人都認為自己是女同性戀或雙性戀。此外，還有與變性男性約會的生物女性，和前來尋求戲劇培訓以塑造男性角色的異性戀女演員。只需兩輪討論我們就會意識到，偷渡陰性和陽剛氣質的文化代碼並不是女同性戀或變性人的專利。參與者們談論她們的第一次、強姦、墮胎、亂倫、感覺自己與其他女孩不同的困難之處、在學校被當作男人婆而遭孤立的羞恥感、乳房太大、沒有乳房、過早或過晚發育、不能隨心所欲地坐在自己喜歡的位置上、不能吐口水或大喊大叫、不能在別人打人時打人。我談到自己從未感覺自己像個女人，七歲時曾想過用我的第一筆積蓄進行陰莖移植手術，然後是在十八歲時的下頜手術，感覺我既不認識自己的身體也不認識自己的臉。因此，漸漸地，一個愈來愈密集的聲音結構被創造出來，它圍繞著我們，讓我們用共同的話語覆蓋庇護我們自己，就像第二層集體的皮膚一樣。在這層保護膜之下，透過政治放大鏡，我們可以看到陰柔氣質和陽剛氣質是一個更大系統的齒輪，我們所有人在結構上都參與其中。這是種解放性的知識。它產生了一種我從未體驗過的特有的政治快感。

工作坊的第一部分可以被形容為集體歸納**性別懷疑**（*soupçon de genre*）[24]（參考保羅·利科〔Paul Ricœur〕所說的馬克思、佛洛伊德和尼采的那些「懷疑」〔soupçon〕理論）。它鼓勵我們去審視被我們當作身分認同（性、性別和性取向）穩定基礎的、單純的文化及政治結構，因此，也將它們視為一個重建、批判和反叛過程的可能目標。這種對共同性別的懷疑引發了被特雷莎·德·勞雷蒂斯稱為「去認同」（dés-identification）的主體性運動（mouvement subjectif），何塞・穆尼奧斯（José Muñoz）隨之將其主題化。[25] 變裝國王工作坊並不是從像個男人一樣打扮或化妝開始，而是意識到我們自己陰柔氣質的文化整形（orthopédie culturelle）特徵，以及將我們從我們自己性別的構建特徵當中「去認同」。

受到這些知識的影響改變，我們穿上男裝，學會用塞滿棉球的保險套製作一個「填充」（packing），並用繃帶包紮胸部。透過壓平胸部和擴大骨盆，我們可以改變身體軸線以及肩膀、手臂和腿部之間的平衡。因此，身體的重心（在文化上位於生物女性的乳房〔性化最好的地方和異性戀男性凝視的焦點〕）向骨盆移動，雙腿略微分開，雙腳之間的距離增加，加強了身體雙重支撐的感覺。一旦垂直度得到加強鞏固，軀幹的運動自由度和手臂的伸展就會增加。

依照我們國王組織者的指示，我剪了一綹頭髮，把它再切得更細小，然後集中在一張對折的白紙上，使頭髮在凹陷處對齊。我第一次留鬍子。一開始，我並不確切知道我想要什麼樣的鬍鬚，或哪種比較適合我、我的臉形，或我的國王外形風格。與之後的睪固酮荷爾蒙一樣，頭髮的轉移是一種非法販運、政治毒品偷渡走私。虛構主體，一閃而過：這些貼在生物女性臉上的毛髮，讓我們瞥見另一種生命的可能性。毫無疑問，留鬍子可以讓我們更快速直觀地了解服用睪固酮四到六個月後對生物女性身體產生的影響。因此，這種詭計不僅僅是一場化妝舞會、一種偽裝、一種純粹的外在性，而是揭示了一種銘刻在我基因中的藥理色情可能性，並且能夠乘載一種文化意義。我畫出了鬍鬚應該貼合我臉部皮膚的形狀：墨西哥風格的鬍鬚從嘴角一直延伸到下巴邊緣。突然間，我用眼角的餘光在鏡子裡看到了他：鮑勃（Bob）。毫無神祕感，他只是我，但他是一個男人。或者更確切地說，他像是個男人般地出現。我沒有創造出他，他不是戲劇角色，他是從我本來的面目中、從我一直以來看待自己的方式中出現的。但和以前不同的是，現在別人也看得到他。我不再把他隱藏在別人給我取的名字後面，或者是在「我是、或應該是一個女人」這個沉重的假設背後。

重要的不是打扮成男人（任何人都可以在自己的私密空間裡這樣做），重要的是集體體驗我們性別的建構和任意維度。在第一個變裝國王工作坊上，我們並不是試圖產生戲劇性效果或諷刺漫畫般的性別刻板印象，而是構建一種平庸的、四處可見的陽剛氣質形式。就此而言，最小的轉變卻令人驚訝地產生了最大的寫實主義效果。顯然，我們可以想到**媚俗**（*kitsch*）或**敢曝**（*camp*）的變裝國王表演，它們的目的是將陽剛氣質的建構維度發揮到最滑稽或最怪誕的極致，就像貓王（Elvis Presley）、老帥哥（vieux beau）、時尚男（dandy）、滿頭頭皮屑的大男人或色情水電工等變裝國王的例子一樣。無論如何，在轉變發生的那一刻前，每個參與者成為國王的過程都是一個解不開的謎團。這個過程在工作坊的表演練習中不斷演變，並經常延伸到日常生活中。在第一次經歷中，令我印象深刻的是工作坊作為性別重新編程（reprogrammation de genre）的集體工具，作為政治實驗室的維度，作為公共空間的密度的力量。我立即知道我想和其他人一起做這件事，複製這個工具，對我來說僅僅一次是不夠的。在變裝國王工作坊以及成為男人的操演過程當中，有一個儀式性的、神奇的、精神政治的維度，我無法避免它，它從一開始就讓我著迷，隨著時間的推移，它引導我成為國王儀式的主持人。

由於這段初體驗，我接觸到了圍繞一整套國王微觀政治組織起來的一種抵抗性別標準化（normalisation de genre）的文化，它更為知識的創造和傳播以及主體性的生產提供了平臺。變裝國王文化在八〇年代中期出現於紐約和舊金山，在黛安・托爾（Diane Torr）、安妮・斯普林克和傑克・阿姆斯特羅姆（Jack Amstrom）的工作室中[26]，在雪莉・馬爾斯（Shelly Mars）、莫比・迪克（Moby Dick）、德雷德（Dred）、分裂布里奇斯（Split Britches）或女同性戀五兄弟（The Five Lesbian Brothers）的行為藝術表演中，以及德爾・拉格雷斯・火山的攝影作品中。[27]這種文化並不存在於大學或檔案館裡，而是透過酒吧、俱樂部和協會網絡傳播開來，如今這些網絡幾乎連接了所有西方大都會。

變裝國王的實踐透過對主流流行文化中陽剛氣質模式的回收和戲仿改變，為同性戀、女同性戀和跨性別文化創造了一個獨特的可見空間。不僅男人和女人、男性和女性，而且同性戀與異性戀都是二元對立的兩極，不足以描繪當代酷兒身體的產生。除了重新定義或抵抗標準化之外，操演性政治將成為一處實驗場，一個產生新的主體性的地方，從而真正替代從事政治的傳統方式。

二〇〇〇年，新千禧年之初。我在美國待了六個月，在歐洲待了六個月。在法國、西班牙和義大利，變裝國王的實踐幾乎不存在，我決定開始組織工作坊。自然而然地，我找到了變裝國王的黑手黨中心：黛安・托爾和德爾・拉格雷斯成為我最早的師傅。當我和黛安／達尼國王（Diane / King Dani）一起辦工作坊時，我是那個負責跑腿的人，是他的翻譯，他的化妝師，那個撿菸頭和擦鞋的小男孩，而他就是**大師**（*Master*）。我在那裡跟師傅學藝，讓他覺得自己是老闆。當然，在我的工作坊裡，我才是老闆。而且這種權力無法分享，因為如果你與他人（單數或複數）分享了這種權力，你就失去了王者風範。這就是關於陽剛氣質的第一課：一切都取決於權力的管理。讓對方相信他們擁有權力，儘管實際上他們擁有權力是因為你給了他們權力。或者讓對方相信，你以一種自然的、不可轉讓的方式擁有權力，並且也只有你才能給予他屬於統治階級所需的陽剛氣質地位。陽剛氣質依賴權力控制論（cybernétique du pouvoir），在這個系統中，權力透過共同的操演性虛構來流通，它們就像電荷一樣從一個身體傳遞到另一個身體。正是在那裡，我第一次了解到在當前的性別結構當中，任何異性戀男人與任何其他男人，在一種陽性倫理中所建立的團結與支持關係，比他與任何女性建立的關係都要來得牢固強大。

黛安．托爾解構陰柔氣質和學習陽剛氣質的技術奠基於戲劇方法，將學習到的姿勢（走路、說話的方式、坐下、起立、注視、抽菸、進食、微笑）分解為基本單位（兩腿之間的距離、睜眼、眉毛運動、手臂速度、微笑幅度等），被當作性別建構的文化符號一一檢視。我的技術採用了她對動作的表演分析元素，但實際上是基於一種更接近創傷後身體再教育（rééducation corporelle posttraumatique）的方法，以及基於闡述集體敘事的主體性政治生產方法。黛安的方法與我的方法之間的根本區別之一（在與她多次交談之後，我可以肯定這一點，而不必擔心出錯，也不會背叛她的工作成果或她對我的信任）在於，黛安並不會、也從未聲稱自己是一個男人，作為一個男人的想法和可能性，都沒有為她帶來任何政治或性方面的快感。黛安工作坊的目標不是「展現每個人內在的男人」或「最終成為你一直想成為的男人」，而是透過身體和戲劇的方式來實驗陽剛氣質，是一整套透過巴特勒所謂的「強制重複」（répétition coercitive）[28]學習與融入的一套操演性文化代碼（code culturel）的產物。這些代碼可以被任何身體重新挪用與活化，無論其身體構造上的性別是什麼。就我而言，這種政治學習總是因為既不是女人也不是男人的感覺而變得複雜。我不認為有一種獨立存在於這個使我們成為男人或女人的強制重複的文化實踐之一種解剖學身體構造真理。就這個角度而言，我稱之為「後酷兒」（post-queer）（它經歷了朱迪斯．巴特勒的操演理論，也經歷了愛滋病、桃莉羊和蓄意使用荷爾蒙），慾望、性、情色和政治快感恰恰取決於這些操演性生物編碼（biocode performatif）的獲取。比如說，不可避免地，當我在工作坊裡占據了**國王**的位置，也就是說當其他人都在給我擦鞋的時候，我感到一種性衝動，讓我想叫其他任何一個身體四肢著地，並用我的人造陰莖操他。這是沒有預謀的，透過操演性虛構和軀體性虛構之間的連貫性，就好像這是一種附帶的後色情效果（effet postpornographique）。顯然，並不是所有的國王都會同意我的觀點。但我並不是在尋求共識，而是真相。因為真相比力量更讓我興奮。我想這是一個世代的問題，厭倦了主流女權主義政治及其限制：不准使用假陽具，不准看色情片，不准與經過的所有人打砲，禁止渴望金錢和權力，禁止成功，禁止損害鄰居的利益，禁止用主人的工具破壞主人的房子。對我來說，成為國王意味著居住在屬於我的可能性當中，既不否認也不為之道歉，我的性和政治慾望：成為主人，融入這些操演性規範，獲得這種類型的權力專業化，體驗城市、身體、性、公開言論，就像一個生物男性會做的那樣。無需辯駁。

在首次建構一個變裝國王化身之後，就可以開始以自我觀察、模仿和集體裝配（agencement collectif）的練習為指導的操演實踐過程。一旦參與者們成功塑造了一個足夠令人信服且通俗易懂的變裝國王形象，就該面對外部世界的「自然主義」（naturaliste）性別生態了。工作坊中最激烈、最具變革性的體驗之一是在變裝國王探索城市時發生的。漫步、喝咖啡、坐地鐵、攔計程車、坐在公園長椅上、靠在學校的牆上抽菸……我們正勾勒出一幅新的城市地圖，這是至今從未存在的女性身體編碼圖。

一旦每位參與者體內的**國王**病毒被活化，它就會成為工作坊之外的性別暗示，擴散到日常生活的其他部分，改變我們所有的社會互動。**變裝國王**的知識並不是讓你意識到自己是商人或送貨員、推著嬰兒車的母親、在垃圾箱裡撿垃圾的年輕人，那些無名的男女軀體當中的一個陽剛氣質模仿者；而是讓你第一次感知到他人、所有他人和你自己，或多或少都是操演性重複的真實效果，可以被解讀為陽剛氣質或陰柔氣質。當我遊走於這些匿名身體之間，所有這些陽剛氣質和陰柔氣質（與我自己的同時）第一次以諷刺漫畫的形式出現，而因為一種默認的慣例，它們自己顯然沒有意識到這一點。這些性別化身（incarnation de genre）與我自己的性別化身之間沒有本體論上的差異。它們都是操演的成品，社會秩序賦予它們或多或少的合法性。差別在於反身性和操演意識的程度。成為**國王**意味著看穿性別的**矩陣模板**（*La Matrice*）[66]，將男人和女人視為有效的操演和軀體虛構，確信它們的自然現實。這種世界觀讓你發笑，讓你腳下生風，讓你飄飄欲仙：政治上的狂喜。

隨著時間推移，從一個工作坊到另一個工作坊，我其他的「我—**國王**」（moi-*king*）出現了：布魯諾（Bruno，我小時候為了與父親一同進入拳擊俱樂部而給自己取的名字）、米

[66] 譯註：作者在此有引用電影《駭客任務》（*Matrix*）之意，特別因為該片導演華卓斯基（Wachowski）「兄弟」兩人雙雙變性成為華卓斯基「姊妹」。

格爾（Miguel）、亞歷克斯（Alex）。不過，二〇〇四年我在智利聖地牙哥舉辦變裝國王工作坊時，是佩德羅．萊梅貝爾（Pedro Lemebel）替我取了這個最終定版的國王名字。與佩德羅的相識是政治上的一見鍾情，而我的洗禮則為這一見鍾情畫上了圓滿的句號。佩德羅稱我為貝托（Beto）：願他的願望得以實現。這也是羅伯托（Roberto）的簡稱。我想這就是我的名字，羅伯托、鮑伯、貝托、碧雅特麗茲（Roberto, Bob, Beto, Beatriz），一個語音星座的代數變體。我們在MUMS（Movimiento Chileno Unido de Minorías Sexuales，智利聯合未成年性運動組織）舉辦工作坊，並與來自貝理（Berrichon）的第一個變裝國王嘻哈團體「酷兒MC」（Queer MC）合作。

智利當時剛從軍事獨裁統治時期恢復過來。講座、研討會或工作坊呈現出一種特別的強烈程度：最初幾天，智利女權主義者來到我的講座，指責我是「異性戀和殖民政權的代表」（représentante du régime hétéropatriarcal et colonial），但指責逐漸變成了辯論，辯論又變成了對話。最終，有三十五名婦女參加八月二十七日的工作坊，那是一個冬日：阿連德（Allende）時代女權主義左派的激進母親們在女兒及侄女的陪伴下、十六歲的女孩、年長的女同性戀伴侶、學生、貧窮的女工、即將進入美國大學就讀的資產階級女孩。當我們在聖地牙哥一個街區、沒有暖氣的MUMS場地裡討論、穿衣服、工作，安地斯山的寒冷讓我們背脊發涼。三十五種聲音交織在一起，構成了一個關於生存的故事。從所有這些故事中產生的敘事不是男性統治或女性屈服，而是反抗統治、拒絕屈服和頑強生命的敘事。把她們每個人都變成國王是一種就職儀式，我和「酷兒MC」用比過去都更多的虔誠和尊重來主持這次活動。我們製作假鬍鬚和小鬍子，理平頭髮，用繃帶紮起胸部，準備夾克。在大多數情況下，需要做的事情很少，她們本身就已經是國王了。她們從不向任何人低頭，從不畏懼酷刑或死亡，她們可以對付任何鄰家的小公雞。我並沒有教給她們太多東西，反倒是我從她們身上學到了活著的驕傲，以及在一個所有革命都被暴力鎮壓的國家裡對性別革命的信念。晚上，經過八個小時的工作坊後，我們四十位國王結伴外出，就像一部後酷兒的《瘋狂麥斯》（*Mad Max*）翻拍電影一樣，我們穿過聖地牙哥的街道，走向首都為數不多的同性戀俱樂部之一。佩德羅．萊梅貝爾和他的同性戀與跨性別朋友們在那裡等我們。「酷兒MC」演唱了一首西班牙文版的嘻哈曲目，「一種新的性別已經到來」（un genre nouveau est arrivé）：一小群國王和他們的女友闖入舞臺，而同性戀者則與單身的國王們調情。在迪斯可舞廳裡，我們呼吸溶解的古柯鹼，不需要真用鼻孔吸食。凌晨四點左右，警察進來了，我們保持低調，沒有人注意到房間裡有變裝成國王的生物女性。派對一直持續到當天凌晨。我在一間擠滿妓女、同性戀和變性人的酒吧醒來，在佩德羅的懷裡。

如今，面對異性戀陽剛氣質和陰柔氣質的生物編碼以及性別暴力（不一定與家庭暴力同時存在）的重新抬頭，急需擴大變裝國王工作坊，為創建城市國王大隊提供空間，這進而又會活化其他工作坊。建立一個性別重新編程的**全球**（同時是全球和在地）網絡。僅僅透過閱讀工作坊的模式是無法獲得王者知識的。有必要遵循自體白鼠實驗原則，冒險給身體和集體實踐一個機會。這種生產知識和主體性的體驗形式，使專業化變裝國王的大師形象變得過時，他們從一個領域移動到另一個領域，從而啟動了性別的「去歸化」（dénaturalisation du genre）進程。最好的變裝國王工作坊組織者是那些曾參加過另一個變裝國王工作坊，並決定在自己的在地環境中與一群生物女性重現此一體驗的人。

在經歷了各種精神分析和動態療法之後，我現在將變裝國王工作坊視為一種真正的政治療法，是一整套重新編程和精神政治關懷技術當中的一部分，我們可以稱之為「酷兒分析」（queeranalyse）。心理學家暨藝術評論家蘇埃利・羅爾尼克（Suely Rolnik）教導我們要將現代臨床實踐（從十七世紀起的精神病學和二十世紀初的精神分析），視為專門為了管理「這些將主體性化約為其心理層面，並排除其審美層面的、這些過時的主體化模式副作用」[29]而出現的技術。我們同樣也可以說，臨床近似的問題是由於將性別問題簡化為心理學問題所造成的。精神分析或動態療法往往試圖將政治主體性的建構過程簡化為一種心理敘事。使用過時的精神分析工具，強烈種族化和異性戀化的、佛洛伊德式的、關於伊底帕斯（l'Œdipe）的、閹割或陰莖嫉妒的敘事，來解釋因抵抗或屈從於政治強加的性別和性模式而產生的失落沮喪感，這令人無法接受。我們必須直接面對我們性身分認同的問題，因為它是性別和性的暴力生命政治制度的創傷性影響，我們必須發展新的神話，使我們能夠解釋精神政治的傷害並且不畏於蛻變。[67]現在，對「中間性」（intersexuel）嬰兒進行荷爾蒙和外科手術治療的敘事，應該取代伊底帕斯情結的神話，就像變裝國王工作坊作為性別生產的身體、集體和政治實驗室（與臨床相比，我們可以將這整套技術描述為性別的去心理學化），成為比精神分析學家的沙發更適合研究身分認同的地方。**酷兒分析**並不反對精神分析，而是透過將其政治化來超越它。它不是透過心理病理學的稜鏡來看待性別異議，而是將標準化及其作用影響理解為政治病理學（pathologie politique）。**酷兒分析**也不反對使用夢的解析、談話療法、催眠或其他源自心理學實踐的方法，如神經語言編程（programmation neurolinguistique）或心理魔術（psychomagie）。它呼籲對這些心理治療技術中的性別、性、種族和階級修辭進行批判，並呼籲對主體性生產的生物編碼（論述、內分泌、視覺等）進行自由的重新挪用。
30

[67] 例如，巴特勒重讀了精神分析和立法的論述，提出了不羈與自殺傾向的安蒂岡妮（因亂倫而生，對兄弟的忠誠勝過對國家的忠誠），作為思考異性親子關係矛盾的政治形象。參見：*Antigone. La Parenté entre vie et mort*, EPEL, Paris, 2003.

## 性別編程練習：
## 後色情訓練（COACHING VIRIL POSTPORNO）

有鑑於身體與政治調節之間的複雜關係，如果沒有某些重新編程練習的實驗性應用，就無法對我們身上的性別編程（programme de genre）進行反身性觀察，這些重新編程練習的功能就像藥理色情陷阱一樣，有如用以觀察在技術上建構我們的那面「後色情鏡子」（miroir postporno）。性別常規（convention de genre）的保護主義色彩和主導的色情再現（在語意上總是順著主流方向）使我們無法意識到在我們對自己的性別、性取向、慾望（甚至包括我們的反叛或抵抗方式）的認知當中，性別的政治編程正在發揮作用。

自二〇〇二年六月起，我設計了各種對性別及其慾望和快感生產機制進行重新編程的方法，然後在自己身上和政治團體中進行了實驗。這些練習匯集了一系列修改「後天性別」（genre acquis）的技術及有意**性別化**（*genderisation*）的人工編程。其目的是啟動一個過程，一系列產生性別認同的技術透過這個過程被反身性地活化或消除。

生物女性對這些練習的集體應用可以比喻為性別罷工（grève du genre），這將逐漸導致社會秩序的全面重新編程。這就是停止去做你的性別要求你去做的事情，例如放棄受害的、照顧的、溫柔的、誘惑的、有空的和傾聽的等調性，這些都是生物女性自童年起就被藥理色情編程所設定好的。政治生物技術與文化編程的相互關聯意味著，兩性之間的戰爭（如果它繼續存在的話）看來愈來愈像一場規模巨大的現實模擬遊戲，一種愈來愈難以將虛構與真實區分開來的藥理色情「異存在」（existenz）。[68]情況從性別形上學的角度來看是這樣的：操演、編程與生物技術的差異已經取代了本體論差異。

### 性別重新編程練習：

以下的練習是一系列無窮無盡的重新編程可能性的簡單示例，其目的是讓一個生物女性和一個占據女性或男性位置的身體進行互動，但也可以針對多個政治主體進行活化。對編程主體或編程背景語境的調整會立即改變結果。

重新編程的要素：

經濟依賴的管理。

精神藥物依賴的管理。

情動依賴（dépendance affective）的管理。

[68] 譯註：Existenz在此是引用電影導演大衛・柯能堡（David Cronenberg）的身體恐怖電影作品《X接觸：來自異世界》（*Existenz*）。

地域的管理。

對方身體潛在的可插入孔（orifice potentiellement pénétrable）之可用性。

將你自己的孔穴（尤其是肛門）私有化。

性快感的管理。

情動的去主體化（Désubjectivation affective）。

溝通交流上的去主體化（Désubjectivation communicative）。

操演上的不透明（掩飾你性別的建構性質，以及你的身分取決於一連串規範性文化符碼的事實）。

透過感官接觸誘導生化生產。

義肢－神話補償（Compensation prothético-mythique）（你的假陽具愈大，插入的象徵－技術性指數就愈高，因此在對方主體性上造成的破裂就愈大）。

## 成為菁英大男人

指示：在文化上被編程設定為女性的身體與在文化上被編程設定為男性的身體一起進行練習。

性義肢：假陽具（可選）。

技術：將一名中產階級白人生物女性重新編程為中產階級白色毛手臂（Bras Velu）。

效果：操演性的重新男性化（remasculinisation performative）。

付賬單，點他的菸，給他一支菸，但永遠不要買一包菸給他：讓他依賴於我自己吸菸的慾望，「事實上，孩子，你喜歡的是在我抽菸時抽菸，吸我的菸，你的性慾取決於我操你的慾望」，不要直接回覆他的簡訊：如果他說「我想你」，你就回：「跟斯蒂芬妮在陽光下喝杯咖啡，晚點給你打電話」，如果他在你沖澡時進入浴室，叫他在你腳邊舔你，然後你出去讓他一個人待著，確保你對他的性挑逗反應是隨機的，並且完全取決於你的慾望，試著讓他高潮完全是為了證實你自己的男子氣概，只關心他的性滿足，將其作為你的能力象徵，如果他透過呻吟來假裝高潮，就堅信他的模仿，不要質疑，也不要太過重視，立即談論你自己的快感，避免在性愛過程中做出溫柔的動作，更具體地說就是不要在他假裝高潮之後做出溫柔的舉動，不去關注他家裡的事或出現在他談話中的第三者，給他買高級內衣、香水和珠寶，卻不擔心他的品味或陽剛氣質，確保這些細節只是你自己權力和自主權的外在表現，讓他在經濟上依賴你，在性方面像對待妓女或女王一樣對待他，但總是隨機的，完全只按照你自己的慾望，避免「你怎麼了？」、「你還好嗎？」、「你今天不好嗎？」之類的問題，系統性地做你想做的事，無需徵得他的同意，不考慮對方的慾望，除非在萬不得已的情況下，然後在行動之前立即說「如果……那就不打擾你了」，但不等待或傾聽他們的回答，讓他們的在場只占用你一部分周邊注意力，當他們談論令他們煩惱的事情（如工作問題）時，你總是在做一些其他事情（發簡訊、看報紙、讀電子郵件、翻閱書籍或雜誌），只有在同時做其他事情時才聽他們說話，如果他們堅持或問「你有在聽我說話嗎？」，面對他們的惱怒，不要改變你的態度，繼續正在做的事情，保持同樣的專注，重複「有，有，請繼續。」或者，如果他們抱怨沒有受到足夠關注，回答「你搞得我很累」，告訴他「你有一個非凡的屁股，小妞」，同時拉下你的褲襠來撫摸你自己，當你操他時，猛烈地抓住他的手腕，並在他身上留下痕跡，永遠不要在他面前打電話給你的母親，當他來到你的工作桌前時，不要關掉電腦以專心於他，就讓他等，為週末制定計畫，而不考慮他的空閒時間或他的日程安排，並確定他會客氣地配合，性交後讓他清理用過的假陽具，先用他的舌頭，然後用一個濕的手套，但不要把它從你身上取下，每天大聲聽二十分鐘的「摩托頭」（Motôrhead）樂團，避開瑪丹娜（Madonna）、馮絲華・哈蒂（Françoise Hardy）、珍・柏金（Jane Birkin）這樣的白痴，擁有一輛自家交通工具，一臺摩托車，一輛汽車，如果可能的話，一輛四輪驅動車，賺錢，賺大錢，能夠為了錢做任何事情，能夠為了更上一層樓並賺更多的錢而背叛朋友，與以前的情人保持關係，不是因為你想和他們上床，而只是為了補充你的自我意識並增強他的不安全感，作為間接控制他對你的感情的一種方法，如果你必須做一些在文化上被認為女性化的家務，例如，當你去超市，或者當你打掃房子時，就戴上假陽具，如果你做了家務，就放一捲色情錄影帶然後幫自己打手槍作為獎勵。

最重要的是，不要忘記，你面前的身體是一個順從的男人身體，他吸吮你的假陽具，他讓你成為一個真正的男人，一個「毛手臂」，一個菁英大男人。這完全取決於你讓他乖乖聽話。要去了解他，並讓他知道。而且這一切都在沉默中進行，像是建立在一個密集但透明的預設之上。

**成為雞姦之王**

指示：一個在文化上被設定編程為女性的身體，輔以一個23×4公分的義肢，幹爆生物男人的屁股。

性義肢：射精假陽具。

其他設備：稀釋煉乳、注射器。

技術：將一個白人中產階級有機女性重新編程為一個白人中產階級毛手臂，將一個在文化上占據男性地位的身體作為對象。

效果：操演的重新男性化。

我發情了，一個真正的狗娘養的。我的黑色人工陰莖長二十三公分，直徑四公分，緊緊壓在我的Levis牛仔褲釦子上。我要去肛門旅行了，而我的目的地，親愛的生物娃娃，剛好就在你的屁股中間。你要做的就是四肢著地用舌頭舔我的靴子，用嘴擦亮它們。來吧，靠近點，把你的頭抬到我的假陽具上，把它吞下去，就像你的生命取決於它一樣。因為就是這樣。因為在現實中，這就是你喜歡的。吃你遇到的每個技術男人的雞巴。我不會讓你碰我，因為你的手只配得到地面，我靴子上的土。我打開你的生物小雞巴肛門並用我的巨型假陽具褻瀆它。你在快感中呻吟、翻滾。你是我的淫蕩犬。所有妓女中最惡毒的。你是我的淫穴。你表現得很驕傲，但你真正想要的是成為我的肛門奴隸。我用煉乳填滿你的小菁英生物大男人（petit biomacho d'élite）菊花。盡情享用它。因為在你小小的生物大男子主義意識背後，你只是一個用來收集地球上所有假陽具的煉乳的洞。

## 性別生物恐怖主義（bioterrorisme de genre）

### 艾格妮絲原型

一九五八年十月，一名十九歲的年輕女子到加州大學洛杉磯分校精神科就診。接待她的團隊由一位精神病學家、一位社會學家和一位心理學家（斯托勒〔Stoller〕、加芬克爾〔Garfinkel〕和亞歷山大・羅森〔Alexander・Rosen〕）所組成，他們正開展性認同（identité sexuelle）的研究。根據醫療登記處的描述，她是一名「在保險公司擔任秘書的白人女性」。[69]報告中補充：「她的外表令人信服。身材高䠷、苗條，有著女性化的身材。她具有男性生殖器和發育正常的陰莖，以及女性的第二性徵：中等大小的乳房，沒有面部毛髮和體毛。」如果她似乎符合檢查她的那群性技術專家的分類學期望，那可能是因為，正如他們所說，她沒有「性變態、異裝癖或同性戀」的跡象。她與同年齡的年輕女性沒有任何區別。她的嗓音高亢，她不穿異裝癖或有性認同問題的男性所特有的暴露狂或無品味的衣服。在醫學史上，加芬克爾替她取了一個虛構的名字「艾格妮絲」（Agnes），他並不知道自己正在為一個醞釀中的反抗命名，一個未來的羔羊物種（espèce d'agneaux）[70]，他們將滲透到藥理色情制度當中。

先是精神科醫生，然後是整個醫療小組，在進行了詳細的內分泌和荷爾蒙分析後，毫不猶豫地做出了同樣的診斷。他們確認這是一個「真正的雌雄同體」（véritable hermaphrodisme）案例：艾格妮絲患有「睪丸女性化綜合症」（syndrome de féminisation testiculaire），一種罕見的中間性（intersexualité），睪丸會分泌大量雌激素。[31]根據治療「間性人」（intersexué）的「曼尼協議」（protocole Money）（其中透過荷爾蒙和外科技術進行性

[69] 對種族（白人）和階級（工人階級）的調查結果是正常性的條件，它授權任何其他的性別診斷。

[70] 譯註：作者運用了Agnes與agneaux的法語諧音。

別重新指定），她獲得了進行治療性「陰道成形術」的權利，也就是透過外科手術以自己的生殖器組織建造一個陰道，以恢復她「荷爾蒙身分認同」（identité hormonale）及「生理身分認同」（identité physique）之間的一致性。[32]一九五九年，艾格妮絲接受了手術，陰莖海綿體和睪丸被切除，並用陰囊皮膚製成了陰道。一段時間後，艾格妮絲在法律上有權合法更改姓名，她的身分證件上出現了女性的名字。

從傳統醫學論述的角度來看，艾格妮絲的故事似乎講述了一個醫學界做出了成功回應「中間性失調症」（trouble d'intersexualité）的治療故事。另一方面，如果我們用賽菊寇（Sedgwick）所說的「偏執的闡釋學」（herméneutique paranoïaque）[33]來解讀這個故事，我們會傾向於另一種假設，醫學司法規訓機制中身體和性事的控制部署，它們的全部效力都發揮在艾格妮絲的身上。如果將艾格妮絲的臨床病史與赫庫琳・巴爾賓（Herculine Barbin）的悲慘故事（十九世紀末一位陰陽人的自傳，她在面臨選擇單一性別的義務時，結束了自己的生命）進行比較，我們可能會得出這樣的結論：在艾格妮絲的案例中，壓制機器轉變為公共衛生事業，獲得了新的內分泌學和外科手術的複雜技術，以精湛技藝完成了赫庫琳・巴爾賓時代的醫學只能夠夢想的事：在性、性別與性事之間建立一種統一的關係，使身體成為性真理可識別及可參照的告白說明（inscription lisible et référentielle）。[34]

赫庫琳・巴爾賓的故事（於七〇年代末出版，並成為一本暢銷書）成為傅柯的原創虛構，他據此構建自己的性事（sexualité）理論。對傅柯來說，赫庫琳之所以被判死刑（或更確切說是自殺），那正是因為她處於兩種性認識論的斷裂點之上。赫庫琳存在於性別再現的一個裂縫斷層中，就好像她的身體陷入了分隔兩個不同自我虛構的縫隙中。赫庫琳不是一個被困在女人身體裡的男人，也不是一個被困在男人身體裡的女人，而是一個被夾在不和諧的性事論述之間的身體。然而傅柯認為，十九世紀末之前的雌雄同體陰陽人生活在一個沒有性別認同的世界裡，器官的模糊性使得他們可以有多種社會認同（就像生活在十九世紀的瑪麗・馬德琳・勒福爾〔Marie Madeleine Lefort〕一樣，我們可以把她視為有鬍子和陰莖的女人，也可以把她理解為具有乳房的男人）。傅柯所譴責的新的現代性事認識論將迫使赫庫琳選擇一種單一的性認同，從而重新建立器官、性別認同（男性或女性）以及性認同（異性戀或變態）之間的一致性。[35]最終，赫庫琳在性生產的因果鏈中引入了一連串難以克服的不連續性，導致她不僅成為一個醫學奇觀，更成為一個道德怪物。

如果我們忠於傅柯的分析模式，那麼傾向於去讚揚赫庫琳對融合的抵抗，以及去批判艾格妮絲似乎太過容易就被生命政治機器所吸收，似乎就都合乎邏輯了。

在傅柯對艾格妮絲案例的解讀當中，權力作為規範性主體化的一個實例出現，然而，這變得複雜起來。在完成手術並改變合法身分後不久，艾格妮絲對自己的身體轉變過程進行了新的敘述，她挑戰並嘲笑了當代醫學－司法機制當中，變性人必須接受的精神病學與內分泌學診斷的科學技術。第二個敘事是一個相對溫和卻非常有效的性別生物恐怖主義原型，展示了一隻技術羔羊（techno-agneau）如何吞噬一群藥理色情狼。

艾格妮絲在做完陰道整形手術幾年後，因婦科問題再次就診，她自稱是一個在身體構造上性別男性的小男孩，在十多歲時開始偷偷服用己烯雌酚（Stilbestrol），他母親使用的一種基於雌激素的更年期治療用藥。在這個新的版本中，一切都如同遊戲般展開：當她的姊姊開始服用避孕藥時，還是個孩子的艾格妮絲決定做同樣的事情、並服用她母親的荷爾蒙。艾格妮絲一直想成為一個女孩，多虧了雌激素，她的乳房開始出現，也減輕了一些不想要的青春期跡象（如面部毛髮）。[36]一開始，他不時從母親那裡偷一兩顆藥片。然後是整盒整盒地偷拿。

艾格妮絲的第二個敘述對傅柯的權力和主體化理論提出了質疑，而經過延伸擴展，這也對巴特勒操演性身分分析中的某些解讀提出了質疑，她的理論往往被簡化為操演性身分認同。

首先，傅柯描繪出一幅政治地圖，其中一系列分散且四處擴展的生命政治標準化的規訓教育（discipline de normalisation biopolitique）決定了主體性的形式。然而，按照拉扎拉托的說法，我認為用斯賓諾莎的權力（puissance）概念來補償這種生命權力（biopouvoir）概念是有用的：我們透過分析艾格妮絲的故事看到這一點，異常的身體遠非溫順，它們今日已經變成政治權力（puissance politique），因此創造出不同形式的異議主體化之可能性。

事實上，從巴特勒的角度來看，艾格妮絲的案例可以被理解為操演性重新賦予意義和重新挪用的一個例子。艾格妮絲所學到的是性別認同，無論是間性人、變性人還是「正常」，都只不過是劇本、敘述、操演性虛構、修辭，當中的身體同時充當場景和主角。[37]艾格妮絲在她向精神科醫師講述的故事中，策略性地忽略了某些細節。例如，她避免提及她自己與女性的關係，因為這可能會讓人聯想到變性後產生女同性戀傾向。相反地，她的故事強調了屬於「間性診斷劇本」（script du diagnostic intersexuel）中的比喻：她穿裙子的慾望、她的敏感或她對自然的熱愛。

艾格妮絲將以前被用來建構男同性戀、女同性戀、變性人和跨性別者「反常」（pervers）身體的性身分生產的操演技巧，進行了有效的重新挪用。於是我們可以把這種虛構的販運稱為「**酷兒**」（*queer*），某些性別陳述（énoncé de genre）藉此從醫學論述（discours médical）的權威中被移除（恰恰是在其發明的那一刻），並被現在自稱為「專家」（expert）的新知識主體所使用。

我們只有透過分析讓艾格妮絲成功「模仿」（imitation）中間性被認為是自然的銘刻技術過程，才能理解艾格妮絲的案例。這不單是一個指出性別建構本質的問題，更是一個主張介入這種建構的可能性的問題，以至於創造出一種可以冒充自然的軀體再現形式。

艾格妮絲挑戰了模仿的邏輯，根據這一邏輯，變性人是模仿女性氣質的生物男性。她似乎動搖了女性氣質／變裝皇后、原創／複製、自然／人造、嚴肅／不敬、實質／形式、謹慎／奢侈、結構／裝飾之間的關係。在這種情況下，艾格妮絲不再透過或多或少風格化的操演來模仿或假裝自己是個女人。透過攝取荷爾蒙和產生特定的敘事，艾格妮絲「在生理學上」（physiologiquement）變成了雌雄同體陰陽人，從而無需透過變性的精神和法律協議，就能夠接受變性治療。

艾格妮絲透過有意識地體現中間性，實際上批判的不是陽剛氣質或陰柔氣質本身，而是（對性別技術複雜性的第二層理解）製造「性別真相」（vérité du sexe）的藥理色情機器本身。如果說蘇珊·桑塔格[38]將源於異裝癖（travestisme）和變性（transsexualité）文化的「**敢曝**」（*camp*）定義為透過製作複製品或贗品的過程對原作進行批判，那麼我們可以說，在某種程度上，艾格妮絲將「敢曝」概念推向了極致，甚至達到「不敷使用」的地步。如果在「敢曝」中，美學取代了道德，戲劇取代了生活，那麼在艾格妮絲的案例中，軀體技術取代了美學，生命取代了戲劇。

艾格妮絲是一種以身體進行模仿過程的生物變裝（biodrag），從而結束了傳統形而上學的對立，這些對立似乎在操演理論中產生了許多問題（外貌與內部、操演與解剖學身體結構、身體與靈魂、身分認同與遺傳學）。艾格妮絲是一件具備有機一致性（consistance organique）的文化人工製品（artefact culturel），是一部具有軀體輪廓的虛構作品。

如果我們承認艾格妮絲是一個藥理色情賽博格，那麼我們就不得不說她的母親（顯然有些混亂，沉迷於攝入荷爾蒙替代技術）和她的姊姊（從青春期開始就一直服用避孕藥）也是藥理色情賽博格。她們兩人在服用安全無害藥丸的同時，都讓自己被身分認同的生物技術虛構所占據。不同的是，艾格妮絲似乎在重新挪用主體化和**性別化**技術，而她的姊姊與母親則是無意識地攝取這些技術，就好像它們是對陰柔氣質的補充一樣。

艾格妮絲的身體既不是一系列性標準化的生物政治部署（dispositif biopolitique de normalisation du sexe）所針對作用的被動物質，也不是一整套身分認同論述的操演效果。艾格妮絲的身體是一個名副其實的自我設計（autodesign）的性怪物，是集體裝配（agencement collectif）和重新挪用某些性別技術以產生新的主體化形式的結果。

艾格妮絲使我們有可能想像出一種DIY[71]形式的性別生物恐怖主義，它是謙虛的、自我實驗的，我們可以從管理自由軟體（software libre）[39]的政治角度將其稱為**性別－公共版權**（gender-copyleft），一種細胞微觀政治學，它超越再現政治，尋求擺脫國家對流（flux）（荷爾蒙、精子、血液、器官等）和符碼（影像、名稱等）的控制，以及藥理色情跨國企業

[71] 自己動手做。

對這些生產和改變性別與性的技術之私有化及商業化。它公認的原則：自體白鼠原則。它的目標：反對身體的私有化和將高潮（潛）力化約為勞動力、註冊商標、版權及封閉的生物編碼。它的運作方式：盜用荷爾蒙、文本、知識、實踐、代碼、快感、流動……將諸眾的身體轉化為開放的政治檔案。

## 藥理色情自由主義的陷阱

在當前的背景下，我們可以想像色情經濟的（至少）兩條發展路徑，以及應對這兩條路徑的不同行動主義模式：

1. 維持神學人文主義國家（état théologico-humaniste）對自由藥理色情經濟行動的監管。今天的藥理色情跨國企業作為自由主義四處蔓延的觸角在當代民族國家（這些國家持續認為自己是主權國家與「家長式國家」）中運作，並與這些國家就藥品和色情材料的使用及消費準則進行談判。
2. 製藥產業的國家化未來。我們也可以看到當代民族國家的私有化進程，這些國家將逐漸被製藥業所吸收。這將是藥理色情跨國企業逃避民族國家強加管制（逐步將藥品專利轉化為非專利藥品，或多或少地嚴格管制色情視聽材料的生產及流通，並試圖廢除賣淫）的策略，獲得新的國家實體（歐盟、美國、中國、印度）的政治領導權，收買國家機構（如衛生部或司法部，以及監獄工業綜合體）並讓它們為其服務，在這些陳舊的機構中填充新的內容，而這些內容的唯一目的就是增加藥理色情的消費與利潤。

事實上，藥理色情產業已經在與前民族國家競爭（它們處於戰爭狀態），並在前民族國家內部競爭……即將到來的戰爭不是一場國家之間的戰爭（以色列－巴勒斯坦，或美國－伊朗－伊拉克－印度），而是一場藥理色情跨國公司與身體脆弱的諸眾之間的戰爭；一場擁有活性成分版權的藥理色情跨國公司與傳統植物採集者及其特定知識之間的戰爭；一場監獄工業綜合體與種族化貧困群體之間的戰爭；一場國家黑手黨與「非法」藥物使用者之間的戰爭；一場介於協調管理醫療和司法機構、自由消費市場及其邊界的跨國集團與被剝奪國籍的身體之間的戰爭；一場介於控制體系間的戰爭，它們建構溫順馴服的性主體，完全且無限制地剝削他們的**高潮（潛）力**。

海洛因生產、分售和消費的轉變歷史，為我們提供了有關性荷爾蒙的司法及政治管理可能會如何演變的一些線索。儘管海洛因和阿斯匹靈的共同起源似乎並不明顯，但它們是在同一年，一八九七年，由霍夫曼（Hoffman）與艾興格倫（Eichengrun）在同一個實驗室，使用相同的程序合成的。這只是嗎啡（成為海洛因）和水楊酸（acide salicylique）（成為阿斯匹靈）的乙醯化（acétylisation）。次年，海洛因與阿斯匹靈因其祛痰和鎮痛作用由拜耳公司合法上市銷售，用於治療各種肺部疾病。儘管自二〇年代開始對海洛因的生產和銷售實施管制，但在一九四九年的英國藥劑學目錄中，依然可找到以海洛因為原料的藥物。一九七八年，在英國藥局出售罌粟頭仍然是合法的。[40]經過五十年對海洛因貿易的壓制和刑事定罪，導致種植園質量惡化、內容成分的摻假和販運網絡腐敗，現在專家們正在討論海洛因逐漸重新融入合法藥品市場的命題。例如，愛丁堡的麥克法蘭集團（groupe Macfarlan）每年都在海洛因的實驗及治療使用方面取得進展。[41]

物質的法律地位改變以及將其使用者歸類為罪犯或精神病患者（海洛因是成癮，性荷爾蒙是性別焦慮症），使得非法藥物與性別生產的生物編碼之間建立起政治關聯。性荷爾蒙的使用受到國家的嚴格管制，即使不是非法藥物，至少也是受到政治控制的藥物，有鑑於它改變性別和性的潛力，其使用受到特定的限制，遵循的管理標準及銷售管道都與麻醉品相當。

當政府抵制藥用海洛因的合法銷售，或者抵制對性荷爾蒙的使用進行去精神病化時，該如何回應呢？有鑑於新自由主義國家、跨國製藥公司和販毒網絡之間所保持的密切關係，癮君子（非法藥物使用者）和性別焦慮症患者（性荷爾蒙的潛在使用者）迫切需要組織起來，成立癮君子協會，對國家－工業製藥－販毒網絡的複合體施壓，以促進自由、不受限制地獲取這些主體性生產的生物編碼。就像Agreal的使用者因該藥物引起的嚴重副作用[72]而起訴賽諾菲．安萬特實驗室（Sanofi-Aventis）一樣（最初旨在透過阻斷神經傳導物質多巴胺的作用來減輕更年期症狀），海洛因使用者也可以在發生戒斷或過量的情況下起訴國家，因為國家阻止了該物質以安全、合法的方式生產、分售與消費。這種政治壓力將逐漸導致海洛因（或古柯鹼、丙二醛〔MDA〕等）作為非專利藥的生產與銷售，並且可以在藥品市場上自由買賣。這最終意味著當前的男同性戀、女同性戀、變性人和跨性別者協會的一個「事業－流變」過程（processus de devenir-entreprise），或至少是一個成為生物編碼消費者**遊說團體**（*lobby*）、癮君子遊說團體的過程。

## 性別與性的駭客

生物男性和生物女性（不分異性戀或同性戀），以及能夠獲得外科、內分泌或法律技術來產生身分認同的變性人，他們並不僅是馬克思主義意義上的經濟階級，而是真正的「藥理色情工廠」（fabrique pharmacopornographique），他們同時是原材料、性別生物編碼的生產者（很少是擁有者）與藥理色情消費者。

色情演員、妓女、跨性別、無政府酷兒、非法藥物的生產者、販運者和消費者生活在不同的文化中，但所有人都被當作生產主體性的活實驗室來利用。他們都將自己的生物編

[72] 帕金森症候群、焦慮憂鬱症候群。

碼視為藥理色情財產的出售、購買或獲取。新性別身分的出現在主體化微觀技術（性荷爾蒙、精神藥性分子、視聽符碼等）專利的所有者和管理者身上，在這些技術生物編碼的生產者及販運者之間引發了一種前所未有的衝突。藥理色情企業家，全球資本主義的當前領導者，試圖透過法律技術限制性別生物編碼並將其轉化為稀有的、歸化的物品（objet rare et naturalisé）。這既是控制和限制性荷爾蒙使用的問題，也是色情影像使用的問題。

電腦駭客使用網路和公共版權（copyleft）程式作為免費與普遍的工具來傳播訊息，並聲稱每個人都可以透過網路參與他們的活動。公共版權藥理色情運動有一個比網路更容易使用的科技生命體平臺：身體。不是赤裸裸的身體，即作為不可改變的自然的那個身體，而是作為生命政治檔案和文化義肢的技術生命體。你的記憶、你的慾望、你的敏感、你的皮膚、你的陰莖、你的假陽具、你的血液、你的精子、你的外陰、你的卵子……都是一個可能的性別公共版權革命的工具。

性生物編碼的生產者彼此之間有很大差異。有些人享有經濟與社會特權，例如透過其身體生產男性或女性美的主導性編碼的模特兒。其他人，如色情演員或性工作者，則苦於缺乏自由出售其生物編碼的管理規章。但這一切都取決於藥理色情產業及其與民族國家警察部隊的在地聯盟。在某個時刻，他們可能會成為投身販運的駭客。

艾格妮絲，所有科技羔羊的母親：德爾·拉格雷斯·火山、凱特·博斯坦（Kate

Borstein）、雅各布・黑爾（Jacob Hale）、迪恩・斯佩德（Dean Spade）、毛羅・卡布拉爾（Mauro Cabral）、桑迪・斯通（Sandy Stone）、埃里克國王（King Erik）、莫伊塞斯・馬丁內斯（Moises Martinez）等。他們是大師、性別的駭客、技術符號流（flux sémiotico-techniques）的真正販運者、公共版權生物編碼的生產者。

**性別公共版權**（*gender-copyleft*）的策略必須是微妙但決定性的：物種性別和性代碼的開放性未來岌岌可危。對於這場運動，不會有任何單一一個名字可以轉化為專利。我們有責任轉移代碼以使政治實踐向多種可能性開放。我們可以稱這場已經在進行中的運動為：後色情（Post-porn）、免費性交（Free Fuckware）、身體龐克（Bodypunk）、開放性別（Opengender）、操你爸（Baisetonpère）、被插入國家（Etatpenetré）、全面毒品（TotalDrugs）、色情恐怖（PornTerror）、肛通膨（Analinflation）、環球聯合技術恆久勃起（TechnoPriapismUniversalUnited）……

這本書是艾格妮絲自我實驗政治的繼承者，是一個用睪固酮凝膠進行自我測試的協議，在我自己的身體上進行受控的中毒練習。我用一種在文化上被標記為男性的化學符號感染我自己。為自己施打睪固酮疫苗，對於被指定為生物女性的身體來說，可能是一種抵抗技術。獲得一定的性別政治免疫力（immunité politique de genre），嚐到陽剛氣質，知道有可能成為支配主導物種。

漸漸地，睪固酮的管理不再單單只是一個政治實驗，而是變成了紀律訓練、禁慾主義、一種透過手臂上長出的體毛來復甦我的精神的方式、一種成癮、一種滿足、一種逃脫、一種監獄、一種天堂。

荷爾蒙只不過是藥物。政治藥物。就像所有藥物一樣。在這種情況下，物質不僅改變了我們解碼和重新編碼真實的過濾器，它還從根本上改變了身體，從而改變了我們被他人解碼的模式。六個月的睪固酮荷爾蒙，不論任何生物女人，不只是男人婆或女同性戀，而是任何花花公主，任何鄰家女孩，珍妮佛．洛佩茲（Jennifer Lopez）或瑪丹娜，都可以成為男性物種的一員，與統治階級的任何其他成員都沒有差別。

我拒絕醫學政治的劑量（dose médico-politique）、它的制度、它的規律性、它的方向。我主張一種性別的精湛技藝（virtuosité de genre）：每個人都有他們自己的劑量；每個背景語境都有其特定的要求。在這裡，沒有標準，只有多種可行的怪物。我服用睪固酮就像班雅明服用大麻、佛洛伊德服用古柯鹼或米修服用麥司卡林一樣。這不是一個自傳式的藉口，而是我理論寫作（在化學意義上）的激進化。我的性別不屬於我的家庭，不屬於國家，也不屬於製藥產業。我的性別不屬於女性主義，不屬於女同性戀社群，也不屬於酷兒理論。我們必須將性別從宏觀論述（macrodiscours）中剝離出來，並用適量的微觀政治享樂主義迷幻劑

（psychédélisme hédoniste micropolitique）來稀釋它。

我認不出我自己了。無論是在T的作用影響下，或者不是在T作用下的時候。但又沒有多出什麼，或少了什麼。拉岡的鏡像階段理論認為，兒童的主體性是在他第一次於鏡面影像中認出自己時形成的，與此相反，政治主體性恰恰是在主體認不出再現中的自己時才出現的。這奠基在認不出自己（ne pas se reconnaître）之上。去－認識（dé-reconnaissance）、去－認同（dés-identification）是政治作為真實轉變的可能性而出現的條件。一九七二年，德勒茲與瓜塔里在《反伊底帕斯》（*L'anti-Œdipe*）中提出的問題，至今仍然在我們的喉嚨裡：「為什麼群眾渴望法西斯主義？」（Pourquoi les masses désirent-elles le fascisme ?）這不是反對再現政治（politique de la représentation）與實驗政治（politique de l'expérimentation）的問題，而是要意識到政治再現技術總是涉及主體性的身體生產計畫編程（programme de production corporelle de subjectivité）。我在這裡並不是選擇直接行動而反對再現，而是選擇一種「去－認同」的、實驗的微觀政治，它不信任再現作為一種外在性能夠帶來真理或幸福。

為了履行我使用這些劑量的睪固酮和寫作所開啟的普遍治療職責，我所要做的就是說服你們，讓你們所有人相信自己和我一樣，而不是相反。我不會假裝我和你們一樣，與你們平等，也不會要求你們讓我參與你們的司法，或者承認我是你們社會常態的一部分。我的目標是說服你們，你們自己和我一樣，受到同樣的化學漂移的誘惑。你身上就有這樣的東西：你們認為自己是生物女性，卻服用避孕藥；是生物男性，卻服用威而鋼；是正常人，卻服用百憂解或德羅沙（Deroxat），希望有什麼東西能讓你們擺脫生活的煩惱；你們注射可體松、古柯鹼、酒精、利他能與可待因……你們其他人，你們也是我體內睪固酮喚醒的怪物。

# 第十三章　永恆的生命

在一場關於斯賓諾莎的研討會之後，一位黑人知識分子利用聖日耳曼德佩（Saint-Germain-des-Prés）和庇里牛斯（Pyrénées）之間十一個地鐵站的距離，為我講了費利克斯．瓜塔里（Félix Guattari）與吉爾．德勒茲（Gilles Deleuze）的癮君子愛情故事。我不知道這是否屬實，但我相信。我想起我對V. D.的愛。想起我和睪固酮的關係。他說，清醒而沮喪的費利克斯在情人們的精神藥物成癮，和他的朋友吉爾的酗酒之間，充當了連接器、毒素過濾器。告訴我這個故事的生物男性無疑嫉妒這些女人和白色粉末之間堅定不移的化學關係，羨慕費利克斯和吉爾之間的書信激情。後來我才知道這版本的故事是近似不確切的。但我從中得到的啟示是，寫作和愛都源於一種「致神控制論」（cybernétique enthéogénique），一種麻醉反饋，而在此期間成癮者並不總是攝入藥物的那個人。[73]

瓜塔里在拉博德診所（clinique de La Borde）尋找政治治療的模式，但不是為了治療個人（精神分析謹慎處理的現代虛構），而是治療系統、機構和權力配置。他將自己的愛情控制論視為實驗空間，根據這種邏輯，在情愛和性關係期間，情動會創建迴路，在大腦新皮質極為特定的區域中建立新的電路連結，並透過聯想及精神影像劃分出快感與痛苦的特定位置。

愛是一種連結地圖（運動、放電、反射、抽搐、顫抖），在一定時間內調節情動的產生。這種電－細胞迴路（circuit électro-cellulaire）的運作，一方面類似於癲癇發作的強直和陣攣階段，另一方面類似於心臟的跳動、痙攣和肌肉緊繃。膜與膜之間的電流傳輸。一種有節奏的運動，必然規律地產生強烈的情動，無論它們是正面還是負面的。愛，一個義肢的心身資訊系統（système prothétique d'information psychosomatique），將我們變成了上癮的控制論野獸。情人就像諾伯特．維納（Norbert Wiener）於第二次世界大戰後在洛克菲勒基金會（fondation Rockefeller）研究的實驗貓。牠的大腦在局部麻醉下被切除，取而代之的是一個與外部技術生命體（organisme technovivant externe）連接的微晶片。在普魯斯特的時代，書寫／閱讀部署是唯一的一種義肢植入主體性（implantation prothétique de la subjectivité）的虛擬性手段（moyen virtuel）。在氫彈爆炸之後，在整個城市、家庭和身體實現數位化之後，這些義肢系統包含了全球控制論放大網絡（le réseau amplifié cybernétique global）。今天，談戀愛必然就是與整個地球進行交流。感受地球。

愛永遠是一種上癮的控制論。為某個人結束對某個人的上癮，讓那個人成為上癮的對象，或為了某個人而對第三種物質上癮。她，我，罣固酮。罣固酮和我。她和我。她或罣固酮。她=罣固酮。產生或消費罣固酮。為她停止罣固酮。吸收她的罣固酮。

我一點也不驚訝，瓜塔里是那個再次進入哲學控制論的人，他把性快感障礙的德勒茲帶往反伊底帕斯的呻吟中去。就像順勢療法的發明者哈內曼（Hanemann）以及帕洛·阿爾托（Palo Alto）的心身醫學（psychosomatique）實驗者貝特森（Bateson）及埃利克森（Erickson）一樣，德勒茲和瓜塔里已經成為一種生物哲學實踐（pratique biosophique）的大師，這種實踐可以被稱為政治順勢療法，或者分子政治驅魔術（exorcisme politique molléculaire）。超越哲學。

哲學（散步、對話和寫作）之於希臘世界，就如同注射之於後福特主義時代的西方。在一個以車輪和書寫為基本技術的世界裡，哲學以身為一種主體性虛擬生產的操練而表現出眾。語言足以產生對話開始前並不存在的殘餘政治虛構（fiction politique résiduelle）（個人或集體）。十七世紀技術自慰的出現，首先是機械裝置，然後是用於控制身體和監控靈魂的電子裝置，開創了哲學作為自虐的新時代。二十一世紀，在氫彈、電吉他、電報和電訊傳

73 在法蘭索瓦·多塞（François Dosse）關於瓜塔里、他的情婦和德勒茲的傳記中，我沒有發現他們之間的關係有任何吸毒的痕跡。François Dosse, *Gilles Deleuze / Félix Guattari, Biographie croisée*, La Découverte, Paris, 2007.

輸、控制論、集成電路、病毒傳染和大氣污染之後，哲學變成了情色藥理生態學（écologie pharmacopornographique）。

## 「拳交」上帝—多爾蒂（FISTANT GOD-DOHERTY）

她和我：連續兩天不停打砲。睪固酮凝膠和潤滑劑已經蛻變成建築，一座閃亮而黏稠的大廈，蔓延遍布我們全身。這是處於黏糊糊狀態的心靈。身體的高速公路系統以彈性、半液態牆的形式，為輸入和輸出功能提供動力，表現得像一個連續的整體。她的身體是個精選的俱樂部。它被稱為「硬玩」（Hardplay）空間。我從來沒有嘗試過更好的東西。一個拉斯維加斯房間。睪固酮凝膠和潤滑劑滲透到空氣中，空氣變得肥沃並順著我的頭髮流淌下來。我毫不費力地呼吸著它的半液體稠度，我的肺恢復了胎兒狀態的兩棲能力。潤滑劑降低了摩擦指數，限制了衝突、壓力和差異，改善了自我之牆。將個性限制在最低限度狀態，讓靈魂與周圍環境融為一體。

熱帶的氣溫。正當我準備說服自己，現在正置身於一個內在的、無神論的天堂時，一個半男性化的存在（présence semi-masculine）向我走來。一個刻著金色「神」（GOD）字的白色籠子自牆壁頂端滑落。門打開，一個男孩走出來。上帝就是彼得・多爾蒂（Peter Doherty）。他穿著白色弗雷德・佩里（Fred Perry）T恤、白色牛仔褲和運動鞋，一雙完美無瑕的斯坦・史密斯（Stan Smith）鞋。他的黑眼圈在空籠子留下的雲朵中也呈現出白色，籠子退去，似乎在飛翔。很明顯的是，如今上帝的日子並不像以前那麼好過了。他的外形確實有些女性化的東西，或者更確切地說，他就像一個在睪固酮陽剛作用下的生物女性，而海洛因中和削弱了這種作用。這是一個雌雄同體的麻醉形象。然而，儘管外表看來略顯娘娘腔，上帝卻絲毫沒有失去他的神性。他仍然是一位搖滾巨星，因此對人類的苦難全然漠不關心。他平靜地歡迎地球即將走向自我毀滅的事實。

我在他神聖的存在中待了不到一秒鐘的時間，就意識到他的周圍有數十名赤身裸體的記者正等著他，還有數百名打扮得像妓女一樣的少女，只不過她們都只穿著白色內衣。我試圖從天體主義者當中穿過。天空是一個巨大的色情通訊交流中心，這是一種透過藥物控制性高潮的技術，多爾蒂是這裡的老大。

上帝走近我，以「之」字形穿過人群，在人類形成的波浪上行走。他用小女孩的眼神看著我，說：酷（Cool）。他笑了。只有一個可能的解決辦法：保持低調並親吻他的腳。我來這裡，多爾蒂上帝，是為了讓您享受奇特的政治快感，別把我趕出天堂，上帝，我不配。我不需要再多說。他似乎沒在聽我說話。天堂是一種有機的電信形式，它以音速沿著脊柱傳播外部信息。所說的話雖然平淡無奇，但它們在說出來的時候一個接一個脫離了語言，自由地表達出一種直接的意義。有那麼一瞬間，多爾蒂和我存在於連續性中。他不需要說出他想從我和我的快感技巧中得到什麼。我能感覺到，就好像我們簽訂了一份性契約。他沒有說話，露出屁股，解開牛仔褲的扣子。在這裡，多爾蒂的肛門決定了律法。他彎下腰，向我展示他的屁股。我可以看出他已經準備好開始做正經事了。他的肛門成為我的主人。潤滑劑從天體噴泉中噴射而出，形成半透明的簾幕，我把手伸到其中一個下面，在多爾蒂上帝的屁股上塗抹潤滑劑，直到金色的透明液體順著他的大腿滴下來，打濕了他的褲管，包裹住他的腳踝。我用一根二十五公分的假陽具插入上帝的肛門。我在他的屁股之間進進出出，在打開進入他內臟的通道時發出美妙的聲音。他的肛門歡迎我的粗暴。上帝多爾蒂的男子氣概是透過他洞口的開度來衡量的。上帝的屁股已經準備好接受野獸般的拳交（fisting）了。我知道這二十五公分是為了更多的東西做準備。現在，他的整個身體就像一堵牆包裹著他的屁眼，我在手臂上塗抹潤滑油，然後插入他的屁眼。我幾乎毫不費力地一路推進，我的手臂在他體內就像汽車引擎一樣震動。我是宇宙之手，他是天堂之洞。我們周圍的潤滑油簾幕形成了一個反射面。我可以看到我們自己的倒影：一個有兩顆頭、四條腿和三隻手臂的單一軀體。我喜歡看著我的前臂與上帝做愛。這種可視性讓我興奮。我的手臂即將掀起波瀾，從他的腸壁傳到我的手上，然後從那裡再傳到我的脊椎。這種震動蔓延到我身體的其他部位。現在他的屁股已經完全張開了。他的肛門是獻給我手臂無性別狂喜的祭品。我們的身體因此而結合在一起，成為淫蕩猥褻的世界共同體。完全整體的親密關係。整個搖滾樂的歷史都從他的洞裡出來，進入我的手臂。我的身體變成了一件電氣化的有機樂器。這是肛交的音樂。就是在這種沉思當中，我感悟到：存在的真相就是一種以致命微劑量進行的聲響性愛。

## 毛茸茸的手臂

V. D.正在剪輯《壞星》（*Mauvaise Etoile*）的音樂錄影帶。帕特里克．尤德琳（Patrick Eudeline）的聲音環繞著女同性戀和搖滾男孩的紋身、丹尼爾．達爾克（Daniel Darc）的黑色手臂、巨乳布斯蒂（Busty）的幻滅無愛遺物、吞噬阿克塞爾．勒．多芬（Axelle Le Dauphin）小女孩的章魚、桑迪（Sandy）的明日性愛之星、艾瑪（Emma）的神聖體育課，以及P.永遠拿走了鑰匙的那顆充滿黑色眼淚的心。V. D.沉浸於剪接切割影像並與音樂混合的煉金術過程中。她傳簡訊給我：我可以去找她。如果我夠好心，而且能找得到的話，我可以順便買OCB菸紙。我想什麼時候都可以。製片公司在聖馬丁街（rue Saint-Martin）一棟大樓的二樓。我輸入了入口密碼。我穿過第一道門，按下第二道門的門鈴。V. D.為我開門。她塗了指甲油，還化了妝。她是我的妓女。她吻我，抓住我的腰帶，把我推過辦公室。電影製片公司的辦公室是製造陽剛之氣的地方。最大限度的技術，最小限度的居家舒適。骯髒的灰色地毯，滿是磁帶、電腦、顯示器和編輯桌的架子。在辦公室的最後面，空間布置跨越了室內與公共垃圾場的分界線，一張滿是污漬與空啤酒罐的桌子、一臺冰箱、一臺咖啡機、一排或空或滿的薯片包裝。起初，只有V. D.、剪接師和我。漸漸地，其他男孩也加入進來。製片組長，一個留著鬍子和長頭髮的酷帥小夥子，英俊但有點邋遢。另一個年輕人，剛剛製作了HPG的最新電影。然後是另一個製片人，一半優雅，一半性感，一半確信自己即將成功。另一個傢伙是做經紀人的，他的日本未婚妻陪他一起來，而她，單細胞、溫順、極度女性化，一個高級設計的變形蟲。另一個人，雄心勃勃，正在準備他的第一部電影。V. D.是男人中的男人。在這裡，她如魚得水。她不需要任何理由。男人們崇拜她。她是他們當中的一員，同時又凌駕於他們所有人之上。就好像他們可能會把嫩雞巴插進她的屄裡，最重要的是她可能會讓他們插她的屁眼，這種看似近在咫尺、實則遙不可及的可能性，讓她昇華到了男性等級制度的下一個層次。半性感的男孩不住地奉承她，他喜歡《操我》（*Baise-Moi*），《天才母狗》（*Les Chiennes savantes*）確實是她最好的小說，但如果他遇到一個像《再見金髮女郎》（*Bye Bye Blondie*）裡的格洛麗亞（Gloria）那樣的女孩，他會立刻愛上她，他說，卻不知道自己在說什麼。他還說，總有一天，他們得一塊喝一杯。在他的男性隔離之下，他甚至沒有意識到，當他們聊天時，V. D.正在我褲底下撫摸我的屁股。V. D.對他視而不見，同時又把他拴在一條無形的鎖鏈上，就像一個道地的文藝女歌星，以粉絲的自戀轉移為生。房間裡總共五、六個人，他們邊抽菸邊聊著坎城影展、新的avid剪輯軟體要多少錢、HPG是不是個好人，以及洛杉磯的游泳池。其中一個人拿出一卷帶子，要HPG的製片看看他正在為下一部片尋找女主角所做的選角試鏡。在場所有傢伙中，他是最醜的一個、他身高最多一六〇，禿頭，留著鬍子，聲音帶著模糊鼻音。他把劇本放在桌子上。標題是一個阿拉伯女孩的名字。可能是萊拉（Leila）、法里達（Farida）、薩爾瑪（Salma）、加米拉（Gamila）……不到十秒鐘後，所有人都站在正在播放錄影帶的監視器前。日本女人坐在房間後方的椅子上，一邊打電話一邊抽菸，也許周圍環境中這麼高的男性荷爾蒙水平，會對她變形蟲般的純潔造成損害。這顯然是一種男性的儀式。他們對這些畫面都很緊張，似乎他們即將接受大量的異性權力知識一樣。V. D.站起來，站在他們中間。我也加入了這個團體，站在他們身後。我能清楚看到自己的位置，我比他們都高出一個頭。只有V. D.是在我的高度。毛手臂，這個禿頭受到了干擾。他沒想到我們這兩個、他眼中的兩個生物女人，會來看這些影像。這些偷來的畫面就像硬核色情片（porno hard）一樣，是為班上的小雞巴們準備的。螢幕上一個十六歲的女孩，看上去有十八歲，顯然是阿拉伯血統的法國人，嘴唇厚厚的，顴骨突出，眼皮上畫著粉紅色的妝，一頭黑色的長捲髮。她坐在地板上，穿著一件細肩帶的黑色小上衣，低腰牛仔褲露出幾公分的細膩脂肪，十六歲的她依然性感，腳上穿著Puma運動鞋。她看著鏡頭，似乎在等別人告訴她應該要做些什麼。她傻傻地笑著，似乎不知道如何站在鏡頭前。我們聽到一個男人的聲音：「我們要看看你會怎麼演一場床戲，如果你必須勾引主角，那就假裝是我吧，我們開始吧。」她說：「我不知道。」她又笑了，低下頭，閉上眼睛。她把手放在臉前。「來吧。」那個聲音說。她重覆說：「我不知道」，但她開始有了一個主意：她揚起頭髮，舉起雙臂，張開嘴，閉上嘴，就像發出「o」的音一樣，咬住下唇，伸出舌頭，用舌尖舔上唇，然後再次閉上嘴，發出「o」的音。「繼續，很好，就這樣，妳看，妳知道的。」畫面視野變寬，我們看到女孩躺在地上，雙手撐地，身體向後傾。然後，一隻毛茸茸的、短胖的手臂進入畫框，拉扯小女孩上衣的低胸領口，先是觸摸一個乳房，然後是另一個。沒人說話。我們看不到女孩的臉，只看到她的身體。然後沙啞的聲音又再次響起：「來吧，讓我看看妳能做什麼，妳會如何演一場戲。」女孩看著畫面外的一個點，彷彿要確定那裡沒有人。然後，她直視鏡頭，再次舔了舔嘴唇，在脫掉上衣的同時伸出了舌頭。她脫掉了胸罩。她的頭髮幾乎占滿了整個畫面。「很好，很好，非常好，就像這樣。」低沉的聲音說道，同時毛茸茸的手臂回到鏡頭中，將頭髮移到一邊，露出女孩的乳房。它們巨大，生物，有點下垂，鑑於體積，幾乎沒有下垂，乳暈很大，乳頭凸出，顏色很深。毛手臂現在占據了畫面的一半。上半部是女孩的嘴，她裸露的肩膀，她的乳房，下半部是毛茸茸的手臂。女孩第一次走出畫面，我們看到了其他的運動鞋，女孩的牛仔褲掉在地上，她的Puma鞋，從上面拍攝的另一條牛仔褲，然後，隨著攝影機鏡頭的突然移動，一扇窗戶，一幅梵谷（Van Gogh）《向日葵》（*Tournesols*）的複製品。然後，很快地，女孩又赤裸裸地躺在地上。她張開的乳房微微垂向兩側，毛茸茸的手臂緊緊抓住了她的脖子。一根短而粗的陰莖短暫地劃過鏡頭前，但立刻消失在女孩的身體下方。她坐在一個身體上，它似乎是毛茸茸的手臂在身體結構上的延續。我們看不到她的陰部，看不到迷你雞巴，也不知道它是進還是出；我們只看到她的乳房，一點頭髮，她的頭在晃動，毛茸茸的手臂緊緊抓著她的脖子。看錄影的人沒有錯過任何一個像素。在監視器螢幕外，那隻毛茸茸的手臂一邊快轉，一邊說：「太多了，你們可以自己想像剩下的部分。」影像以快動作播放，女孩的身體騎得愈來愈快，連接著這隻毛茸茸的手臂。他按下播放鍵，速度恢復正常。女孩並沒有試圖假裝自己高潮。但她做出了一個妓女的表情，一個色情蕩婦母狗的表情，她似乎已經見過無數次這種表情，模仿起來毫不費力。毛手臂一邊快轉一邊解釋道：「為了要得到一個角色，她們什麼事都做得出來，最糟糕的是她們還會給我回電話，要求我再去見她們。這個女演員演技不錯，但她完全不適合這部電影。片裡的女孩不是這樣的。她是一個非常美麗、細緻、純潔的女孩。」這是西方生物男人中帶有色情意識（porno-conscience）的聲音。支配的主體是一隻毛茸茸的白色手臂和一根沒有身體的迷你雞巴。一隻白色的手臂在用影像自慰。在此，女孩只是一個自慰部署，是一個毛手臂一無所知的身體。

「毛手臂」這個名字就是源自這一形象。「毛手臂」之於當代情色藥理情境的意義，就如同本世紀初佛洛伊德想像中的「伊底帕斯」之於現代意識的意義。要對西方進行政治治療，我們今天就必須談論「毛手臂」情結。不再存在對父親或母親的交叉慾望的問題。沒有一個來自巴黎貧困郊區的生物女孩期望殺死自己的母親，來和自己的父親上床。她們不得不忍受種族和社會排斥，這已經夠糟糕了，現在她們缺少的是想和老頭子上床的願望。伊底帕斯情結不再具有任何政治意義。「反伊底帕斯」被「毛手臂」推翻。父親和母親已經死去。我們是好萊塢、色情片、避孕藥、垃圾電視、網際網路和網路資本主義的孩子。生物女孩（biofille）希望將自己的身體轉化為一種盡可能能讓多的觀眾消費的形象。為了擺脫困境。為了賺錢。體驗數位榮耀，哪怕只有一秒鐘。她渴望把自己變成數位商品，以成為一種永恆。她渴望被色情化，但不是為了產生快感（這種快感不僅對她而言無所謂，甚至會讓她不高興），而是為了將她的身體轉化為抽象的資本，轉化為堅不可摧的虛擬編碼：成為一個「i－身體」（i-body）。她懷著厭惡的心情，渴望與毛手臂一起做這件事，但同時又渴望透過一點政治訓練，將自己變成「毛手臂」。

我不可免地想到，在西班牙語中，「毛手臂」是Brazo peludo，與我名字的首字母B. P.相同。如果我繼續服用睪固酮，我會變成毛手臂嗎？

## 二十七公分

在我開始為自己注射睪固酮之前整整一年裡，你還活著，我和A. B.（當時的C. S.）一直在討論如何以及何時開始變性。A. B.想要的是陰道而不是陰莖，而我想要的是陰莖和陰道。A.B.在想像做完陰道成形術後的性生活會是什麼樣子，而我則是在想如何籌錢做陰莖成形術，但不只是個普通的、而是一個高科技的陰莖成形術。那是一大筆錢。對兩個人來說。他的陰道成形手術和我的高科技陰莖：我還不如在巴黎市中心買一間二十七平方公尺的公寓。我不想在乳房上動手術，也不想把陰道塞住。我研究了歐洲醫療市場上的各種手術。最常見的手術是利用前臂的皮膚和肌肉以及腿部的靜脈來建構一個未來的陰莖管。每隻手臂上都有一個陰莖，每條腿上都有一根可以勃起的靜脈。醫學文獻將這種手術稱為「收拾行李」（faire la valise），無疑是受超現實主義修辭的影響。

手柄形狀的移植陰莖沿著身體移動，把身體變成一個手提箱。首先，取自手臂的一塊皮膚被移植到臀部。身體就像一個有側把手的手提箱。他還不是完全的男性，不同尋常的是，他的骨盆一側連接著一個未來的陰莖。因此，這是一個具有相連陰莖的「無性地理問題」。然後，把手移動直到其中一端嫁接到骨盆上。在這裡，景觀開始悄悄地發生男性化：現在是一個帶有陰莖的身體，它的一端連接到腹部。如果我們用SM色情小說的術語來解讀這幅畫面，我們會說這是一個縫在肚子上的勃起陰莖。從建築學的角度解讀人體，我們能夠將這個體積視為一個**成衣**（*prêt-à-porter*）手提箱，帶有垂直的陰莖把手，但無法用於插入。最後，透過切割的動作將環狀物與腹部分離，然後將移植物懸掛起來，此後僅與骨盆相連。我詳細介紹了沃爾夫·艾歇爾（Wolf Eicher）博士在一九八四年發表的一篇文章中的照片和手術描述。[1]與艾歇爾的文獻相比，大衛・柯能堡（Cronenberg）的電影看起來就像《小蜜蜂瑪雅》（*Maya l'Abeille*）一樣溫柔甜美。照片的註腳寫道：「由於手術，他們都找到了心理平衡。」但我不想要心理平衡，我只想要世紀屌。

我量了量我的前臂，正好二十七公分。一種錯覺。我已經在想像自己的雞巴至少有二十五公分，預計有必要多多少少還得剪掉一些。如果在移植過程中由於供血或壞死問題而損失五公分的話，最糟的情況是二十二公分。光是想，我就已經興奮不已。在網路上，幾乎所有手術後跨性別男孩寫的關於陰莖成形術的文章都強調，除了移植可能出現排斥反應，另外還有兩個問題：快感喪失和勃起困難。一種可能的技術操作是讓新的陰莖留空，以便能夠從下面靠近睪丸植入物的地方插入液壓勃起幫浦。我的任何一個假陽具似乎都比液壓勃起的雞巴更性感。顯然，醫療機構和手術團隊都遵守了一項情色藥理禁令：避免生產豪華大雞巴。

我在巴黎和巴塞隆納與各種變性團體的技術男人（techno-mec）聊過。他們給我看他們的技術陰莖（techno-bite）。其中有些製作精良，但尺寸較小。他們當中的大多數人都選擇了陰核釋出術（métoidioplastie），也就是用陰蒂包皮重建微型陰莖。有些人植入了睪丸，有些人則決定透過保持睪固酮加持的大陰蒂以及陰道的開放來獲得最大的快感。在我看來，這才是理想的解決方案。我參加了巴黎一個變性者協會的會議。他們邀請了一位澳洲義肢技師，他製作的矽膠陰莖可以即穿即用，而且價格實惠。他將它們稱之為「迷彩偽裝的性義肢」。他拿出一個裝滿樣品的盒子：各種膚色、形狀和尺寸。有白色的、黑色的、硬的、半硬的、鬆弛的、包皮過長或包莖的。它們透過黏合凝膠固定在骨盆上，可持續兩週。阿里恩佐（Arienzo）博士解釋說：「這些陰莖的特殊之處在於，矽膠皮膚內填充了半硬性凝膠，因此手感和重量都接近天然陰莖。」凝膠狀的睪固酮、凝膠狀的迷彩偽裝性義肢、將陰莖固定在身體上的黏合凝膠。

我開始認為性的本質（包括陰莖）就是凝膠。存在（être）不是物質，而是凝膠。「泡沫」（Ecume）並非如斯洛托迪克所暗示的那樣，是英雄生物屌所產生的全球巨型射精，而是一種渴望意識的合成化合物，一種試圖開闢通往生命通道的黏稠分子網絡。[2]「**此在**」（*Da-Sein*）是一種「主體性的發酵」（fermentation de la subjectivité）[3]，無疑是對物質的黏稠顛覆，但它並不可能來自權力意志。它只有以自身奇形怪狀的轉變為代價，才能發現自己。成為主體，代價是成為凝膠。

## 尺寸

不是我假陽具的尺寸，而是我褲子的尺寸對V. D.產生了一種規範性的誘惑。「它們太大了。」她說。她說我的褲子對我的大腿來說太寬了，她的手無法直接觸及我的陰蒂雞巴

（clito-bite）。我很難相信這只是公分的問題，尤其是因為她的手（我用假陽具量過所以我知道）有二十二公分長。事實上，問題在於她還沒有完全進入女同性戀的美學。不過，她愈來愈近了。「你不是十五歲。」她說。是的，寶貝，我正好十五歲。他們叫我「小屁孩，大雞巴」（petit enfant, grosse bite）。這正是你喜歡我的地方，所以別拿我褲子的尺寸來跟我說教。我的褲子大到可以裝一個勃起的假陽具。

多年前，我母親在家裡為一家婚紗公司工作。那個時候，我從母親身上學到了關於尺寸的一切。她的專長是量身訂製內衣，讓處女在新婚之夜、在即將變成一個誠實的家庭主婦之前，向她的主人展示自己的內衣。在變得醜陋和冷漠之前，年輕的新娘們有幸短暫地感受到我母親的雙手在她們從未接觸過的身體上最細微的角落裡忙碌勞動。我會陪她一起拿著粉筆，穿針引線。就這樣，我學會了全尺寸和半尺寸之間的細微差別。就這樣，我學會了打開胸罩和裁剪內褲的方法。

她正在看著我。她張開雙腿。她用她的外陰寫了一份宣言。來吧。她的手從我的腳伸向我的腰部，檢查牛仔褲的接縫是否貼合我的身體。她說：「大了兩個尺寸。」她問我：「那我呢？」我不知道，我們得看看。她脫掉衣服，走到窗前跳舞。

## 性愛圖片

十點，在心存疑慮一整個晚上之後，我用了五十毫克的Testogel。我們做愛時我會拍照。她的頭髮在我的陰蒂上，她吸吮吉米時，她放蕩的藍眼睛，張開的小嘴，只有幾公分的假陽具。她白色胸罩的蕾絲花邊。紅色檯燈在她胸前的倒影。一個紋身：她臀部上有一顆被鎖頭鎖住的心，夾在兩朵黑玫瑰之間。另一個是：一枚帶有電子引信的炸彈，即將在她手臂上爆炸。還有一個：一排黑色的花朵圍繞著她的左胸，就像支撐著她心臟重力的挽具。影像和性，是用物質捕捉時間的兩種方式。她要我把它們從數位相機中刪掉。我又拍了更多照片。她的右手伸進我的褲子裡：短短的指甲塗成紅色，食指上戴著地獄天使翅膀的骷髏戒指，三個來自非洲的五彩塑膠戒指在我的皮膚上畫了三個圓圈，就像奧運五環一樣。她要我全部刪除。她說：照片就像刺青。永遠銘刻在現實表面上的影像。每張照片都蘊含著魔法、咒語、邪眼和遠端影響的可能性。刪除它們。我給她看了一張她刺青的照片。母狗茝斯汀睡在黑色的心上。她說：「如果你找到了打開我的心的那把鑰匙，你可以把它紋在自己身上。」

她隨時都可能離開我。愛情是魔法，是邪惡的眼睛，是遠端的影響，是遠程內分泌傳遞。她隨時都可以說：我做了三個月的跨性別妓女，就像安戈特（Angot）說她曾經當了三個月的女同性戀一樣，一邊引用了吉貝爾（Guibert）絕望的陳詞濫調：「我得了三個月的愛滋病。更確切地說，三個月以來我一直相信自己將要死於這種名為愛滋病的絕症。」[4] 吉貝爾在寫下這篇文章時並不知道，無以計數的蟲子正在為他的死期編織一張白色的絲綢床單。這些蟲子會從他的屁股鑽進去，在他的內臟周圍鋪上一層柔軟的布，不會發出絲毫聲音。神的逆轉錄病毒（rétrovirus céleste）愛上了一位年輕的金髮天使，就像它下一刻會愛上你一樣。

## 難以啟齒的死亡

我陪V. D.到位於聖佩雷斯街（rue des Saints-Pères）的Grasset出版社門口。她把完成的書稿交給出版社。為了度過週末，我們滿載書籍和電影回到家。她哈哈大笑，模仿了四、五次萊米（Lemmy）的嚎叫聲，拍打著自己的胸口，就像一隻從籠子裡逃出來的大猩猩一樣。當S.來電，我們正沉浸在作者完成一本書之後的興奮當中。艾瑞克（Eric）死於用藥過量。性玩具（Sextoy），凱倫（Karen），你，艾瑞克。一本書＝一次死亡。每個新階段都以死亡開始。哀悼是憂鬱的唯一替代選擇。V. D.告訴我，她在讀布朗修（Blanchot）的書時唯一記得的是，世世代代都是圍繞著他們共同的死者而建立的。她哭了。我輕撫她。她的皮膚就像我的狗的肚子一樣柔軟。

如何哀悼你的去世？一九三五年，西班牙詩人米格爾・埃爾南德斯（Miguel Hernandez）

在寫給亡友拉蒙－西耶（Ramon Sijé）的信中寫道：「我哭泣著想成為你所占據的肥沃土地的園丁，成為你靈魂的伴侶，太快了。」[74]這本書不足以哀悼你的死。我也想把你從土裡挖出來，親吻你高貴的頭骨，吮吸你的陰莖骨，直到你沉入我的消化道，我想用我最好的假陽具插爆你的菊花，我想帶你回到瓦倫西亞（Valence）街頭開花的橘子樹下，就是在那裡你第一次告訴我你是如何一邊讀《宣言》（*Manifeste*）一邊自慰的。

我們一起坐計程車。你對我說：「你聞起來很香。你的書是自薩德以來我讀過最好的哲學著作。」當時我們經過瓦倫西亞絲綢交易廳（la Lonja de los Mercaderes）的哥德式建築。你告訴我，這種智慧讓你勃起。我不知道你正在拍攝瓦倫西亞之行。我們都被邀請參加一個關於新法國－西班牙文學的研討會。除了你和我，一切都是灰濛濛和學術的。我在你死後的十月二十二日第一次看到了菲利普（Philippe）和提姆（Tim）做的剪接。你在你的飯店房間裡拍攝自己，就是我也住過的那家飯店。你把老二從褲子裡掏出來，放在床頭櫃上，像撫摸一隻受傷的動物一樣撫摸它。你拍下鄰居的露臺，在陽光下攤開的衣物，破舊的牆壁，褪色的庭院。你拍攝自己的演講。你穿著西班牙海軍的卡其色迷彩襯衫。你用英語發言，儘管我警告過你沒人聽得懂。你不想用法語跟他們說話。事實上，你根本就不想

[74] 西班牙語原文：Yo quiero ser llorando el hortelano de la tierra que ocupas y estercolas, companero del alma, tan temprano.

跟他們說話。你所代表的是未來的雙語歐亞人種。如果可以的話，你會用日語或後設語言（métalinguistique）、數學或音樂代碼來說話。你談論性、毒品和電子音樂。我不太清楚這一切與這次學術研討會有什麼關係。最終，你有一個想法：自七〇年代以來，唯一的重大革命是由那些一邊聽音樂一邊吸毒和做愛的同性戀者發起的。你害怕談論文學，你的文學。你說文學是為了哀悼失去的愛情而發明的。你失去的愛情是什麼？你在哭什麼？你為誰哭泣？你怕什麼呢？是什麼要了你的命？什麼可以拯救你？但隨後你又回到了性、毒品和電子音樂。在一個時間點上，你談到了女同性戀；你說我們（你把我也算進去了）也在這個關於性、毒品和電子音樂的歷史裡；你把鏡頭轉過來，拍下我。現在我看著你拍下的這些影像。你已經死了。我在螢幕上看到了自己，就在你面前，像是一個幻影。就好像你在永生中對我們說話。而我就在這裡，在永生的另一邊。

## 色情藥理工程學

九〇年代已經過去很久了。那是不一樣的年代，我們離死亡愈來愈近，死亡用病毒般的鞋帶將我們所有人都鎖在一起，然後用一條小紅絲帶和一個美元與藥物分子的多米諾骨牌遊戲取代，讓我們忘卻死亡，而政治也隨之消亡。

正如你所理解的酷兒政治（politique *queer*）無非是為死亡做準備：**你玩完了**（*via*

*mortis*）。這種政治首先是死亡的政治，沒有生命的民粹主義：是對生命政治的反動，是對腐爛、分解的身體的熱情，是一種文化戀屍癖。酷兒政治與它的發起者和那些屈服於逆轉錄病毒（rétrovirus）的人同歸於盡。你也一樣。在這一點上，如果你確實是自殺的話，那麼你也許是對的，儘管根據屍檢結果，你是在不知情的情況下混合了過多的合成分子，就像吉米·罕醉克斯，或賈尼斯·喬普林。「藥物中毒」（intoxication médicamenteuse），他們都是這麼說的，你的母親，報導你死訊的幾家報紙都是這麼說的。你是一個過度的生命政治的受害者，是三聯療法（trithérapie）和抗憂鬱藥物的一個致命混合的受害者，還是你自願退出這場難以平息的政治遊戲，將你的身體轉變為星塵，從生命市場中抽身，從而使你的身體只剩下文字，就像可讀的分子一樣？

你也曾將自己的身體置之險境，總與死亡一塊跳舞。所以你才允許自己接受寫作的毒液。所有政府所謂的硬性、（當然是）非法的毒品，在我之前，你就已經全都用過了。還有其他的、政府銷售上市的硬性毒品，三聯療法，以及睪固酮，在我之前；就為了要硬起來。因為「**無套性交**」（*bareback*）這件事不只是舊金山一小撮神風特攻隊為了破壞預防性抗愛滋病政策，或者為了破壞「行動起來」（Act Up）的基本教義左派（gauche intégriste）而發明的政治玩笑；這是我唯一能在短短三分鐘內向別人說清楚的方式。你不能給軟趴趴的老二戴保險套。沒人有膽量說真話，這是你有一天在凱勒街（rue Keller）一間地下室裡告訴我的，同時你用手指在我胸口上畫了一根雞雞。在冬天的日子裡，問題在於持續勃起，為了死去的戀人，為了你沒時間寫的書。持續勃起，這就是假陽具的好處，能夠不再擔心勃起的問題，總是堅挺，你一邊不斷告訴我這些，一邊把舌頭伸進我的一個鼻孔裡，你抱怨「行動起來」想要你的命，說他們一心想扒你的皮，有一天你會給他們想要的東西，你的皮。我不相信你。

## 狗的注射（SHOOT CANIN）

純真的終結並非始於我們意識到自己和他人都是凡人，它始於我們為了生存而殺戮的直覺。因為我們是肉食性動物。野蠻雜食，吞噬一切生物。生存取決於我們捕殺身邊美麗事物的能力。最近，我每天都看到動物的死亡。首先是游上泰晤士河的鯨魚，牠還沒找到返回大海的路就死了。然後是加斯帕．諾埃（Gaspar Noé）的電影《馬肉》（*Carne*）中被剖腹的馬、伊納利圖（Iñärritu）電影中被咬死的狗、在土耳其被H５N１病毒感染並被裝進石灰袋中的雞。在尤杜洛斯基（Jodorowsky）的《聖血》（*Santa Sangre*）中，像動物的人類變種小女孩，被砍掉了雙臂，在自己的鮮血中窒息而死。然後，一頭大象鼻子失血過多而死，被整個村莊的人撕成碎片。我還沒準備好接受這種暴力。我不知道如何保護自己。我還沒準備好和V. D.談的戀愛，我還沒準備好接受T。我是鯨魚、馬、狗、雞、是大象、是小女孩。當我進入成年，我意識到沒有人能為我的幸福做任何事：我的母親不行，我的父親不行，社會不行，國家不行，我的未婚妻不行，妓女不行，睪固酮也不行。在這些時刻，我就會求助於我的愛犬莒斯汀，用狗的方式來解決這個宇宙難題。

我在睡前使用一劑。確實，在變性方案之外服用Testogel是一種危險的遊戲。問題不在於成癮。這是一種輕度成癮，甚至不能稱之為「睪癮君子」（testomanie）。問題在於管理自己的身分：男人、女人、變性人、跨性別等。再過幾天，我血液中的睪固酮就會依循任何藥理學書籍都沒有列出的規則，蛻變成新的東西。我知道：這是魔鬼在跟我的血液混合。

我們整個星期天都躺在床上度過，她、狗和我。睡覺、看書。她一醒來，就用嘴尋找我的陰莖。V. D.穿著她的胸罩睡覺，而我則戴著一個黑色的17×3的假陽具睡覺。她讀的是西蒙・波娃回憶錄的最後一卷《一切都說了，一切都做了》（*Tout compte fait*），我讀的是吉貝爾的《狗》（*Les Chiens*）。西蒙寫她與女性的關係，首先是紮紮（Zaza）、比安卡（Bianca）、薇奧莉特・勒杜克（Violette Leduc），然後她告訴我們，一段時間以來，她與西爾維・勒邦（Sylvie Le Bon）的友誼「在她生命中占了一個重要的地位」。當然，對性隻字未提。她與沙特的友誼背後隱藏的女同性戀情結也隻字未提。同時，吉貝爾的敘述者的每一個孔口都被插入，他吃掉每一個經過的雞巴，吞下所有的精子。崇高的污染。V. D.和我一邊看書一邊做愛，所以在她的書和我的書之間就發生了靈魂與雞巴的交流。比安卡戴著一個巨大逼真的假陽具，插入薇奧莉特的肛門，而薇奧莉特則舔著西蒙的陰蒂。薇奧莉特同時喜歡這兩件事：當她嘴裡含著屄時，被人操屁股。就這樣，在二〇〇六年的一個星期天，來自吉貝爾密室的精液一點一點地，但以不可阻擋的決心，傾注在西蒙．波娃的頭上，形成了一條前所未有的頭巾。

## T嗨

昨天，我用了最後一劑T。今天，我感受到了效果。毫無疑問，在一種嗨（high）當中。睪固酮的主要表現之一在於感覺我的身體內部是一個纖維狀的、靈活的團塊、它可以在空間中往任何一個方向展開。我們可稱之為一種有機的信念，一種肌肉的意向性可以抓住任何物體的感覺，一種任何障礙都可以克服的確定感。但也還有：皮膚微微出油、性亢奮、出汗。我想要大部分的效果，但我無法忍受自己在服用T時自己出的汗。我無法成為真正的異性戀的原因之一，就是我對睪固酮的氣味過於敏感。現在，是我變成了散發出這種氣味的人，我才是散發出這種氣味的身體，不是來自任何其他地方，也不是來自任何其他身體，而是從我的皮膚裡散發出來的一種物質，從我的皮膚直接通過我的腦下垂體進入我的大腦。我在T當中。我變成了T。

今天，在最後一劑T的作用下，我告訴自己，一切都在向前發展。V. D.愛我，我的計畫正在成形，我們正在前往倫敦的火車上。這是冬天的最後幾天。我為她瘋狂，我們穿過英吉利海峽隧道。在地底下。她睡在我身邊。當她醒來的時候，她說她夢見性玩具（Sextoy）開著他的跑車帶我們去兜風，而你也和我們在一起。我們喝了一杯 Clipper 茶，我也睡著了。美味極了。在我打瞌睡的時候，數十名非法移民正緊貼著聯結貨車底盤準備過境。我夢見在通過海關時，我因偷渡罪固酮而被捕。當他們打開我的行李箱時，只發現了兩包大麻、「美國精神」（American Spirit）有機香菸和兩個假陽具。我被判入獄兩年。在夢中，監獄的念頭讓我平靜下來：這就像 T 的解毒療法（cure de désintoxication）一樣。

幾個小時後，當我們走在倫敦冰冷的街道上時，她告訴我：「我們就像冰面上的兩隻小鹿班比。」

## 把哲學斬首

多年前，我曾向一位佛教徒和耶穌會的教授請教哲學是什麼，以及有朝一日我如何才能知道自己有能力進行哲學思考。我得到的回答是一則寓言：一位年輕有為的哲學家與他的老師父一起爬山。他們走了一條蜿蜒陡峭的山路，繞過一座山，最後來到懸崖邊。師父向徒弟許諾，在他到達山頂之前，會給他獲得智慧的可能性和承擔哲學任務的機會，並警告他，考驗將會很艱難。但弟子堅持要去。攀登過程十分艱辛，年輕人開始感到絕望。他們走了幾個小時，眼看就要到達最高點了，師父突然從背包裡掏出一把飛刀，輕輕一抖手，就將它射到空中。螺旋槳在飛向雲端的過程中逐漸縮小，然後在飛回來接近兩人時再次變大，噪音也愈來愈大，直到它刀法完美地切掉了師父的頭。鮮血濺滿了驚訝地看著這一幕的弟子臉龐：被俐落砍下的頭顱睜著眼睛滾向山的一側，而手臂仍在揮舞的身體則滑向山的另一側，滑向懸崖。弟子還來不及反應，就在想是該跑到山的一邊去撿頭，還是到另一邊去撿身體。他知道沒有答案。他的師父給了他一個哲學的大禮物。在頭部和身體之間做出選擇。自己砍斷自己的頭。與自己的身體保持距離。體驗分離。在西方，到目前為止，我們一直認為哲學家是一顆會思考的腦袋（一個預設的生物男性，顯然，他把他自己的身體放在一邊，不顧他的陰莖，也就能夠採取一種普遍的、博學的姿態）。但在佛教寓言中，第二種選擇與第一種選擇一樣有效：跑到身體的那一邊，迫使身體像亞陶（Artaud）一樣生產文本。這裡有兩條不可調和的路徑：腦袋成了一個不需要手來書寫的自動打字機；或者，一個被斬首的身體彷彿是透過化膿來產生可理解的思想。這是每個哲學家都面臨的挑戰和誘惑：追逐身體，還是頭腦？如果答案在於大師的行動、在於這個行動本身呢？如果哲學的可能性不在於頭部和身體之間的選擇，而在於清楚且有意識地自我斬首實踐呢？在本書開頭，我給自己服用了睪固酮（而不是評論黑格爾、海德格、西蒙・波娃或巴特勒），我想斬首我自己，砍掉我被性別編程塑造的頭部，解剖我體內的一部分分子模型。本書就是這一刀所留下的痕跡。

## 永恆的生命

現在你已經死了，被埋葬，腐爛了，你被打開，然後又被關上，所以你一會兒是空的，一會兒又長滿了蟲子，永遠被鎖在這個盒子裡，你從未有過的自由。我來向你告別，像對法老王一樣對你致意，不知道在這群人當中你是否會意識到我的在場。你母親說話。更準確地說，她使用仍然活著的語言發言。但她沒有讀你寫的任何東西，一句也沒有。她吞吞吐吐地說話，沒有告訴我們你對我們究竟意味著什麼。現在你在你最後的家裡了。而我，我希望你《在我房裡》。[75]我來和你道別。

今天，我本來要去布魯日舉辦一個變裝國王工作坊。我告訴參與者我沒辦法去，因為我的一個朋友去世了，他們哀嘆著請我留下來。他們不在乎我們是否埋葬了你，他們要的是工作坊。但我要去參加你的葬禮。不，我這麼做不是為了你，也不是出於悲痛或義務，我是被一股「元生物」的力量（force métabiologique）驅使著，這股力量會摧毀沿途的一切：工作坊、尖叫的人群、博物館和大學的負責人、火車時刻表、堵車。我讓維克多**國王**（king Victor）接手工作坊，搭上了駛往巴黎的火車。這次又是你在電話上引導我的手指，讓我打

[75] 譯註：《在我房裡》（*Dans ma chambre*）是紀堯姆．杜斯坦（Guillaume Dustan）在一九九六年出版的第一本小說。

電話給V. D.。她說她會在蒙帕納斯公墓門口等我。我沒有帶適合參加葬禮的衣服，所以我穿了黑色褲子和電光藍色T恤。我穿得像個小學生。我甚至不敢穿國王的衣服前來。到達埃德加．基內（Edgar-Quinet）大道時，我老遠就看到了V. D.。她為這個場合做好了準備，穿得像個西西里黑手黨的女人：一件套裝，搭配一條黑色裙子，一個五〇年代的包包，一件黑色外套，一雙黑色高跟鞋。我湊過去吻她。我的皮膚擦過她的臉頰。我的嘴比她的嘴高出幾公分。幾天後她告訴我，我們的膝蓋高度完全相同，我們的性器官高度完全相同。她身體散發出的熱量傳到我身上，然後冷卻下來。我直接呼吸著她的氣息，她問我：「你還好嗎？」她身邊圍滿了人，阿克塞爾（Axelle）、安（Ann）和她的女同性戀朋友們。但她緊緊挽著我的手臂，跟著那一小群前來告別的人。你的讀者呢？那些在讀你的書時自慰的人都在哪裡？他們為什麼不來陪你自慰最後一次？膽小鬼。

她包包外皮變形的凸起讓我覺得V. D.帶著一把九毫米口徑的帕拉貝魯姆（Parabellum）手槍。

她拉著我的手臂，和我一起走到我們要埋葬你的洞口。這個將要永遠讓你從後面被操的終極吊帶，將你的棺木滑入地下。人們或獨自或成雙地走到為了把你放進去而挖出來的土堆前。現在，你將取代這堆土的位置，而這堆土在外面，在你之前在的地方，在我們這些活人中間。V. D.和我一起走到土堆邊緣。你的棺木已經沉到底部，但要跳起來站在上面還是很容易的，還是可以拿把斧頭砍出一個缺口，把你救出來。但是沒有人動。人們帶來了鮮花，大部分是白玫瑰，也有一些是紅玫瑰，人們把玫瑰花撒在漆亮的棺木上。但沒有人帶斧頭來。我也沒有。同一天早上，在你的屍體被泥土永遠覆蓋之前，在它變得無影無蹤之前，我把迷你DV卡帶「你死的那一天」埋在布魯日的沼澤花園裡。我把它放在一個大火柴盒裡，就是用來點火的那種。我在上面寫下了你的名字，你複數的名字，好幾次，威廉（William）、紀堯姆（Guillaume）、杜斯坦（Dustan）、巴拉內斯（Baranes），兩次，我用雙手在河邊鬆軟泥濘的土地上挖了一個洞，就像我第一次埋葬一隻從鳥巢裡掉下來的小鳥一樣，那是我六歲時想救活的小鳥，我餵牠吃浸在牛奶裡的麵包，結果讓牠窒息而死。

如果你還活著，你一定會憎恨我和V. D.，那種憎恨就像沒有勃起的陰莖皮膚一樣溫暖、絲滑，因為你知道我和她在一起就像一場正在進行中的革命。這就是為什麼你會悼念你的「性腺英雄主義」（héroïsme gonadique），並選擇我們作為你神聖的狼，來孕育你的愛滋後代子孫。V. D.就站在我身邊，站在你的墓前。當我感覺到她的右臂靠在我的左側時，我意識到，在這群人中，她是我未來的遺孀。V. D.，這位法國黑色女作家，就是我未來的寡婦。你的葬禮就是我們的婚禮。你，沒有人比你更適合成為主持儀式的幽靈，將你的死亡和我們的愛情結合在一起，封印在地下。

當我們離開你的身體時，它已經開始在蒙帕納斯的花叢間發酵潰爛，我向你保證，我們會來到你的墓前撫摸我們的乳房，我們會來到你墓前，在石板上留下我們體液的痕跡，我們會像兩隻狼一樣睡在你的土地上，我們會溫暖你的骨骸，我們會像兩隻吸血鬼一樣，前來滿足你對性、血液與睪固酮的渴望。

# 文章出處

## 第一章　你的去世


1. Guillaume Dustan, *Nicolas Pages*, Editions Balland, Paris, 1999, p. 17.
2. Michel Houellebecq, *Rester vivant et autres textes*, Librio, Paris, 1997, p. 19
3. G. Dustan, *op. cit.*, p. 155.
4. Hervé Guibert, *L'Image fantôme*, Editions de Minuit, Paris, 1981.


## 第二章　藥理色情時代


1. Michel Foucault, *Du gouvernement des vivants (1979-1980), Leçons du Collège de France, 1879-1980. Dits et Ecrits*, tome IV, Gallimard, Paris, 1974, p. 641-642.
2. Alan Berube, *Coming Out Under Fire : The History of Gay Men and Women in World War Two*, The Free Press, New York, 1990.
3. John d'Emilio, *Sexual politics, Sexual Communities : The Making of a Homosexual Minority in the United States, 1940-1970*, Chicago University Press, Chicago, 1983.
4. Jennifer Terry, *An American Obsession : Science, Medicine and Homosexuality in Modern Society*, Chicago University Press, Chicago, 1999, p. 178-218.
5. Beatriz Colomina, *Domesticity at War*, Cambridge, MA, MIT Press, 2007.
6. Andrea Tone, *Devices and Desires. A History of Contraceptives in America*, Hill and Wang, New York, 2001.
7. Tom Carnwath et lan Smith, *Heroin Century*, Routledge, London et New York, 2002.
8. Sander L. Gilman, «Decircumcision : The First Aesthetic Surgery », Modern Judaism 17.3 (1997) 201-210. Maxwell Matz, *Evolution of Plastic Surgery*, Froben Press, New York, 1946, p. 287-289.
9. 參見例如 Antonio Vallejo-Näjera, *La Sexualizaciôn de los psicépatas*, Medicina, Madrid, 1934.
10. Immanuel Wallerstein, *Capitalisme et économie-monde, 1450-1640*, Flammarion, Paris, 1980.
11. Mike Davis, *Planète Bidonvilles*, Ed. Ab irato, Paris, 2005.

12. lan Hacking, *Representing and Intervening. Introductory Topics in the Philosophy of Natural Science*, Cambridge University Press, Cambridge, 1986.
13. Bruno Latour et S. Woolgar, *La Vie de laboratoire. La construction des faits scientifiques*, La Découverte, Paris, 1979.
14. Donna Haraway, «When Man™ison the Menu », Incorporations, édité par Jonathan Crary et Sanford Kwinter, Zone Books, New York, 1992.
15. Christian Marazzi, *La Place des chaussettes. Le tournant linguistique de l'économie et ses conséquences politiques*, Editions de l'Eclat, Paris, 1998 ; Enzo Rullani et L. Romano, *Il postfordismo. Idee per il capitalismo prossimo venturo* (a cura di), Etas Libri, Milano, 1998 ; Paolo Virno, *Grammaire de la multitude. Pour une analyse des formes de vies contemporaines*, Editions L'Eclat, Paris, 2002 ; Christian Azaïs, Antonella Corsani et Patrick Dieuaide (eds.), *Vers un capitalisine cognitif*, L'Harmattan, Paris, 2001 ; Carlo Vercellone (ed.), *Sommes-nous sortis du capitalisme industriel ?*, La Dispute, Paris, 2003 ; Yann Moulier-Boutang, *Le Capitalisme cognitif, la nouvelle grande transformation*, Editions Amsterdam, Paris, 2007.
16. Yann Moulier-Boutang, «Eclats d'économie et bruits de lutte », *Multitudes*, 2, mai 2000, p. 7. Voir aussi, dans le même numéro : Antonella Corsani, « Vers un renouveau de l'économie politique ».
17. Toni Negri et Michael Hardt, *Multitudes*, Editions 10/18, Paris, 2006, p. 135.
18. *Ibid.*, p. 137. Marazzi, *op. cit.*
19. 這方面的一些線索來自 Anne Querrien 或 Antonella Corsani 的「不穩定的漂流」（Précaires à la Dérive）的反思。參見：«Un proyecto de mujeres de Preca- rias a la deriva. Precarias, cuidadoras, putas, atentas... en busca de una batalla comün. » http://www.sindominio.net/karakola/precarias.htm. Antonella Corsani, «Quelles sont les conditions nécessaires pour l›émergence de multiples récits du monde? Penser le revenu garanti à travers l'histoire des luttes des femmes et de la théorie féministe », *Multitudes*, 27, Hiver, 2007; Antonella Corsani, «Beyond the Myth of Woman : The Becoming-Transfeminist of (Post-) Marxism », in *SubStance*, Issue 112 (volume 36, numéro 1), 2007; Linda McDowell, «Life without Father and Ford : The New Gender Order of Post-Fordism», *Transactions of the Institute of British Geographers*, 16, p. 400-419.
20. Michael Hardt et Toni Negri, *Multitudes*, *op. cit.*, p. 133-134.
21. 關於這個概念的詳細闡述，參見 Rem Koolhaas, « Junkspace », Ortober, 100 Spring, 2002, p. 175-190.
22. Donna J. Haraway, *Modest-Witness@Second-Millennium. FemaleMan©-Meets-OncoMousé™*, Routledge, New York, 1997, p. 31.

23. Donna J. Haraway, *Manifeste cyborg et autres essais, Sciences-Fictions-Féminismes*, Exils, Paris, 2007, p. 31-38.
24. Donna J. Haraway, *op. cit.*, p. 30.
25. Paolo Virno, *Grammaire de la multitude..., op. cit.*, chapitre 3 : «La multitude comme subjectivité», p.85.
26. Michael Hardt et Toni Negri, *Multitudes, op. cit.*, p. 134.
27. Paolo Virno, *op. cit.*, p. 18.
28. Michel Houellebecq, *Plateforme*, Flammarion, Paris, 2001, p. 119.
29. Giorgio Agamben, *Homo Sacer. 1, Le Pouvoir souverain et la vie nue*, Le Seuil, Paris, 1997.
30. Michael Kramen et Christopher M. Snyder, «Why Is There No AIDS Vaccine ?», The Center for Global Development, National Bureau of Economic Research, Université de Harvard, juin 2006.
31. Philippe Pignare, *Le Grand Secret de l'Industrie pharmaceutique*, La Découverte, Paris, 2004, p. 18.
32. Maurizio Lazzarato, *Puissance de l'invention. La psychologie économique de Gabriel Tarde contre l'économie politique*, les Empêcheurs de penser en rond, Paris, 2002.

## 第四章　技術性史

1. Michel Foucault, *Histoire de la sexualité. La volonté de savoir*, Gallimard, Paris, 1976, p. 136-139.
2. Beatriz Preciado, « Multitudes Queer », *Multitudes 12*, Paris, 2002, p. 17-25.
3. 請參見巴特勒操演性重複的概念。Judith Butler, *Trouble dans le genre. Pour un féminisme de la subversion*, La Découverte, Paris, 2005, p. 256-266.
4. Richard von Kraff-Ebing, *Etudes médico-légales : Psychopathia Sexualis. Avec recherches spéciales sur l'inversion sexuelle*, Editions Georges Carré, Paris, 1895.
5. Toni Negri et Michael Hardt, *Empire*. Exils Editeur, Paris, 2000. 2.
6. Monique Wittig, *La Pensée straight*, Balland, Paris, 2001, p. 65-76.
7. Gilles Deleuze et Félix Guattari, *L'Anti-Œdipe, Capitalisme et schizophrénie*, Editions de Minuit, Paris, 1972, chapitre 3.
8. Thomas Laqueur, *La Fabrique du sexe. Essai sur le corps et le genre en Occident*, Gallimard, Paris, 1992.
9. Thomas Laqueur, *Solitary sex : A cultural History of Masturbation*, Zone Books, New York, 2003.

10. Michel Foucault, *Les Anormaux, Cours au Collège de France, 1974-1975*, Gallimard, Paris, 1999, p. 53.
11. 關於歇斯底里症的視覺史：Georges Didi-Huberman, *Invention de l'hystérie. Charcot et l'iconographie photographique de la Salpétrière*, Macula, Paris, 1982.
12. 請參見批判歐洲賣淫的殖民結構的兩個例子：Christelle Taraud, *La Prostitution coloniale, Algérie, Tunisie, Maroc 1830-1962*, Payot, Paris 2003, et «Urbanisme, hygiène et prostitution à Casablanca dans les années 1920», *French Colonial History*, vol. 7, 2006, p. 97-100 ; Louise White, *The Comforts of Home : Prostitution in Colonial Nairobi*, Chicago University Press, Chicago, 1990.
13. Gilles Deleuze et Félix Guattani, *Pourparlers*, Editions de Minuit, Paris, 1990, p. 240-247.
14. 關於軀體權力（somatopouvoir）的概念請參見：Michel Foucault, «Les rapports de pouvoir passent à l'intérieur des corps », *Entretiens avec L. Finas (1977), Dits et écrits I, 1976-1988*, Gallimard, Paris, 2001, p. 228-236.

## 第五章　V.D. 的身體成為一個實驗性語境元素的地方

1. Virginie Despentes, *Bye Bye Blondie*, Grasset, Paris, 2004.
2. Judith Butler, *Excitable Speech. A Politics of the Performative*, Routledge, New York, 1997.

## 第六章　技術性別

1. Money, Hampson et Hampson, *op. cit.*, 1957, p. 333-336.
2. Joanne Mevyerowitz, *How Sex Changed, A History of Transexuality in the United States*, Harvard University Press, Cambridge, 2002, p. 98-129.
3. 最早明確將這種差異主題化的文本之一：Ann Oakley, *Sex, Gender and Society*, Temple Smith, London, 1972. 以及 Christine Delphy, *L'Ennemi principal*, «Penser le genre : problèmes et résistances », Nouvelles Questions Féministes, Paris, 2001.
4. Teresa de Lauretis, «Eccentric Subjects : Feminist Theory and Historical Consciousness », *Feminist Studies 19* (Printemps 1990), p. 115-150.
5. Teresa de Lauretis, *Technologies of Gender, Essays on Theory, Film and Fiction*, Indiana University Press, Bloomington, 1987.
6. Judith Butler, *Défaire le genre*, Editions Amsterdam, Paris, 2006, chapitre 3.
7. Kate Bornstein, *Gender Outlaw : On Men, Women, And the Rest of Us*, Routledge, New York, 1994 ; Susan Stryker, «My words to Victor Frankenstein Above The Village of Chamounix : Performing Transgender Rage », *GLQ : A*

*Journal of Lesbian and Gay Studies*, vol. 1, n° 3, 1994, p. 227-254.
8. Thomas Laqueur, *op. cit.*, p. 154-163.
9. Judith Butler, *Défaire le genre*, *op. cit.*
10. Michel Foucault, *Surveiller et punir*, Editions Gallimard, Paris, 1975, p. 159-199.
11. Monique Wittig, *La Pensée straight*, *op. cit.*, p. 58-59.
12. Judith Butler, *Trouble dans le genre. Pour un féminisme de la subversion*, La Découverte, Paris, 2005, p. 256-266.

## 第七章　成為T

1. Jacques Derrida, *Le Monolinguisme de l'autre ou la prothèse de l'origine*, Galilée, Paris, 1996.
2. Valerie Solanas, *Scum Manifesto*, AK Press, New York, 1996.
3. Félix Guattari, *Plan sur la planète. Capitalisme mondial intégré et révolutions moléculaires*, in *Minorités dans la pensée*, Jean-Pierre Faye (Ed.), Payot, Paris, 1979.

## 第八章　藥理權力

1. Jacques Derrida, "La pharmacie de Platon," in *La Dissémination* (Paris: Editions du Seuil, 1972), 86, 87 and 148. Derrida, *Dissemination*, trans. Barbara Johnson (Chicago: University of Chicago Press, 1983), 70 and 119.
2. Silvia Federici, *Caliban and the Witch : Women, the Body and Primitive Accumulation* (New York : Autonomedia, 2004), 164.
3. Richard Stallman, "Biopirates ou biocorsaires?," *Multitudes 1* (mars 2000) : 114–17.
4. Antonio Escohotado, *Historia General de las Drogas* (Madrid: Espasa-Calpe, 2008), 169.
5. *Ibid.*, 164–69. See the English short version Antonio Escohotado, *A Brief History of Drugs from the Stone Age to the Stoned Age*, trans. Kent Symington (Rochester, VT : Park Street Press, 1999). See also Dale Pendel, *Pharmako/Dynamis : Stimulating Plants, Potions & Herbcraft* (San Francisco : Mercury House, 2002).
6. Escohotado, *History of Drugs*, 277.
7. *Ibid.*, 358.
8. Starhawk, *Dreaming the Dark : Magic, Sex, and Politics* (Boston : Beacon Press, 1997), 200–4.
9. Arthur Evans, *Witchcraft and the Gay Counter-Culture* (Boston : Fag Rag Books,

1981).
10. Starhawk, *Dreaming*, 215.
11. Angela Y. Davis, *Women, Race, & Class* (New York : Vintage, 1983), 8–12.
12. Starhawk, *Dreaming*, 199.
13. Peter Sloterdijk, *Sphères*, trans. Olivier Mannoni, *Ecumes*, vol. 3 (Paris : Hachette Littératures, 2003), 26.
14. 有關主權和生命政治制度的闡述請參閱：Roberto Esposito, *Bios : Biopolitics and Philosophy*, trans. Timothy Campbell (Minneapolis : University of Minnesota Press, 2008), 33–34.
15. Jan Bondeson, *A Cabinet of Medical Curiosities* (London : I.B. Tauris, London, 1997), 187.
16. 貝特霍爾德這本關於解剖學和生理學的論文被內莉・奧德斯霍恩和安・福斯托－斯特林（Anne Fausto-Sterling）等當代女性學者大量分析，她們強調了在生物學敘事中使用性別隱喻。還有許多關於科學技術實踐文化歷史的描述及批評，這些歷史導致荷爾蒙作為藥理學人工產物的發明。參見Anne Fausto-Sterling, *Sexing the Body : Gender Politics and the Construction of Sexuality* (New York : Basic Books, 2000) ; Nelly Oudshoorn, *Beyond the Natural Body : an Archeology of Sex Hormones* (New York : Routledge, 1994). 以及Chandak Sengoopta, *The Most Secret Quintessence of Life, Sex, Glands and Hormones 1850–1950* (Chicago : University of Chicago Press, 2006), 33–36.
17. Jan Bondeson, *A Cabinet of Medical Curiosities* (London : I.B. Tauris, London, 1997), 187. Nelly Oudshoorn, "Hormones, technique et corps: L'archéologie des hormones sexuelles 1923–1940," *Annales HSS* 53, no. 4–5 (julliet–octobre 1998) : 775–93.
18. *Ibid.*, p. 779.
19. Sengoopta, 36–37. 以及Anne Fausto-Sterling, *Sexing the Body*, 182.
20. Fausto-Sterling, *Sexing the Body*, 149.
21. *Ibid.*, 150.
22. E.A. Schäfer, "On Internal Secretions," Lancet (August 10, 1895) : 321–24.
23. Icon Group International, *Hormones : Western Timeline History, 1656–1972* (San Diego : ICON Group International, 2009), 6.
24. John Henderson, "Ernest Starling and 'Hormones': an historical commentary," *Journal of Endocrinology* 184 (January 2005) : 5–10, doi : 10.1677/joe.1.06000.
25. Ernest Starling, "The Croonian Lectures on the Chemical Correlations of the Functions of the Body" (lecture, the Royal College of Physicians of London ; June 20, 22, 27, and 29, 1905), 6.
26. Michel Foucault, "Les rapports de pouvoir passent à l'intérieur du corps," [1977]

in *Dits et Ecrits II* (Paris: Gallimard, 1994), 228–36.

27. John Henderson, “Ernest Starling and ‘Hormones’,” 9.
28. Ernst Starling, “The Croonian Lectures on the Chemical Correlations of the Functions of the Body,” 6.
29. 關於可以對這種荷爾蒙譜系做出回應的電話解構理論，請參見 Avital Ronell, *The Telephone Book, Technology, Schizophrenia, Electric Speech* (Lincoln, NE : University of Nebraska Press, 1991).
30. 在藥理色情制度中，阿岡本（Giorgio Agamben）所描述的「部署」與人類之間的區別受到質疑。相反地，技術生命就像一個來自技術政治建構過程的部署。參見Giorgio Agamben, “*What Is an Apparatus?*” *and Other Essays*, trans. David Kishik and Stefan Pedatella (Stanford, CA :  Stanford University Press, 2009).
31. Nelly Oudshoorn, *Beyond*, 67–68.
32. *Ibid.*, 68.
33. *Ibid.*
34. 關於動物和人體器官及腺體的販運，參見 David Hamilton, *The Monkey Gland Affair* (London :  Chatto & Windus, 1986), and David Hamilton, *A History of Organ Transplantation*, (Pittsburgh :  University of Pittsburgh Press, 2012).
35. Hans O. Haterius, “The Female Sex Hormones,” *The Ohio Journal of Science* 37, no. 6 (November 1937) : 394–407.
36. 阿道夫・布特南特於一九三九年獲得諾貝爾化學獎。參見 Jie Jack Li, *Laughing Gas, Viagra, and Lipitor : The Human Stories behind the Drugs We Use* (New York : Oxford University Press, 2006), 114.
37. Robert Jay Lifton, *The Nazi Doctors : Medical Killing and the Psychology of Genocide* (New York :  Basic Books, 2000).
38. 關於殘疾和絕育，參見 Marsha Saxton, “Disability Rights and Selective Abortion,” in Lennard J. Davis, ed. *The Disability Studies Reader* (New York : Routledge, 2006), 105–16.
39. Oudshoorn, *Beyond*, 19.
40. *Ibid.*, 21.
41. 關於女性身體的藥物管理，參見 Anita Harden, Janita Janssen and Ivan Wolffers, *Marketing Fertility. Women, Menstruation and the Pharmaceutical Industry* (Amsterdam : WEMOS, 1989).
42. Nelly Oudshoorn, *The Male Pill : A Biography of a Technology in the Making* (Durham, NC : Duke University Press, 2003), 4.
43. 關於西地那非的藥理學使用，參見 Meika Loe, *The Rise of Viagra : How the Little Blue Pill Changed Sex in America* (New York : New York University Press,

2006).

44. B. Handy, "The Viagra Craze," Time 151 (May 4, 1998) : 39.
45. 有關生命政治法規的批判性閱讀，參見Lennard J. Davis, "Constructing Normalcy : The Bell Curve, the Novel, and the Invention of the Disabled Body in the Nineteenth Century," in *The Disability Studies Reader*, ed. Lennard J. Davis (New York : Routledge, 1997), 9–28.
46. Oudshoorn, *Male Pill*, 6.
47. Harold Speert, *Obstetrics and Gynecology : A History and Iconography* (New York : Informa Healthcare, 2004), 407.
48. 對性犯罪實行閹割的根據基礎與種族和性別的產生一樣重要。參見Davis, "Rape, Racism, and the Myth of the Black Rapist," chap. 11 in *Women, Race & Class*.
49. Piotr O. Scholz, *Eunuchs and Castrati : A Cultural History* (Princeton, NJ : Marcus Weiner Publishers, 2001) ; Gary Taylor, *Castration : An Abbreviated History of Western Manhood* (New York : Routledge, 2002).
50. 關於避孕藥的發明，參見Marks, *Sexual Chemistry*, 89–137. and Tone, *Devices*, 203–85.
51. Tone, *Devices*, 207.
52. Margaret Sanger's declarations quoted by Tone, *Devices*, 207.
53. Tone, *Devices*, 220.
54. Armond Fields, *Katharine Dexter McCormick : Pioneer for Women's Rights* (Westport, CT : Praeger, 2003), 115.
55. René Tenon, *Mémoires sur les hôpitaux de Paris* (Paris : Doin, 1998). 本文最初於一七八八年在巴黎出版。伯納德·波耶特（Bernard Poyet）和C.P. 科克奧（C.P. Coquéau）的計畫中也有類似的方案。有關這些醫院計畫的討論，參見Colin Jones and Michael Sonenscher, "The Social Functions of the Hospital in Eighteenth-Century France : The Case of the Hôtel-Dieu of Nîmes," *French Historical Studies* 13, no. 2 (Autumn 1983).
56. 關於殖民環境中的規訓技術，參見Satadru Sen, *Disciplining Punishment : Colonialism and Convict Society in the Andaman Islands* (New York : Oxford University Press, 2000) ; Ian Duffield, "From Slave Colonies to Penal Colonies : The West Indians Transported to Australia," *Slavery and Abolition* 7, no. 1 (1986) : 24–45. 帝國當局也正在殖民定居者和原住民之間實行種族隔離。參見Barbara Bush, *Imperialism, Race, and Resistance : Africa and Britain, 1919–1945* (New York : Routledge, 1999) ; D.T. Goldberg, *Racist Culture : Philosophy and the Politics of Meaning* (Oxford, UK : Basil Blackwell, 1993), 3 ; Sheldon Watts, *Epidemics and History : Disease, Power, and Imperialism* (New Haven,

CT : Yale University Press, 1997).

57. 關於波多黎各作為避孕技術的殖民實驗地點，參見Annette B. Ramirez de Arellano and Conrad Seipp, *Colonialism, Catholicism, and Contraception : A History of Birth Control in Puerto Rico* (Chapel Hill, NC : University of North Carolina Press, 1983).
58. Katherine Krase, "Birth Control—Sterilization Abuse," *Our Bodies Ourselves*, accessed December 3, 2011, http://www.ourbodiesourselves.org/book/companion.asp?id=18&compID=55. Originally published in *Newsletter of the National Women's Health Network* (January/February 1996).
59. *Ibid.*
60. Katherine McCormick, quoted in Lara Mark "A 'Cage of Ovulating Females.' The History of the Early Oral Contraceptive Pill Clinical Trials, 1950–1959," in *Molecularizing Biology and Medicine : New Practices and Alliances, 1910s–1970s*, eds. Soraya de Chadarevian and Harmke Kamminga (Amsterdam : Harwood Academic Publishers, 1998), 208.
61. Michel Foucault, "Le pouvoir psychiatrique (1974)," in *Dits et Écrits* (Paris: Gallimard, 2001), 1, 1543–54. Here Foucault studies the spatialization of the psychiatric power outside of the hospital.
62. Jordan Goodman, Anthony McElligot and Lara Marks, eds., *Useful Bodies : Humans in the Service of Medical Science in the Twentieth Century* (Baltimore : John Hopkins University Press, 2003), 5.
63. George J. Annas and Michael A. Grodin, eds., *The Nazi Doctors and the Nuremberg Code : Human Rights in Human Experimentation* (New York : Oxford University Press, 1992).
64. Goodman, McElligot, and Marks, eds., *Useful Bodies*, 13.
65. Radost A. Rangelova, "House, Factory, Beauty Salon, Brothel : Space, Gender and Sexuality in Puerto Rican Literature and Film," (PhD dissertation, the University of Michigan, 2009).
66. Laura Briggs, "Familiar Territory : Prostitution, Empires, and the Question of U.S. Imperialism in Puerto Rico, 1849–1916," in *Families of a New World : Gender, Politics, and State Development in a Global Context,* eds. Lynne Haney and Lisa Pollard (New York : Routledge, 2003), 40–63 ; Eileen Suárez Findlay, *Imposing Decency : The Politics of Sexuality and Race in Puerto Rico, 1870–1920* (Durham, NC : Duke University Press, 2000) ; Nieve de los Ángeles Vázquez Lazo, *Meretrices : La prostitución en Puerto Rico de 1876 a 1917* (Hato Rey, Puerto Rico : Publicaciones Puertorriqueñas, 2008).
67. Briggs, "Familiar Territory," 58.

68. *Ibid.*, 59.
69. Findlay, *Imposing Decency*, 12.
70. Rangelova, "House, Factory, Beauty Salon," 255.
71. *Ibid.*
72. 更多關於波多黎各性別生產、空間和勞動轉型的資訊，請參見Alice Colón Warren, "The Feminization of Poverty among Women in Puerto Rico and Puerto Rican Women in the Middle Atlantic Region of the United States" Brown Journal of World Affairs 5, no. 2 (1998)：262–82；Luz del Alba Acevedo, "Género, trabajo asalariado y desarrollo industrial en Puerto Rico：la división sexual del trabajo en la manufactura," in Género y trabajo：La industria de la aguja en Puerto Rico y el Caribe Hispánico, ed. María del Carmen Baerga (San Juan, Puerto Rico：Editorial de la Universidad de Puerto Rico, 1993), 161–212.
73. Lara Marks, "Parenting the Pill：Early Testing of the Contraceptive Pill," in *Bodies of Technology*, eds. Ann Rudinow Saetnan, Nelly Oudshoorn and Marta Kirejezyk (Columbus, OH：Ohio State University, 2000), 157.
74. *Ibid.*, 161.
75. 關於避孕藥和種族淨化，參見Dorothy Roberts, *Killing the Black Body：Race, Reproduction, and the Meaning of Liberty* (New York：Vintage, 1998).
76. 關於「純潔性」作為技術生物權力的目標，參見 Haraway, *Modest_Witness*, 78–82.
77. Anna Glasier, "Contraception, Past and Future," *Nature Cell Biology* 4 (October 2002)：s4, doi: 10.1038/ncb-nm-fertilityS3.
78. Patricia Peck Gossel, "Packaging the Pill," in *Manifesting Medicine：Bodies and Machines*, ed. Robert Bud (London：Taylor & Francis, 1999), 107.
79. *Ibid.*, 106.
80. Emilia Sanabria, "The Medicine, an Evanescent Object：Test on the Manufacture and the Consumption of the Pharmaceutical Substances," *Techniques & Culture* 52–53, no. 2–3 (2009)：168–89.
81. Gossel, "Packaging the Pill," 105–21. 有關包裝的歷史，參見Stanley Sacharow, *The Package as a Marketing Tool* (Radnor, PA：Chilton, 1982)；Thomas Hine, *The Total Package：The Evolution and Secret Meaning of Boxes, Bottles, Cans, and Tubes* (Boston：Back Bay Books, 1995)；Steven Lubar and W. David Kingery, eds., *History from Things：Essays on Material Culture* (Washington, DC：Smithsonian Institution Press, 1993).
82. Gossel, "Packaging the Pill," 105.
83. Michel Foucault, "Docile Bodies," in *Discipline and Punish：The Birth of the Prison*, trans. Alan Sheridan, 2nd ed. (New York：Vintage, 1995), 156–66.

84. 根據同樣的邏輯，《時代》雜誌（*TIME*）將宮內節育器描述為「塑膠記憶」（memory in plasti）。參見“Contraception : Freedom from Fear,” *TIME*, April 7, 1967, http://www.time.com/time/magazine/article/0,9171,843551,00.html.
85. Organon, Inc., cited in Gossel, “Packaging the Pill”, 116.
86. Gossel, “Packaging the Pill,” 116.
87. Christian Laval, “De l’utilité du panoptique,” afterward to *Panoptique : Mémoire sur un nouveau principe pour construire des maisons d’inspection, et nommément des maisons de force*, by Jérémie Bentham, trans. Christian Laval (Paris : Éditions Mille et Une Nuits, 2002), 64.
88. Michel Foucault, *Power : Essential Works of Foucault 1954–1984*, ed. James D. Faubion, trans. Robert Hurley (New York : The New York Press, 2000), 57.
89. Foucault, *Discipline and Punish*, 187.
90. Gilles Deleuze and Félix Guattari, *A Thousand Plateaus : Capitalism and Schizophrenia*, trans. Brian Massumi (Minneapolis : University of Minnesota Press, 1987).
91. Maurizio Lazzarato, “The Machine,” epilogue to *Tausend Maschinen : Eine kleine Philosophie der Maschine als sozialer Bewegung*, by Gerald Raunig (Vienna : Verlag Turia + Kant, 2008).
92. Katrina Woznicki, “Birth Control Pills May Produce Protracted Effects on Testosterone Levels,” *MedPage Today*, January 3, 2006, http://www.medpagetoday.com/ OBGYN/HRT/2423 ; C. Panzer, S. Wise, G. Fantini, D. Kang, R. Munarriz, A. Guay, and I. Goldstein, “Impact of Oral Contraceptives on Sex Hormone-Binding Globulin and Androgen Levels : A Retrospective Study in Women with Sexual Dysfunction,” *The Journal of Sexual Medicine* 3 (January 2006) : 104–13.
93. 後現代性別理論的極端例子正如尚・布希亞（Jean Baudrillard）在《擬仿物與擬像》中所提出的理論。參見 *Simulacres et simulation* (Paris : Editions Galilée, 1981)；這不應該與巴特勒還有蘇・艾倫（Sue Ellen）開創的性別操演定義混淆。
94. Sander L. Gilman, *Making the Body Beautiful : A Cultural History of Aesthetic Surgery* (Princeton, NJ : Princeton University Press, 2001).
95. Elizabeth Haiken, *Venus Envy : A History of Cosmetic Surgery* (Baltimore : The John Hopkins University Press, 1999).
96. Mark Nelson and Sarah Hudson Bayliss, *Exquisite Corpse : Surrealism and the Black Dahlia Murder* (New York : Bulfinch, 2006). 其中指出了關於超現實主義美學與「黑色大理花」謀殺案之間關係的不尋常研究，黑色大理花之名接著成為詹姆斯・艾洛伊（James Ellroy）小說的標題。

97. Marilyn Yalom, *A History of Breast* (New York : Ballantine Books, 1998), 236–38.
98. Gilman, *Making the Body*, 249.
99. 關於注射和植入式避孕藥，請參見Robert A. Hatcher, James Trussell and Anita L. Nelson, eds., *Contraceptive Technology*, 19th ed. (New York : PDR Network, 2008), 145–70.
100. 關於順性男性睪固酮缺乏和替代療法，請參見Nelson Vergel, *Testosterone : A Man's Guide*, 2nd ed. (Houston : Milestones Publishing, 2011).
101. See Oudshoorn, *Male Pill*, 7.
102. See Kathy Hill, "FDA Panel Rejects Intrinsia," *About.com*, December 2004 : *http:// uspolitics.about.com/od/healthcare/a/Intrinsa_d03.htm.*
103. Vergel, *Testosterone*, 2.
104. 關於美國戰爭論述中的恐同幻想，請參見Judith Butler, "Contingent Foundations : Feminism and the Question of 'Postmodernism,'" *Praxis International* 11, no. 2 (July 1991) : 150–65. 其摘錄也以另一個標題發表："The Imperialist Subject," *Journal of Urban and Cultural Studies* 2, no. 2 (1991) : 73–78.
105. cf. Anne Fausto-Sterling, "The Five Sexes : Why Male and Female Are Not Enough," *The Sciences* (March/April 1993) : 20–24.
106. Julia Kristeva, "Female Genius : General Introduction," in *Hannah Arendt*, trans. Ross Guberman (New York : Columbia University Press, 2001), ix.
107. Virginie Despentes, *King Kong Theory*, trans. Stéphanie Benson (New York : Feminist Press, 2010).

## 第九章　睪癮君子

1. Georges Canguilhem, *La Connaissance de la vie*, Paris, Vrin, 1965, p. 160.
2. Cf Niles Eldredge, *Life in the Balance. Humanity and the Biodiversity Crisis*, Princeton University Press, Princeton, 2000.
3. Georges Canguilhem, *La Connaissance de la vie*, Paris, Vrin, 1965, p. 159.
4. Paul Patton, *Nietzsche, Feminism and Political Theory*, Routledge, Londres, 1993, 和Peter J. Burgard, *Nietzsche and the Feminine*, Virginia University Press, Charlottes-ville, 1994.
5. Otto Weininger, *Sexe et Caractère* (1903), Ed. L'Age d'Homme, Paris, 1975.

## 第十章　色情權力


1. Linda Williams, «Body Genres», Film Quarterly 44 : 4, Eté, 1991. Voir aussi Linda Williams, «Corporealized observers : Visual Pornographies and the "Carnal Density of Vision "», in Patrice Petro (ed.), Fugitive Images, Indiana University Press, Bloomington & Indianapolis, 1999.
2. Judith Butler, 同上.
3. Annie Sprinkle, *Hardcore from the Heart. The Please, Profits and Politics of Sex in Performance*, édité par Gabrielle Cody, Continuum, London, 2001.
4. Roland Barthes, *Sade, Loyola, Fourier*, Editions du Seuil, Paris, 1971, p. 132.
5. Negri et Hardt, *Multitudes*, Paris, 2006, p. 140.
6. 關於希爾頓，請參見Virginie Despentes, *King Kong Théorie*, Grasset, 2006.
7. 文章請見*Nouvel Observateur*, 4-10 mai 2006, p. 13.
8. 關於花花公子的多媒體妓院，請參見Beatriz Preciado, «Pornotopia», ColdWar/HotHouses, Princeton University Press, New York, 2004.
9. Christian Marazzi, 同上.
10. Maurizio Lazzarato, *Les Révolutions du capitalisme, les Empêcheurs de tourner en rond*/Le Seuil, Paris, 2004.
11. Antonio Negri, *Fabrique de porcelaine : Pour une nouvelle grammaire du politique*, Stock, Paris, 2006.
12. Judith Revel,«Devenir femme de la politique», *Multitudes*, n° 12, Paris, 2002, p. 125-133.
13. Antonio Negri, *Exil*, Editions Mille et une nuits, Paris, 1998.
14. Annie Sprinkle, *Postpom Modernist*, Juno Books, New York, 1998.
15. Maurizio Lazzarato, «Sobre la feminizaciôn del trabajo». In www.poderautonomo.com.ar.
16. Donna J. Haraway, 同上, 1997, p. 65.
17. 關於色情消費者和色情女演員之間的認同，請參見：Virginie Despentes, *King Kong Théorie*, Grasset, Paris, 2006, p. 108-109.
18. Karl Marx, *Le Capital*. Chapitre 6. Inédit. 1933 post. Cité par : Paolo Virno, *Grammaire de la multitude*, chapitre 2 : « Travail, action, intellect », Editions de l'Eclat, Paris, 2002.
19. Paolo Virno, 同上, p. 53.
20. Karl Marx, *Théories sur la plus value (1905-1910)*, Editions Sociales, Paris, 1974. Frederic Engels, *L'Origine de la famille, de la propriété privée et de l'Etat* (1884), Université du Québec, Edition électronique.
21. Paolo Virno, 同上.

22. Roland Barthes, *Sade, Loyola, Fourier*, 同上, p. 10.
23. Michel Foucault, *Histoire de la sexualité I. La volonté de savoir*, 同上, p. 50.
24. Georg Simmel, « Quelques réflexions sur la prostitution dans le présent et dans l'avenir », *Philosophie de l'amour*, Rivages Poche, Paris, 1988, p. 12.
25. 同上, p. 20-21.
26. Norbert Elias, *La Civilisation des mœurs*, Calmann-Lévy, Paris, 1969, pp. 388-389.
27. Angela Davis, 同上, chapitre 13.
28. Paolo Virno, 同上, p. 53.
29. 參見Donna J. Haraway, « Manifeste cyborg : science, technologie et féminisme socialiste à la fin du XXe siècle » (1985), in *Manifeste Cyborg et autres essais. Science-Jictions-Féminismes*, 同上 p. 29-105.
30. 參見Angela Y. Davis, *Are Prisons Obsolete ?*, Seven Stories Press, New York, 2003 ; David Ladipo, « The rise of the America's prison industrial complex », *New Left Review*, n° 7, 2001, p. 71-85 ; Loïc Wacquant, « De l'esclavage à l'emprisonnement de masse. Notes pour repenser la "question raciale" aux Etats-Unis », in Patrick Weil et Stéphane Foix (eds.), *L'Esclavage, la colonisation, et après*, Presses Universitaires de France, Paris, 2005, p. 247-274.

## 第十一章　吉米和我

1. 參見Judith Halberstam, *Female Masculinity*, Duke University Press, Durham, 1998.
2. 參見G.W. Leibniz, *Discours de métaphysique. Monadologie* (1686), Gallimard, Paris, 2004.
3. 參見Jean Laplanche, *Problématiques VII. Le Fourvoiement biologisant de la sexualité chez Freud suivi de Biologisme et Biologie*, PUF, Paris, 2006.

## 第十二章　藥理色情時代的性別微觀政治實驗、自願中毒、變異

1. Gloria Hull, Patricia Scott and Barbara Smith, *But Some Of Us Are Brave : All The Women Are White, All The Black Are Men*, The Feminist Press, New York, 1982 ; Cherri Moraga (Ed), *This Bridge Called My Back. Writtings by Radical Women of Color*, Kitchen Table Press, New York, 1983 ; Gayatri Chakravorty, Spivak, « Can the Subaltern Speak? », in *Marxism & The Interpretation of Culture* ; Cary Nelson and Lawrence Grossberg (Eds.), Macmillan, London, 1988, p. 271-313 ; Gloria Andalzua, *Borderlands/La Frontera : The New Mestiza*, Spinster/Aunt Lutte, San Francisco, 1987 ; Ranajit Guha et Gayatri C. Spivak (Eds), Selected Subaltern Studies, Oxford UP, Oxford, 1988 ; Avtar Brah,

*Cartographies of Diaspora : Contesting Identities*, Routledge, New York, 1996 ; Chela Sandoval, *Methodology of the Oppressed*, University of Minnesota Press, Minneapolis, 2000 ; Chandra Talpede Mohanty and Jackie Alexander, *Feminist Genealogies, Colonial Legacies, Democratic Futures*, Routledge, New York, 1997.

2. Catharine MacKinnon, *Le Féminisme irréductible : Discours sur la vie et la loi*, Paris, Editions des femmes, 2004 ; Andrea Dworkin, *Pornography : Men Possessing Women*, Women's Press, Londres, 1981.亦見：*Pornography and Civil Rights : A New Day for Women's Equality*, Organizing against Pormography, Minneapolis, 1998.
3. Robin Morgan, «Theory and practice : Pornography and Rape », 1974, cité dans Alice Echols, sous la direction de Carol Vance, *Pleasure and Danger : Exploring Female Sexuality*, Routledge, New York, 1984.
4. Judith Butler, *Défaire le genre*, Editions Amsterdam, Paris, 2006, 第三、四章。
5. Toni Negri et Michael Hardt, *Empire*, *ibid.*
6. James Petras et Henry Veltmeyer, *La Face cachée de la mondialisation : L'Impérialisme au XXe siècle*, Parangon, Paris, 2002.
7. 關於書籍的銷毀，請參考：Fernando Baez, *Histoire universelle de la destruction des livres*, Fayard, Paris, 2008.
8. Peter Sloterdijk, *Sphères 3. Ecumes, Sphérologie plurielle*, Maren Sell Editeurs, 2005.
9. Donna J. Haraway, *op. cit.*, 1997, p. 45.
10. Peter Sloterdiÿk, *Ni le soleil ni la mort. Jeu de piste sous forme de dialogues avec Hans-Jürgen Heinrichs*, Pluriel, Paris, 2003, p. 9.
11. *Ibid.*, p. 9.
12. Mikhaïl Boulgakov, *Les Récits d'un jeune médecin suivis de Morphine*, Livre de Poche, coli. Biblio, Paris, 1996.
13. Sigmund Freud, *Un peu de cocaïne pour me délier la langue...*, Max Milo, Paris, 2005.
14. Sigmund Freud, « À propos de la coca », in *Un peu de cocaïne pour me délier la langue...op. cit.*, p. 50-51.
15. Peter Gay, *Freud, une vie*, tome 1, Hachette, Paris, 1991, p. 101-104.
16. Michael Boulgakov, 同上.
17. Philippe Pignarre, 同上., p. 13.
18. Sigmund Freud, *The complete leters of Sigmund Freud to Wilhelm Fliess, 1897-1904*, lettre 79. Voir Peter Gay, 同上., tome 2, p. 105.

19. Peter Gay, *Freud, une vie*, tome 2, Hachette, Paris, 1991, p. 102.
20. *Ibid.*, p. 104.
21. Antonio Escohotado, *Histoire générale des drogues*, L'Esprit frappeur, Paris, 2004 et Max Milner, *L'Imaginaire des drogues, de Thomas de Quincey à Henri Michaux*, Gallimard, Paris, 2000.
22. Henri Michaux, *Misérable miracle. La mescaline*, Gallimard, Paris, 1972.
23. Walter Benjamin, *Sur le haschich et autres écrits sur la drogue*, Christian Bourgois Editeur, Paris, 1993.
24. Paul Ricœur, *De l'Interprétation : Essai sur Freud*, Le Seuïl, Paris, 1965, et *Le Conflit des interprétations*, Le Seuil, Paris, 1969, p. 149-150.
25. José Esteban Muñoz, *Desidentification. Queers of Colour and the Performance of Politics*, Minnesota University Press, Minneapolis, 1999.
26. Annie Sprinkle, *Post Pom modemnist, my 25 years as a multimedia whore*, Cleis Press, San Francisco, 1998, p. 131.
27. Voir Del LaGrace Volcano et Judith Halberstam, *The Drag King Book*, Serpent's Tail, London, 1999.
28. Judith Butler, *Trouble dans le genre, pour un féminisme de la subversion*, « Inscriptions corporelles, subversions performatives », 同上., p. 248-266.
29. Suely Rolnik, «El arte cura?», *Cuadems Portatils*, Macba, Barcelone, 2002.
30. 請參見如下的精神分析批判性重讀：Teresa de Lauretis, *The Practice of love, lesbian sexuality and perverse desire*, Indiana University Press, Bloomington and Indianapolis, 1994.
31. Stoller, cité dans H. Garfinkel, *Studies in Ethnomethodology*, Englewood Cliff, Prentice Hall, New York, 1967, p. 120-122. 另請參見艾格妮絲案例的討論 Berenice L. Hausman, *Changing Sex : Transsexualisme, Technology and the Idea of Gender*, Duke University Press, Durham, 1995 et Norman Deuzin, « Harold and Agnes : A Feminist Narrative Undoing », Sociological Theory, vol. 8, p. 196-216.
32. John Money et Anke Ehrhardt, *Man & Woman, Boy & Girl : Gender Identity from Conception to Maturity*, John Hopkins University Press, New York, 1972.
33. Eve K. Sedgwick, *Touching Feeling. Affect, Pedagogy, Perfomativity*, Duke University Press, Durham, 2003, p. 123-151.
34. *Herculine Barbin dite Alexina B.*, présenté par Michel Foucault, Gallimard, Paris, 1978.
35. 有關雌雄同體身體歷史構造的討論，請參見：Alice D. Dreger, *Hermaphrodites and the Medical Invention of Sex*, Harvard University Press, Cambridge MA, 1998.
36. H. Garfinkel, *Studies in Ethnomethodology*, Englewood Cliff, Prentice Hall, New

York, 1967, p. 288.

37. 參見巴特勒在*Défaire le genre* (Editions Amsterdam, Paris, 2006) 第三章中對雙性戀案例的分析。
38. Susan Sontag, « Notes sur le camp », dans *Contre l'interprétation*, Le Seuil, Paris, 1967.
39. Lawrence Lessig, fondateur du mouvement Creative Commons, *Commons and Code*, Fordham Intellectual Property, Media and Entertainment Law, 1999.
40. Tom Carmwath et lan Smith, *Heroin Century*, Routledge, New York, 2002, p. 31.
41. *Ibid.*, p. 30-31.

## 第十三章　永恆的生命

1. Wolf Eicher, « La transformation génitale en cas de transsexualisme », *Cahiers de Sexologie clinique*, vol. 10, n° 56, Paris, 1984, p. 97-105.
2. Peter Sloterdijk, *Ecumes, Sphères III*, Maren Sell Editeurs, Paris, 2003, p. 28.
3. *Ibid.*, p. 26.
4. Hervé Guibert, *À l'ami qui ne m'a pas sauvé la vie*, Gallimard, Paris, 1990.

# 致謝

我在此要感謝曾給予我支持並使我得以完成這本書的機構、協會和人們。如果沒有國家視覺藝術中心（Centre national des arts plastiques）的研究和寫作資助，以及普林斯頓大學（Princeton University）的男同性戀、女同性戀、酷兒和變性人研究獎（Prix pour Recherche Gay, Lesnienne, Queer et Transsexuells），這個計畫就不可能完成。

我要感謝阿麗亞娜・法斯奎爾（Ariane Fasquelle）、奧利維爾・諾拉（Olivier Nora）、梅塞德斯・卡薩諾瓦斯（Mercedes Casanovas）、吉爾・阿查什（Gilles Achache）、洛伊達・迪亞茲（Loida Diez）、洛拉・克魯茲（Lola Cruz）和何塞・龐斯（José Pons）對此計畫的鼓勵以及他們的編輯工作。我很榮幸能夠受益於迪亞布爾・沃韋爾（Diable Vauvert）寫作駐村的機會。感謝馬里昂・馬扎里克（Marion Mazauric）和她的整個團隊。我要特別感謝亞歷杭德羅・佐杜洛夫斯基（Alejandro Jodorowsky）對這份瘋狂偏執的信任。以及感謝他的寶貴幫助。

本文的靈感來源實在太多，無法在此一一列舉。我感謝德爾・拉格雷斯・火山（Del laGrace Volcano）和國王艾瑞克（King Eric）在過去幾年的交流、對話和政治實踐，這些年來改變了我的寫作和生活方式。他們是我的導師。感謝史蒂芬妮・赫茲（Stéphanie Heuze）和莉迪亞・朗區（Lydia Lunch）將我們聚集在一起（*for bringing us together*）。我感謝法蘭西斯・普熱（François Pouget）船長在浪濤中的支持。非常感謝安妮・斯普林克（Annie Sprinkle）和伊麗莎白・史蒂芬斯（Elizabeth Stephens）的 LoveArt 課程。

我想再次向朱迪思・巴特勒（Judith Butler）、安吉拉・戴維斯（Angela Davis）和唐娜・哈洛威（Donna Haraway）表示感謝：他們關於性、性別、種族和性事的歷史唯物、操演和技術生物政治生產的論文是不斷督促和靈感的源泉，並深刻影響這本書的每一個階段。《諸眾》（*Multitudes*）期刊的成員對非物質勞動和政治主體性生產所進行的研究，對我的寫作過程起到了決定性的作用。我還有機會受益於艾瑞克・阿利茲（Eric Alliez）、安東妮亞・貝爾（Antonia Baehr）、瑪麗亞・何塞・貝爾貝爾（María José Belbel）、毛羅・卡布拉爾（Mauro Cabral）、安東內拉・科薩尼（Antonella Corsani）、鄭淑麗（Shu Lea Cheang）、瑪麗・達裡烏塞克（Marie Darrieussecq）、迪迪埃・埃里邦（Didier Eribon）、伊莎貝爾・吉諾特（Isabelle Ginot）、弗朗西斯科・J・埃爾南德斯・阿德里安（Francisco J. Hernandez Adrian）、菲利普・喬尼（Philippe Joanny）、佩德羅・萊梅貝爾（Pedro Lemebel）、蒂姆・

馬德克萊爾（Tim Madesclaire）、妮娜·羅伯茲（Nina Roberts）和哈胥（Rash）、哈維爾·薩斯（Javier Sáez）、伊芙·K·賽菊寇（Eve K. Sedgwick）、胡安·卡洛斯·薩瑟蘭（Juan Carlos Southerland）、黛安·托爾（Diane Torr）、維克多國王（King Victor）、琳達·威廉斯（Linda Williams）、伊齊亞爾·齊加（Itziar Ziga）、LICIT的成員、特拉沃拉卡遊擊隊（Guerrilla Travolaka）、PostOP、德·美狄亞克（de Medeak）「缺席的民眾」（Le peuple qui manque）藝術團體的想法和建設性批評。

我感謝在多個變裝國王研討會、巴塞隆納當代藝術博物館的性別科技工作坊、巴斯克（Basque）地區多諾斯蒂亞（Donosita）的「藝術場所」（Arteleku）研討會、塞維亞（Séville）的國際安達魯西亞大學、龐畢度中心、巴黎師範學院、《諸眾》期刊、巴黎第八大學和杜克大學期間，曾以他們的教學幫助過我前進的所有人。特別感謝MUMS的活動人士，來自智利聖地亞哥和布爾日（Bourge）的Emmetrop的性少數運動：你們是我的炸藥。感謝我的酷兒MC兄弟、塞西爾（Cécile）和卡布爾（Kaboul）。感謝奧利維爾·克拉布（Olivier Crabbé）翻譯了第十二章的第一個版本。最後，感謝維吉妮（Virginie）對我憋腳譯稿的審查校對。

臉譜書房 FS0178

# 睪固酮藥癮

當避孕藥、威而鋼、性與高潮成為治理技術的一環，一位睪固酮成癮者的性實踐與生命政治

Testo Junkie : sexe, drogue et biopolitique

作　　者　保羅・B・普雷西亞多（Paul B. Preciado）
譯　　者　詹育杰
校　　訂　江灝
行　　銷　陳彩玉、林詩玟
業　　務　李再星、李振東、林佩瑜
封面設計　陳恩安
封面攝影　Alexandra Léa Crespi

副總編輯　陳雨柔
編輯總監　劉麗真
事業群總經理　謝至平
發 行 人　何飛鵬
出　　版　臉譜出版
台北市南港區昆陽街16號4樓
電話：886-2-2500-0888 傳真：886-2-2500-1951
發　　行　英屬蓋曼群島商家庭傳媒股份有限公司城邦分公司
台北市南港區昆陽街16號8樓
客服專線：02-25007718；02-25007719
24小時傳真專線：02-25001990；02-25001991
服務時間：週一至週五上午09:30-12:00；下午13:30-17:00
劃撥帳號：19863813 戶名：書虫股份有限公司
讀者服務信箱：service@readingclub.com.tw
城邦網址：http://www.cite.com.tw
香港發行所　城邦（香港）出版集團有限公司
香港九龍土瓜灣土瓜灣道86號順聯工業大廈6樓A室
電話：852-25086231　傳真：852-25789337
電子信箱：hkcite@biznetvigator.com
新馬發行所　城邦（馬新）出版集團
Cite（M）Sdn. Bhd.（458372U）
41, Jalan Radin Anum, Bandar Baru Seri Petaling,
57000 Kuala Lumpur, Malaysia.
電話：+6(03)-90563833　傳真：+6(03)-90576622
電子信箱：services@cite.my

一版一刷　2024年5月

城邦讀書花園
www.cite.com.tw

ISBN　978-626-315-482-7（平裝）
EISBN　978-626-315-481-0（EPUB）



售價：NT$560
（本書如有缺頁、破損、倒裝，請寄回更換）

Cet ouvrage, publié dans le cadre du Programme d'Aide à la Publication〈Hu Pinching〉, bénéficie du soutien du Bureau Français de Taipei. 本書獲法國在台協會《胡品清出版補助計劃》支持出版。

圖書館出版品預行編目資料

睪固酮藥癮：當避孕藥、威而鋼、性與高潮成為治理技術的一環，一位睪固酮成癮者的性實踐與生命政治／保羅・B・普雷西亞多(Paul B. Preciado)作；詹育杰譯. -- 一版. -- 臺北市：臉譜出版，城邦文化事業股份有限公司出版：英屬蓋曼群島商家庭傳媒股份有限公司城邦分公司發行, 2024.05
面；　公分. --（臉譜書房；FS0178）
譯自：Testo junkie : sexe, drogue et biopolitique.
ISBN 978-626-315-482-7（平裝）
1. CST：性別角色 2.CST：性別認同 3.CST：性別研究
544.7　　113003353